"新疆企业发展研究"学术丛书

Research on the Competitiveness of Xinjiang Service Enterprises

新疆服务企业竞争力研究

殷少明 ◎ 著

东北财经大学出版社
Dongbei University of Finance & Economics Press

大连

图书在版编目（CIP）数据

新疆服务企业竞争力研究 / 殷少明著. —大连：东北财经大学出版社，2017.4
（"新疆企业发展研究"学术丛书）
ISBN 978-7-5654-2725-1

Ⅰ．新…　Ⅱ．殷…　Ⅲ．服务业-企业竞争-竞争力-研究-新疆　Ⅳ．F726.9

中国版本图书馆CIP数据核字（2017）第061358号

东北财经大学出版社出版发行

大连市黑石礁尖山街217号　邮政编码　116025
网　　址：http：//www.dufep.cn
读者信箱：dufep @ dufe.edu.cn
虎彩印艺股份有限公司印刷

幅面尺寸：170mm×240mm　字数：196千字　印张：14
2017年4月第1版　　　　　2017年4月第1次印刷
责任编辑：李　彬　魏　巍　责任校对：思　齐
封面设计：冀贵收　　　　　版式设计：钟福建
定价：38.00元

2016年度新疆财经大学专著出版

基金资助项目

总　序

　　"一带一路"战略把新疆推向了改革开放的浪尖和前沿，新疆能否真正建好"核心区"，起到枢纽、桥梁、示范效应，企业的发展成为关键环节。

　　新疆的地缘优势和资源优势决定了其是"丝绸之路经济带"交通和能源通道的关键节点，新疆企业迎来了核心区建设的黄金期。新疆处于亚欧大陆的中心位置，是亚太与欧洲两大经济圈的重要节点和枢纽，新疆的企业将要担负起两大经济圈核心资源、能源、劳动力的配给整合任务，这必将给新疆企业整体能力的提升带来机遇。从资源开发方面来看，新疆拥有丰富的资源，是我国重要的能源生产区，能源合作将成为"一带一路"战略实施的突破口，因此新疆企业参与国际能源合作开发、加工利用的前景非常广阔。同时，新疆是东西方文化的交汇点，新疆与中亚国家文化共生的人文优势是新疆企业进一步"走出去"、开展区域合作的有利条件。新疆企业应以此为契机加快形成大开放的经济格局，充分利用地理位置、自然资源、劳动力资源等优势，当好建设"丝绸之路经济带"的主力军，争取把新疆建设成经济带上重要的交通运输中心、商贸物流中心、文化科技中心等，使新疆成为经济带上的核心区。新疆在新常态视角下努力融入"丝绸之路经济带"的建设之中，有利于新疆企业形成实现自身发展的新空间，有利于引入新的动力促进企业的发展。

新疆企业的发展是政府、学术、社会各界人士关注的核心问题，需要各方面进行充分的理论探索和实践调研。新疆财经大学是一所以经济学、管理学为主，多学科协调发展的自治区重点建设大学，现已形成了全方位、多层次的人才培养体系。学校设有企业战略研究所、企业品牌研究所和中亚经贸研究院等研究机构，拥有新疆企业发展研究中心、中国（新疆）与中亚区域经济合作研究中心等自治区普通高校人文社科重点研究基地，建立了新疆财经大学创新创业基地，具有区域经济学、金融学和国际贸易学 3 个博士二级学科授权点和 1 个应用经济学博士后流动站。学校在发展过程中，始终坚持为新疆经济建设服务，为推进新疆社会稳定和长治久安服务。在国家"一带一路"战略的背景下，学校进一步加速向"新疆名牌、西北一流、全国知名、辐射中亚"的有特色、高水平教学研究型财经大学的目标推进。为此，学校及时对相关研究成果进行梳理和整合，推出了"新疆企业发展研究"学术丛书。该丛书包括三本专著，涉及丝绸之路经济带背景下新疆民营企业转型升级问题、提升新疆服务企业竞争力问题以及新疆外向型农业发展及出口加工基地建设问题等重大主题。具体包括以下方面：

1. 专著《丝绸之路核心区建设中新疆民营企业转型升级问题研究》

新疆经济工作会议和十九个省区援疆、丝绸之路经济带建设、"核心区"建设等一系列利好政策和历史机遇摆在新疆民营企业面前，新疆民营企业要努力调整自身的发展策略，顺应发展趋势进行转型升级。达尔文也说过："那些能够生存下来的并不是最聪明和最有智慧的，而是那些最善于应变的。"

新疆民营企业在促进新疆经济发展和增加地方财政收入、加强民族团结和维护社会稳定、增加就业和改善民生方面发挥了重要作用。截上到 2015 年年底，新疆民营企业约占新疆企业总数的 98%，创造产值占新疆 GDP 的 30%，纳税占新疆税收收入总额的 35%，就业人数比重达

73.2%。民营企业涉足能源生产、设备制造、交通运输、批发零售、餐饮服务、商贸流通、矿产开发、农副产品加工、建筑建材、民生建设等各个领域。但是，新疆民营企业发展的整体状况与中央关于新疆跨越式发展和长治久安的要求相比还不适应：一是比重低；二是企业规模小；三是发展层次低；四是发展不均衡；五是财政贡献小。因此，新疆民营企业未来还有很大的发展空间。

该书以新疆民营企业为研究对象，通过问卷调查和实地调研访谈，收集大量翔实的资料，通过这些基础资料分析新疆民营企业发展的现状、存在的主要问题；通过文献分析法、主成分分析法，归纳新疆民营企业转型升级的规律，从而发现新疆民营企业转型升级的影响因素；总结新疆民营企业转型升级的路径和相关的政策建议；通过广汇集团、特变电工、美科集团、帕尔拉克公司、新康有限公司五个企业的发展案例，揭示企业转型升级的进程，验证该书提出的新疆民营企业转型升级的影响因素及转型路径案例研究法，分析案例企业转型升级的具体办法。

2. 专著《新疆服务企业竞争力研究》

人类社会经历了从农业经济到工业经济，再到服务经济的社会经济形态，这是一个不可抗拒的历史潮流。相对于农业生产活动和工业制造占主导的经济发展阶段而言，服务经济是以服务活动为主的更高层次的经济发展阶段。随着服务经济时代的到来，服务业在国民经济中的地位日益提高，服务企业的竞争力已成为衡量一个国家或地区综合竞争力的重要因素。服务业兴旺发达既是新疆区域经济发展跃上新台阶的一个显著标志，也是新疆实现社会稳定和长治久安的战略目标的强大动力。在经济全球化和社会分工细化的过程中，区域经济的发展将更多地依赖于服务业。

当前，新疆服务企业正面临着新疆大建设、大开放、大发展的历史机遇，也面临着国内外服务市场的激烈竞争。新疆服务企业只有有效开展服务营销、提升服务企业的市场竞争力，才能创造和维持竞争优势。所以，新疆服务企业正在进入一个崭新的天地，积极开展新疆服务企业竞争力研究正当其时。

该书在对国内外相关研究文献进行系统梳理之后，运用企业竞争力等相关理论，采用规范研究与实证研究相结合的研究方法，对新疆服务企业竞争力进行了系统研究：对新疆服务业的发展历程进行了简要回顾和考察，总结了新疆服务业发展的结构特征，提出了新疆服务业的发展潜力与战略构想，全面系统地分析了新疆服务企业发展中存在的问题及成因、面临的机遇与挑战；讨论了新疆服务企业竞争力的影响因素，构建了新疆服务企业竞争力评价指标体系；选择了具有典型意义的新疆本地的特色餐饮企业、零售企业、旅游企业和物流企业，对其竞争力进行了分析与评价；分析了新疆服务企业竞争力的提升必须采取差异化战略、顾客价值战略，阐述了新疆服务企业竞争战略模式的选择；讨论了新疆服务企业竞争战略的实现路径，即制定正确的服务市场营销组合策略；从政府层面提出促进新疆服务企业竞争力的提升必须树立新观念、实施新机制和健全新体制，加大政策引导和保障，加强科技支撑工作，组织实施服务企业的名牌战略。

3. 专著《新疆外向型农业发展及出口加工基地建设研究》

新疆属于农牧业大区，农业发展是地区经济发展的重要环节，发展外向型农业对于实现新疆经济统筹发展意义重大。新疆的农业资源种类繁多，自 2000 年以来，新疆农产品贸易快速增长，年均增长率达 12%。中亚是新疆农产品出口的主要市场，面向中亚的农产品出口品种多、数量大，中亚诸国对新疆农产品的需求旺盛，能够充分扩大特色农产品出口的地缘优势和资源优势，极大地推动新疆外向型农业的发展。发展外向型特色农业，通过加工贸易带动特色农产品向西扩大出口，既是新疆农业发展的潜力所在，也是提升新疆农产品国际竞争力、增加农民收入的战略选择。近年来，新疆农产品出口中亚的数量快速增长，在新疆昌吉、喀什、塔城、伊犁等地区形成了瓜果、蔬菜、清真食品等面向中亚的特色农产品生产加工和出口基地，该基地正逐步成为新疆特色农产品开拓中亚市场的重要载体和平台。

外向型农业是今后新疆经济发展的重要支撑力量，如何将新疆外向型农业的发展置于国际贸易发展的大环境中，进行突破式发展，对外向型农业的未来进行综合性的战略规划，是当前的重要课题。

该书介绍了全球农业贸易发展的总体环境，分析了全球农业贸易环境对新疆外向型农业发展的影响；从农产品出口以及新疆农产品出口加工基地等方面着手进行了详尽的现状分析；用 SWOT 分析法将新疆外向型农业的发展置于当前面临的国际贸易大环境中进行深入分析；对当前影响外向型农业发展的诸多因素进行梳理，从中找出影响新疆外向型农业发展的主导因素，分析其对新疆外向型农业发展的影响机理；研究了当前新疆特色农产品出口加工基地的规模、运行等相关情况，分析了发展中存在的问题；提出了新疆外向型农业发展的模式选择，以山东和新疆为例对比了农产品出口加工基地的模式及经验借鉴，在此基础上提出了新疆农产品出口加工基地建设模式的选择方法，进一步分析了农产品出口加工基地的管理思路及营销战略；对新疆外向型农业发展和新疆农产品出口加工基地建设提出了有针对性的对策建议。

总体上看，本套丛书具有以下鲜明特色：首先，能够紧密结合"丝绸之路经济带"核心区建设背景下新疆企业发展中面临的核心问题进行研究，具有较强的资政作用；其次，能够根据研究主题的需要，注重实施多学科交叉研究，在理论创新层面上有显著提升；最后，能够综合运用多种研究方法，以数量或实证分析来支撑研究结论，立论坚实。本丛书得到了新疆财经大学出版基金和企业管理重点学科经费、国际贸易重点学科经费等的资助。该丛书的出版发行，不仅有利于推动相关研究领域的深入发展和繁荣，而且可以为"丝绸之路经济带"核心区的建设提供重要的智力支持和决策参考。

"新疆企业发展研究"学术丛书编写组

2016 年 9 月 9 日

前　言

　　人类社会经历了从农业经济到工业经济，再到服务经济的社会经济形态，这是一个不可抗拒的历史潮流。相对于农业生产活动和工业制造占主导的经济发展阶段而言，服务经济是以服务活动为主的更高层次的经济发展阶段。随着服务经济时代的到来，服务业在国民经济中的地位日益提高，服务企业的竞争力已成为衡量一个国家或地区综合竞争力的决定因素。服务业的兴旺发达既是新疆区域经济发展跃上新台阶的一个显著标志，也是新疆实现社会稳定和长治久安的战略目标的强大动力。在经济全球化和社会分工细化的过程中，区域经济的发展将更多地依赖于服务业。改革开放以来，新疆服务业得到了长足的发展，取得了可喜的成绩，对区域经济的增长和构建和谐社会做出了重要贡献，但从总体上看，新疆服务业的发展水平不高、竞争力不强，服务产品还不能很好地满足各种生活需要和生产需要，与我国大多数省（直辖市）相比还存在较大的差距。因此，加快新疆服务业的发展必然任重道远。为了尽快缩小新疆服务业与全国的差距，一是要有好的政策环境和基础设施，二是新疆本地服务企业要有较强的竞争力。服务企业活，则服务产业活；

服务产业活，则区域经济活。服务企业强，则服务产业强；服务产业强，则区域经济强。新疆服务业的繁荣与发展最终还是要体现在新疆服务企业的繁荣与发展上。因此，在完善政策环境和基础设施建设的同时，提高新疆服务企业的竞争力就成为当务之急。

长期以来，受各种因素的影响，新疆比较重视工业和农业的发展而忽视服务业的发展。在社会上，人们普遍对服务企业存在偏见；在政府管理体制上，也普遍存在着偏重工业企业管理而忽视服务企业管理的倾向。这些都导致了新疆服务企业总体的市场营销管理水平不高和竞争能力不强，进而使得新疆服务企业不能积极而有效地参与到国内外服务市场的激烈竞争中去。因此，新疆服务企业必须不断提高自身的竞争力。从目前国内外学者对企业竞争力的研究现状来看，研究对象主要集中在制造企业，学者们对服务企业竞争力尚缺乏系统的研究；仅有的服务方面的研究，大多是站在中观层面，对服务业或某类服务行业如物流业的竞争力开展研究，而没有站在微观层面，对某类服务企业的竞争力开展研究。服务企业不同于制造企业，不能完全照搬现有的理论成果，必须恰当运用企业竞争力、营销管理和服务管理等理论，分析研究新疆服务企业的竞争力等重大问题。因此，开展这方面的研究具有很强的现实意义，这也是写作本书的初衷。

当前，新疆服务企业正面临着新疆大建设、大开放、大发展的历史机遇，也面临着国内外服务市场的激烈竞争。新疆服务企业只有有效开展服务营销、提升服务企业的市场竞争力，才能创造和维持竞争优势。所以，新疆服务企业正在进入一个崭新的天地，积极开展新疆服务企业竞争力研究正当其时。研究新疆服务企业竞争力问题，必须从新疆服务企业开展市场竞争的实际情况出发，努力回答新疆服务企业在竞争中面临的各种热点、难点问题，系统阐述新疆服务企业竞争力提升的思路，从而为新疆各级政府和各类服务企业决策提供有价值的参考意见和理论依据。本书在对国内外相关研究文献进行系统梳理之后，运用企业竞争力等相关理论，采用规范研究与实证研究相结合的研究方法，对新疆服务企业的竞争力问题进行了系统研究。

本书共包括 8 章：第 1 章介绍了本书的研究背景和研究意义、研究思路和研究内容、研究方法和创新点。第 2 章综合梳理了国内外关于服务企业竞争力研究的成果，并介绍了相关理论。第 3 章对新疆服务业的发展历程进行了简要回顾，总结了新疆服务业发展的结构特征，提出了新疆服务业的发展潜力与战略构想，全面系统地分析了新疆服务企业发展中存在的问题及成因、面临的机遇与挑战。第 4 章讨论了新疆服务企业竞争力的影响因素，构建了新疆服务企业竞争力评价指标体系。第 5 章选择了具有典型意义的新疆本地的特色餐饮企业、零售企业、旅游企业和物流企业，对其竞争力进行了分析与评价。第 6 章分析了新疆服务企业竞争力的提升必须采取差异化战略、顾客价值战略，阐述了新疆服务企业竞争战略模式的选择。第 7 章讨论了新疆服务企业竞争战略的实现路径，即制定正确的服务市场营销组合策略。第 8 章从政府层面提出促进新疆服务企业竞争力的提升，必须树立新观念、实施新机制和健全新体制，加大政策引导和保障，加强科技支撑工作，实施名牌战略。

作　者

2016 年 9 月

目　录

第1章　绪论

1.1　研究背景和研究意义

1.1.1　研究背景

1）国际背景

在全球经济一体化的背景下，西方发达国家率先由工业社会进入服务经济社会。在发达国家，服务业已经取代制造业成为最大的经济部门，服务业占国内生产总值（GDP）的比重和占就业的比重都在60%以上。不仅在发达国家，"服务化"现象在发展中国家也越来越显著。其实早在1968年，美国经济学家维克托·福克斯（Victor R. Fuchs）就在其经典名著——《服务经济》中指出："我们现在处在'服务经济'之中，即在世界历史上，我们第一次成为这样的国家，其中一半以上的就业人口不再从事食品、服装、住房、汽车和其他有形产品的生产。"他同时"宣布"美国在西方国家中率先进入"服务经济"社会，并认为大多数西方国家从农业经济向工业经济的转变具有"革命"的特征。

福克斯的"革命宣言"在 20 世纪 70 年代得到了发展。美国社会学家丹尼尔·贝尔在 1974 年提出了"后工业社会"的概念，并详细分析了后工业社会的特点。他认为，后工业社会的首要特点就是服务社会。同时，他还指出了后工业社会的一个重要性质："如果工业社会是以商品数量来定义社会质量的话，后工业社会就是以健康、教育、休闲和艺术来定义社会质量。"也就是说，在后工业社会，生产与消费都不再以物质产品为主，而主要以服务产品为主。这使得 20 世纪 50—60 年代的经济发展阶段理论逐步趋于成熟化，即从经济的角度来看，人类社会的发展基本上遵循从传统社会（农业社会）到工业社会再到后工业社会（服务社会）这样的规律。

2001 年诺贝尔经济学奖获得者斯蒂格利茨指出：在相当程度上，美国的经济是一个服务型经济，即美国的经济已经从制造业转向了与服务有关的行业。制造业、采矿业、建筑业和农业在美国经济中只占 1/3，其余部分主要是交通运输、教育、医疗、批发和零售以及金融等服务业。服务经济已经进入全盛时期，在美国经济总量的构成中，制造业和农业占比不到 20%，其余全部是服务业。在美国的国际贸易中，服务贸易的比重逐年提高，服务贸易已经成为国际贸易的主要对象和主要内容。

意大利著名学者佩里切利在关于服务业与经济发展的关系方面清楚地说明：

第一，一个国家的经济和社会发展越强劲，服务业在国民经济中的分量就越大（与农业和制造业相比较而言）。

第二，服务业在每个国家的经济发展中起着中心作用，即服务业不仅使生产活动成为可能，而且服务业的效益决定了社会发展水平。

从外部环境来看，服务业日益发展的原因在于：第一，与工业化生产方式相联系的社会分工对服务业的需求扩大。随着生产的社会分工的日益细致化，工业生产越来越依赖并推动相关产业的发展，特别是为工业生产服务的产业的发展。这些服务产业既包括资金服务、劳动力服务、交通运输服务等产业，也包括广告、批发零售、信息服务等产业。第二，随着工业化、城市化和社会经济的发展，社会经济系统越来越复杂，从而导致国家的监督和调节作用增强，政府对卫生、保健、教育等方面的投入不断增加。第三，随着消费者收入水平的提高，其对服务的需求也会增加。总之，商品生产和生活方式的变化极大地增强了人们对服务产品的需求，其中许多为劳动密集型产品。

从根本上说，服务业的发展在很大程度上取决于服务企业竞争力的提高。因此，充满活力的、具有强大竞争力的服务企业是发展服务产业和提高服务产业国际竞争力的根本保障。正如迈克尔·波特所说："站在国际竞争最前沿的，是企业而不是国家。"美国《财富》杂志一年一度的全球500强企业排名，就充分说明了这一点。沃尔玛公司早在2001年就以2 200亿美元的收入业绩超过埃克森美孚公司而居全球500强企业榜首，成为历史上第一个收入排名第一的非制造企业。由此可见，服务企业的发展潜力巨大。服务企业的竞争力不仅关系到服务企业的存亡和服务产业的兴旺发达，而且关系到一个国家国际竞争力的强弱。

2）国内背景

服务企业的发展程度已经成为衡量一个国家或地区经济发展水平的重要标志，是拉动国民经济增长的重要力量。改革开放以来，我国服务企业发展迅速，在整个国民经济和社会发展中发挥着越来越重要的作用，服务企业在我国国民经济中所占的比重及对GDP的贡献率逐年提高，但是我们也必须看到，我国服务企业在取得进步的同时，不仅在国际市场上竞争力弱，在国内市场上也面临着许多危机。我国已经成为世界上首屈一指的新兴市场，我国服务企业正面临着发达国家服务企业的分化、渗透。例如，在餐饮企业中，麦当劳、肯德基已经独占我国快餐业鳌头；在零售企业中，沃尔玛、家乐福已成为我国零售企业的强劲对手。随着我国对外开放程度的逐步加深，服务贸易、信息咨询、银行保险、旅游服务、通信运输等领域的西方跨国公司正接踵而来，我国市场上的服务企业面临的竞争将更加激烈。

与国外服务企业及国内其他服务企业相比，新疆服务企业起步晚、基础差、规模小、信息技术落后、发展缓慢。面对强劲的竞争对手，新疆服务企业要想生存和发展，就必须提高自身的竞争力，尽快形成企业自身的核心竞争力。因此，提高新疆服务企业的竞争力，是新疆服务企业参与国内、国外市场竞争的要求，是加快实现新疆产业结构优化升级和社会转型的主要内容。

1.1.2 研究意义

1）理论意义

目前，国内外关于企业竞争力的研究主要集中在制造企业领域，有关服务企业竞争力的研究成果相对较少，也缺乏系统的方法和理论，大多数研究是从服务营销和服务管理等单一角度来分析某个服务行业的竞争力，没有将服务企业整体作为研究对象来探讨服务企业竞争力提升的重大问题。虽然服务企业和制造企业有很多相似之处，但它们之间也存在着较大的差异，不能完全照搬现有的理论成果。因此，我们迫切需要从服务企业的共性方面来分析研究服务企业的竞争力，探讨新疆服务企业提升竞争力应遵循的基本规律，从理论深度上提出一些新思考和新认识，以弥补当前对新疆服务企业竞争力研究的不足与欠缺，进而引发有关部门和学者对新疆服务企业竞争力的提升进行更深入、更广泛的研究；同时，这一研究还可以促进区域经济学、管理学等交叉学科的发展。

2）现实意义

本书的研究成果除了具有较高的理论意义外，还具有较强的现实意义。这主要体现在：第一，可以为政府加强对服务企业的引导、营造宽松的发展环境、出台各种扶持政策提供依据；第二，可以为政府相关部门、服务行业制定服务业发展规划提供有价值的参考；第三，可以为各类服务企业加强服务管理和服务营销、满足群众的服务需求、制定和实施竞争战略、提升服务企业的竞争力水平提供科学的思路。

1.2　研究思路和研究内容

1.2.1　研究思路

本书综合运用企业竞争战略、服务市场营销和服务管理等学科的理论，探索新疆服务企业竞争力提升的路径、战略模型和运行机制，沿着从一般的理论描述到具体服务企业的实际情况、从宏观（服务业）或中观（服务行业）到微观（服务企业）再将宏观或中观与微观相结合、从定性描述到定量分析的思路逐步展开研究。

具体来说，本书首先在运用相关理论和前人研究成果的基础上，从服务企业的共性出发，结合新疆服务企业的特点，构建了新疆服务企业竞争力评价指标体系，并利用这一评价指标体系从微观上对新疆的餐饮企业、零售企业、旅游企业和物流企业的竞争力进行评价；然后以评价结果为依据，提出新疆服务企业应选择的竞争战略和战略实现路径；最后从宏观或中观上为新疆各级政府出台相关政策与保障措施提出建议。

1.2.2　研究内容

第 1 章：绪论。选准研究的切入点，提出本书的研究背景和研究意义、研究思路和研究内容、研究方法和创新点。

第 2 章：文献综述与相关理论。综合梳理国内外关于服务企业竞争力研究的现状以及取得的成果，高度概括了服务市场营销理论和服务管理理论的基本内容。

第 3 章：新疆服务业及服务企业发展总体分析。对新疆服务业的发展历程进行简要回顾，总结新疆服务业发展的结构特征，提出新疆服务业的发展潜力与战略构想，阐述新疆服务企业在经济社会中的战略地位，系统分析新疆服务企业发展中存在的问题及成因、面临的机遇与挑战。

第 4 章：新疆服务企业竞争力评价指标体系的构建。通过对影响新疆服务企业竞争力的因素进行分析，构建完整的、比较适合评价新疆服务企业竞争力的指标体系。

第5章：新疆服务企业竞争力评价。选择具有典型意义的新疆本地的特色餐饮企业、零售企业、旅游企业和物流企业，对其竞争力进行分析与评价。

第6章：新疆服务企业的竞争战略。在对新疆服务企业的特点与竞争态势进行分析的基础上，提出新疆服务企业竞争力的提升必须采取差异化战略、顾客价值战略，并系统阐述了新疆服务企业竞争战略模式的选择。

第7章：新疆服务企业竞争战略的实现路径。依据服务市场营销理论，结合影响新疆服务企业竞争力提升的要素进行设计。

第8章：提升新疆服务企业竞争力的保障措施。从政府层面提出促进新疆服务企业竞争力的提升，必须树立新观念、实施新机制和健全新体制，加大政策引导和保障，加强科技支撑工作，实施名牌战略。

1.3 研究方法和创新点

1.3.1 研究方法

1）规范研究法

通过梳理和总结国内外有关服务企业竞争力方面的研究成果，结合新疆服务企业的特点，提出新疆服务企业竞争力的影响因素以及评价指标体系，进而提出新疆服务企业的竞争战略及其实现路径。

2）数量研究法

利用统计分析软件，采用主成分分析法和因子分析法，通过实证模型对新疆服务企业的竞争力进行分析与评价。

3）比较研究法

将新疆服务企业与其他省（自治区、直辖市）的服务企业进行比较研究，分析存在差异的原因。

1.3.2　创新点

第一，将前人对工业企业竞争力的研究成果运用到新疆服务企业的营销与管理中，结合新疆服务企业竞争力的现状与影响因素，构建新疆服务企业竞争力评价指标体系，并选择有代表性的新疆本地服务企业，对其竞争力进行客观评价。

第二，为促进新疆服务企业竞争力的全面提升，阐明新疆服务企业竞争战略的制定与竞争模式选择的构想，从企业层面提出新疆服务企业竞争战略的实现路径。

第三，从政府层面提出促进新疆服务企业竞争力全面提升应采取的对策。

第 2 章　文献综述与相关理论

2.1　文献综述

2.1.1　国外研究现状

1）关于企业竞争力内涵的研究

"竞争"一词最早在达尔文的进化论中被提出。达尔文认为，竞争主导了物种演化的方向，物种之间通过竞争来获取其生存必需的资源，只有具备竞争优势者才能生存，即"适者生存"。后来，"竞争"的概念被广泛应用到经济学、管理学和社会学中，用来描述两个或两个以上的个人或组织为了自身的利益，在一定范围内争夺其共同需要的对象而展开的较量。由于资源的稀缺性，竞争各方为了获得有限的资源并追求自身利益的最大化，从而产生了竞争。

把"竞争力"作为一个专有名词进行系统研究大约始于 20 世纪 80 年代。受当时国际经济形势的影响，许多国家和组织几乎同时关注竞争力问题。1980 年，在达沃斯举办的欧洲经济论坛（世界经济论坛（World Economic Forum，WEF）的前身）年会上，与会者对"国际竞争力"这一概念表现出了极大的兴趣，在会后将其作为一个重要项目展开了研究，并于1986年发表了首份国际竞争力报告，从此以后每年发布国家竞争力排名。1983年，美国里根政府成立了一个"工业竞争力总统委员会"，试图通过立法措施，使政府和企业在提高美国产业竞争力方面做出努力。英国经济社会研究理事会委托若干大学和研究机构进行了20多项相关项目的研究，并于1986年在布鲁塞尔举行了国际研讨会，对竞争力的概念、研究对象等问题进行了研讨。从此，竞争力成为政府和企业讨论的热点话题，竞争力理论也作为一种思想方法在经济领域被广泛应用，并延伸出国家竞争力、产业竞争力、区域竞争力、企业竞争力等一系列概念。

企业竞争力的内涵十分丰富，可以从不同的角度进行界定。美国《关于产业竞争力的总统委员会报告》认为："企业竞争力是指在自由良好的市场条件下，企业能够在国际市场上提供好的产品、好的服务，同时又能提高本国人民生活水平的能力。"迈克尔·波特（1980）认为，企业竞争力是企业与行业中的其他企业、潜在新进入者、替代品生产者、供应商和消费者进行博弈时所表现出来的综合力量。企业竞争力由企业的生产要素状况、需求状况、相关及辅助产业状况、企业经营战略、结构与竞争方式、机遇和政府行为等因素构成。企业竞争力是"一个企业对其行为效益所贡献的各项活动"。Cohen和Zyman（1989）认为："企业竞争力是指这个企业在建立和保持市场地位的同时获得利润的能力。"Prahalad和Hamel（1990）认为："企业真正的竞争力是企业内部存在的一组独特的、难以模仿的、有价值的核心技术和技能。"Barney（1991）认为企业竞争力即企业竞争优势，他指出："当一个企业实施了一个没有同时被任何现存的或潜在的竞争对手发现或实施的价值创造策略时，就可以说该企业具有竞争优势，并且如果这种策略不能被竞争对手复制，则可以说该企业具有持续的竞争优势。"世界经济论坛（WEF）也是比较早地对企业竞争力进行研究的权威机构之一，1994年，其在《国际竞争力报告》中将企业竞争力定义为"一个公司在世界市场上均衡地生产出比其竞争对手更多财富的能力"。时任美国摩托罗拉公司董事长兼总裁George M.C.Fish（1996）认为："竞争力是企业具有的较竞争对手更强的获取、创造、应用知识的能力。"钱德勒（1999）在研究了美国、英国、德国发展的原动力后认为："企业在规模经济和范围经济上的差异，是一种组织能力和管理模式上的差异。"日本东京大学教授藤本隆宏（2003）认为："企业竞争力可以从三个层次来考察，即静态的能力、改变的能力、进化的能力。"

2）关于企业竞争力或竞争优势的获得的研究

迈克尔·波特（1985）侧重于从企业的外部市场结构来分析企业的竞争力。他认为，企业要想获得竞争优势，就必须选择长期盈利的产业，而决定企业盈利能力的首要和根本因素是产业吸引力，由于并不是所有产业都能够提供均等的、持续的盈利机会，因此产业固有的盈利能力就成为决定该产业中某个企业盈利能力的一个不可或缺的因素。他同时提出了总成本领先战略、差异化战略和集中化战略，以使企业获得盈利能力，提高竞争力。迈克尔·波特还认为，一个产业内部的竞争状态主要取决于五种竞争力量的作用，即新的竞争对手进入威胁、替代品的威胁、买方的讨价还价能力、供方的讨价还价能力与现存竞争对手之间的竞争，这五种作用力共同决定了一个产业的竞争力和最终利润潜力。迈克尔·波特对企业竞争力或竞争优势获得的研究也存在一定的局限性：第一，只涉及外部因素对企业竞争力的影响，而没有体现企业文化、创新机制等内部因素对企业竞争力的影响；第二，主要以产业为基础进行研究，但是企业竞争力的研究成果最终仍要落实到具体企业上。

沃纳菲尔特（1984）、潘洛斯（1994）等认为，研究企业竞争力首先必须解决两个基本问题：第一，如何获得竞争优势；第二，如何保持竞争优势。因此，该学派侧重于从资源的差异性方面来分析企业的竞争优势，并且认为企业的竞争优势来源于企业所拥有的有形资源、无形资源及积累的知识的差异。当企业所拥有的稀缺资源可以使企业生产出成本很低或质量很高的产品时，企业就比竞争对手拥有了更大的竞争优势。同时，该学派把企业的资产、信息、知识、能力、性质、组织过程等看成一个整体资源，并把其分为三大类：人力资本资源、物质资本资源、组织资本资源。该学派认为，企业的资源和能力是异质的，正是这种异质性决定了企业在绩效上的差异性。与迈克尔·波特的研究相比,该学派提出的理论过分注重企业内部的资源问题,而对企业外部环境的重视不够。

罗斯比和克里斯蒂森(1975)的观点包括:企业竞争力是一个能力体系;企业长期竞争优势的决定性因素是积累、保持和运用能力开拓产品市场的能力;企业的能力储备决定了企业的经营范围,特别是多元化经营的广度和深度;能力的差异性是企业获得持久竞争优势的源泉。他们强调重视企业的内部技能和集体学习能力,主张通过建立核心能力来提高企业竞争力。他们把研究重点从企业外部转移到企业内部,将分析方式从静态转向动态,认为企业的能力体系反映了企业运用其所能获得的资源去适应竞争环境的情况,直接体现了企业的竞争力。

3)关于企业竞争力评价的研究

国外对企业竞争力评价的研究,颇具代表性的是美国学者 Kaplan 和 Norton(1990)提出的基于全面业绩评价的平衡记分卡(Balanced Score Card,BSC)。BSC 是从财务、顾客、内部过程、学习与成长四个方面对企业业绩进行竞争力评价的。尽管有学者指出 BSC 本身也存在一定的局限性,但是相对过去单纯的财务性竞争力评价方法,这一评价思想有了飞跃性的发展,标志着战略性企业竞争力评价阶段的来临。

国外对企业竞争力评价的研究较具代表性的理论还有:

(1)瑞士洛桑国际管理发展学院(IMD)评价体系

瑞士洛桑国际管理发展学院从 20 世纪 80 年代初就开始对国际竞争力进行研究,并把企业竞争力评价作为其主要研究内容之一。从 1996 年开始,该机构在每年出版的《世界竞争力年鉴》中公布各个国家在世界上的竞争力排名。1991 年,该机构根据研究的内容,把评价指标划分为八大类要素,即国内经济实力、国际化程度、政府作用、金融环境、基础设施、企业管理、科研开发、国民素质,共有 41 个方面、224 个指标,其中企业管理类评价指标主要包括生产率、管理效率、劳动力成本、公司业绩、企业文化等。随着经济环境的变化,IMD 在 2001 年对其评价体系做了重大调整，将原来的八大类要素合并成四大类要素，即经济绩效、政府效率、商业效率和基础条件。

（2）世界经济论坛（WEF）评价体系

世界经济论坛提出的评价体系主要包括三大类指标，即国际竞争力指数、经济竞争力指数、市场化增长竞争力指数。后来，WEF 把商业环境、企业内部管理水平和经营战略的匹配性考虑在内，增加了微观竞争力指标。因此，在 2000 年，该体系已发展成为包括微观竞争力指标在内的四大类指标，同时把国家和地区的综合竞争力这一指标细分为潜在竞争力和当前竞争力两部分。

（3）《财富》杂志的评价体系

《财富》杂志把评价体系分为两种：一是全球 500 强评价体系；二是最受赞赏公司评价体系。全球 500 强评价体系的指标主要包括资产总额、营业收入、营业利润、所有者权益和雇员人数等，比较重视企业规模的影响，企业的最终排名是由营业收入决定的，评价数据来自各个公司上一年度的财务数据，每年 5 月份公布评价结果。最受赞赏公司评价体系的指标主要包括公司的创新能力、产品的服务质量、管理质量、长远投资评估、社区与环境的责任感、吸引与留住人才的能力、资产应用整合能力和国际经营运作能力。

（4）《福布斯》杂志的评价体系

《福布斯》杂志的评价体系是对《财富》和《彭博商业周刊》评价体系的综合，该评价体系的指标包括被评价公司的资产额、营业额、利润、股票市值等，以此对世界顶级公司进行排名。

4）有关服务企业竞争力及竞争战略的研究

（1）有关服务企业管理的研究

Levitt（1972）提出了"服务工业化"的观点，即将制造企业的管理方法用于服务企业的管理中，使服务业的运作活动"工业化"。Johnson et al.（1972）和 Buffa（1976）在各自的《运作管理》一书中，都提到了将生产管理技术应用到非制造工业和服务行业中去的观点，他们关注的是服务企业的某些生产运作环节与制造企业的相似之处，主张把制造企业的管理模式运用到服务企业中。

（2）有关服务质量和服务接触的研究

Grönroos（1982）和 Parasuraman（1985）相继提出了感知服务质量模型和服务质量差距模型，充分展现了服务质量的特性，为管理者改善服务质量提供了理论指导。Normann（1984）、Bitner（1985）、Bowen（1985）等开展了有关服务接触的研究，通过顾客与服务提供者之间的互动，从服务企业自身的运营特点来研究服务企业如何进行管理，以提高竞争力。到了 20 世纪 80 年代末，有关服务质量和服务接触的研究越来越丰富，如服务设计、服务生产能力、需求管理、服务补救、顾客行为等，都得到了深入的研究。

（3）有关服务企业服务质量评价方法的研究

Parasuraman、Zeithaml 和 Berry（1988）等依据全面质量管理开拓性地提出了一种新的服务质量评价方法，即 SERVQUAL 服务质量评价方法。该方法为服务企业提高服务质量、提升竞争能力提供了理论基础。Collier（1994）提出了一个反映顾客感知质量和服务绩效的关系模型，重点关注服务管理中各要素之间的联系。Heskett et al.（1994）提出了服务利润链模型，从顾客的角度重新审视了服务企业的长期获利能力，形成了以顾客为导向的服务管理模式，总结出了内部质量、员工满意度、顾客满意度、服务价值的内在逻辑关系。这一思想为后来的有关服务企业竞争力的研究奠定了理论基础。

（4）有关顾客价值的研究

Lautebom（1990）认为，4Ps 营销理论（产品、价格、渠道和促销）仅从企业的角度出发来制定营销决策，而忽视了顾客真正的价值需求，企业在营销活动中应该首先注意的是 4Cs（顾客、成本、便利和沟通），这才是顾客价值的真正体现。Woodruff（1997）提出，顾客价值是顾客对特定使用情景下有助于（有碍于）实现自己目标的产品属性、这些属性的实效以及使用的结果所感知的偏好与评价。Grönroos（1997）认为，顾客必须感知和欣赏持续关系中所创造的价值，顾客感知价值是顾客在消费时对产品、服务、信息、服务接触、服务补救和其他要素的一种自我评估过程。Kotler（1999）认为，顾客总价值包括产品价值、服务价值、人员价值和形象价值，而顾客总成本包括货币成本、时间成本、精力成本和体力成本。

（5）有关服务企业竞争战略的研究

Jams（1995）对服务企业竞争战略的分析，采用的是波特的一般竞争战略选择模型。Booms 和 Bitner（1981）阐述了服务营销组合策略，即在传统的营销组合策略（4Ps）的基础上增加服务人员（Service People）、有形展示（Physical Evidence）和服务过程（Service Process）3个要素。7Ps 服务营销组合策略的提出对服务企业的市场运作提供了很好的战略支持。

2.1.2　国内研究现状

1）关于企业竞争力内涵的研究

国内学者也从不同的角度对企业竞争力的内涵进行了研究。金碚（1996）认为，在现实的市场中，企业竞争力的表现主要是一个企业能够比其他企业更有效地向消费者（或者市场）提供产品或服务，并且能够获得自身发展的能力或综合素质。所谓"更有效地"，是指"以更低的价格或消费者更满意的质量持续地生产和销售"；所谓"获得自身发展"，是指"企业能够实现经济上长期的良性循环，具有持续的良好业绩，从而成为长久生存和不断壮大的强势企业"。王伯安（1997）认为，竞争力是一个十分复杂的现象，可以从不同的层面进行分析研究。其中，企业竞争力就是企业的生存发展能力。罗国勋（1999）认为，企业竞争力是企业和企业家在适应、协调和驾驭外部环境的过程中成功从事经营活动的能力。张志强和吴建忠（1999）认为，企业竞争力实际上是一个通过比较而得到的相对概念。企业竞争力由三部分组成：第一，企业现实的市场竞争能力；第二，企业潜在的、未来可能拥有的市场竞争能力；第三，企业将潜在的竞争能力转化为现实并获得竞争优势的能力。胡大立（2001）认为，企业竞争力就是作为独立经济实体的企业，在市场竞争中，通过自身要素的优化以及与外部环境的有机交互，在有限的市场资源配置中占有相对优势，进而处于良性循环的可持续发展状态的能力。徐希燕（2003）认为，企业竞争力是蕴涵于企业内部、与竞争对手相比较而存在、融合了企业各种能力（包括领导力、创新力、文化力、营销力、生产力、品牌力等）的一种综合能力。席酉民（2004）认为，企业竞争力应从竞争主体（组织的特殊性）、竞争客体（资源的稀缺性及获得途径）、竞争环境（竞争的复杂性）三个角度来考察。

2）关于企业竞争力或竞争优势获得的研究

国内学者对企业竞争力或竞争优势获得的研究也有不同的观点。田奋飞等（2001）认为，竞争优势的本质是企业相对于其竞争对手所拥有的优越条件和地位。范晓屏（2002）认为，企业竞争力的基础是企业自身的竞争优势和竞争资源在过去和现在的市场中表现出优良业绩的内部支撑力。王核成（2005）认为，企业的优越条件或地位既可来源于外部环境因素，如优越的地理位置或政府的优惠政策等，也可来源于企业内部因素，如极强的资源配置能力或丰富的资源等。陈俊芳（2009）认为，企业竞争力是综合的，是由多种因素决定的。段韵柳、刘再起（2010）认为，改革开放以来，由于重视经济指标等硬实力的发展，因此我国企业面临着对软实力重视不够和发展不足的困境，迫切需要通过科学制定企业的发展战略、加强企业文化建设、增强企业凝聚力和影响力等途径来提升企业的软实力，从而提高企业的综合竞争力。

3）关于企业竞争力评价体系的研究

（1）中国企业联合会的企业竞争力评价体系

中国企业联合会的企业竞争力评价体系的内容包括七大部分（即经济效益、财务状况、管理水平、科技进步、员工素质、对外开放程度和社会效益），共62个定量指标。该评价指标体系的最大优点是数据支持性好、可操作性强；缺点是在一定程度上局限于数据的可获得性，有些数据很难获取，而且理论不够完备，因此评估结果的适应性较弱。

（2）中国新闻社的企业竞争力评价体系

中国新闻社的企业竞争力评价体系将全球500强企业、中国上市公司竞争力100强企业及县级市竞争力100强企业作为研究对象。其中，关于中国上市公司竞争力100强企业的竞争力评价指标主要包括主营业务收入、净利润、每股收益、净资产收益率。主营业务收入和净利润这两个指标反映了上市公司的绝对盈利能力及规模扩张能力，而每股收益和净资产收益率这两个指标反映了上市公司的相对盈利能力及持续增长能力。评价指标所需要的数据均来自上市公司公开的财务数据，因此具有客观性。然而，只用来自上市公司的财务数据计算出的评价指标来评价上市公司的竞争力，所得出的评价结果仅仅体现了用现在的经济实力来解释的竞争力，无法反映出上市公司的宏观环境、外部行业、潜在的市场竞争力以及将潜在竞争力转化为现实竞争力等方面的情况，这是该评价体系的不足之处。

（3）《中国经营报》的企业竞争力评价体系

《中国经营报》的企业竞争力评价体系包括 16 个指标。其中，13个是显示性指标，这些指标可以直接计量或直接统计出来；3 个是隐形性指标，这些指标无法直接计量，只能通过调查问卷的方法间接进行计量。

（4）张晓文、于武的企业竞争力评价指标体系

张晓文、于武（2003）认为，评价指标是企业竞争力评价内容的载体和外在表现。因此，他们把构成企业竞争力的因素分成两部分：一是评价因素；二是分析因素。评价因素反映了企业竞争力的外显特征，这种特征表示企业竞争力可以得到充分发挥的那种状态的变数，即"外显变数"，评价指标用来衡量企业是否具有竞争力或竞争力水平的高低。分析因素是导致企业竞争力水平发生变化的因素，这些因素可以通过宏观或微观的决策来制约，因此又被称为"动力因素"。他们通过层次分析法，将企业竞争力的评价内容划分为四个层次：①基本要素层。这主要包括能力资源、能力制度与机制、能力状态三个方面。②评价要素层。在基本要素的基础上，选取表示企业竞争力可以得到充分发挥的那种状态的变数，即用"外显变数"来反映评价因素功能的构成要素。③指标层。将各种评价要素的状态进一步细化，通过评价指标来表现，可以更加直观、具体地反映企业竞争力的外显特征。④操作层。用来说明定量评价指标的计算方法和定性评价指标的内容，在此基础上建立了由 11 个评价要素、30 项评价指标组成的企业竞争力评价指标体系，其中定性评价指标 11 项、定量评价指标 19 项。

（5）金碚的企业竞争力评价指标体系

金碚的企业竞争力评价指标体系包括测评性指标和分析性指标两部分。其中，测评性指标又可以分成两类：一类是可以直接计量的指标；另一类是不能直接计量的指标。对于不能直接计量的指标，一般通过调查问卷来实现。测评性指标具有综合性，指标数不宜过多，反映了企业竞争的结果，是企业竞争力的最终表现。分析性指标可以解释企业为什么有竞争力或为什么缺乏竞争力，它是一个多角度、多层次的指标体系，反映了企业竞争力受到影响的原因。

国内还有很多学者，如肖智和冉松（2000）、张金昌（2002）、胡大立（2001）、贾玉花和纪成君（2003）、熊焰和赵铁山（2004）、张颖和曹志荣（2004）、陈金波（2005）、李强和蔡根女（2006）等，也对企业竞争力评价体系进行了研究。

4）关于服务企业竞争力及竞争战略的研究

近些年，国内学者也开始研究服务企业的竞争力及竞争战略，但大多数学者是在借鉴西方国家服务管理和服务营销理论的基础上进行探索的。王方华（2000）阐述了服务企业长期竞争优势的取得不能单靠产品更新、技术进步、低劳动力成本、政府保护，而应实行有效的顾客满意度战略和全面的竞争战略。刘亚文、田晓菁（2001）提出，服务企业应重视服务品牌的建立。白长虹（2001）在借鉴西方顾客价值研究成果的基础上，认为服务企业顾客价值的构成与驱动因素包括服务质量、品牌价值、系统组织学习和顾客关系等，并对服务企业的顾客忠诚及其与竞争力的关系进行了初步研究。蔺雷、吴贵生（2003）构建了服务创新的四维度模型。范秀成、罗海戌（2003）阐述了顾客感知价值与企业竞争力的关系，主张加强对顾客期望、服务过程和服务场景的管理，以提高顾客从服务中所得到的功能价值、情感价值和社会价值，进而创建企业独特的竞争优势。赵仁康（2004）基于服务的特点，论述了服务企业核心竞争力的培育。廖云贵（2004）从价值创新的角度对服务企业的持续竞争优势进行了研究，认为价值创新是服务企业保持持续竞争优势的重要手段。谢志华等（2011）分析了商业企业竞争力的本质和结构，认为商业企业竞争力表现出的是一种顾客价值整合能力，商业企业竞争力的结构分为竞争优势层、竞争能力层、竞争资源层，三个层次之间是一个有机的整体。竞争优势来源于竞争能力，竞争能力来源于竞争资源，竞争资源也受竞争优势和竞争能力的反作用。

综观国内外有关企业竞争力及竞争战略的研究文献，大多是以制造企业为研究对象，对服务企业的研究不足，对欠发达或少数民族地区服务企业竞争力及竞争战略的理论研究更是缺乏。

2.2 相关理论

服务业是人类社会经济文化发展到一定阶段的必然产物，是世界各国国民经济和社会发展的重要组成部分。早在 20 世纪 60—70 年代，美国、德国、法国、澳大利亚等发达国家的经济增长就主要靠服务业带动，服务业在发达国家的社会经济地位与日俱增，但服务产品与实体产品存在本质差异，所以服务企业的管理理论与管理方法应当有别于工业企业。20 世纪 70 年代，欧美一些学者发现，基于实体产品的营销理论和方法已不能适应服务企业营销的客观情况。大量事实证明，如果仍将过分强调降低成本和规模经济的管理方式运用到服务企业，势必会造成服务质量下降、企业员工情绪低落、顾客满意度不高，最终将导致企业利润下降。因此，对服务企业的管理需要不同于工业企业的管理理论和管理方法。经过 20 余年的探索，服务企业竞争力与竞争战略理论已逐步形成体系，主要包括服务营销理论和服务管理理论两大部分。

2.2.1 服务营销理论

"服务营销理论之父" Grönroos 曾提出："不少管理学家对服务业在经济中的重要性，以及服务在企业管理中的作用进行了论述，但是研究得最为彻底的是服务的营销问题。"服务营销理论主要涵盖如下内容：

1）服务的特征

有关服务作为一种无形产品的特征或特性，Grönroos、Kotler、Payne、Eiglier、Langeard 等都发表了不同的观点。将无形性、差异性、不可分离性、不可储存性和缺乏所有权作为服务的特征，已经得到了国内外学者的广泛认可。其中，无形性被认为是服务的最基本的特征，其他特征都是从这一特征衍生而来的。

（1）无形性

无形性最先被学者提出，它是服务最主要的特征。无形性可以从两个不同的层次来理解。首先，与有形的消费品或产业用品相比，组成服务的元素很多都是无形的，人们不可触摸或无法凭肉眼看见其存在。其次，不仅服务的特质是无形的，使用服务后的"利益"也很难察觉，或者要等一段时间后，享用服务的人才能感觉到"利益"的存在。因此，人们在购买服务以前，不可能去尝、触、看、听或嗅到"服务"，只能参考意见与态度等方面的信息，再次购买时可依赖先前的经验。

（2）差异性

差异性是指服务的构成元素及质量水平经常变化，很难统一界定。与那些实行机械化和自动化生产的第一产业与第二产业相比，服务行业是以"人"为中心的行业，由于人的个性不同，因此对服务质量的检验很难采取统一的标准。一方面，受服务人员本身因素（如心理状态）的影响，即使是由同一服务人员所提供的服务，也可能会有不同的水准；另一方面，顾客本身的因素（如知识水平、兴趣爱好等）也直接影响服务的质量和效果。

（3）不可分离性

有形的产业用品或消费品从生产、流通到最终消费的过程中，往往要通过一系列中间环节，生产与消费的过程具有一定的时间间隔。服务则不同，它具有不可分离性，即服务的生产与消费同时进行，也就是说，服务人员为顾客提供服务时，也正是顾客消费服务的时刻。由于服务本身不是一个具体的物品，而是一系列的活动，因此在服务的过程中，消费者和生产者必须直接发生联系，生产的过程就是消费的过程。服务的这种特性表明，顾客只有加入服务的生产过程中，才能最终消费服务。

（4）不可储存性

基于服务的无形性以及不可分离性，服务不可能像有形的消费品和产业用品一样被储存起来，以备未来出售；而且在大多数情况下，消费者也不能将服务带回家安放。当然，提供服务的各种设备可能会提前准备好，但生产出来的服务如果不及时消费掉，就会造成损失，如车船的空位等；不过这种损失不像有形产品的损失那样明显，它仅表现为机会的丧失和折旧的发生。

（5）缺乏所有权

这是指在服务的生产和消费过程中不涉及任何东西的所有权的转移。既然服务是无形的，又不可储存，那么服务交易完成后便消失了，消费者并没有实质性地拥有服务。

2）服务营销组合策略理论

该理论由美国的 Booms 和 Bitner 于 1981 年提出，后来英国服务营销学家 Payne 也提出了类似的理论。服务营销组合策略理论，即在传统的工业企业市场营销组合策略（包括产品策略、价格策略、渠道策略和促销策略）的基础上增加 3 个策略：服务人员策略、有形展示策略和服务过程策略。服务营销组合策略在很大程度上解决了服务企业的营销策略问题，对服务企业的市场运作方式提供了很好的策略支持。服务营销组合策略的内容见表 2-1。

表 2-1　　　　　　　　　　服务营销组合策略的内容

项目	内容
服务产品	服务范围、服务质量、服务档次、服务品牌、服务项目、服务担保、服务业的售后服务
服务价格	服务价格的档次、服务价格的打折、服务价格的项目、顾客对服务价格的评估、服务价格与服务质量的匹配、服务的差异价格
服务渠道	服务网点的位置、顾客进入网店的便利程度、服务渠道涉及的地区或行业
服务促销	服务广告、服务业的人员推销、服务业的营业推广、服务业的公共宣传、服务业的公共关系
服务人员	服务人员的培训、服务人员的处置权、服务人员的义务和职责、服务人员的激励、服务人员的仪表、服务人员的交际能力、服务态度、参与服务的顾客行为、顾客参与的程度、顾客与顾客的关系
有形展示	服务环境的装修、服务环境的色彩和氛围、服务环境的布置、服务环境的防噪声水平、服务的设施和用品、有形线索
服务过程	服务过程的运作政策、服务程序、服务过程中的组织机制、服务过程中人员处置权的使用规则、服务过程对顾客参与的规定、服务过程对顾客的指导、服务活动的流程

3）目标市场营销战略理论

与工业企业的营销战略类似的是，服务企业在进入市场之前，也必须先进行充分的市场分析和顾客群分析，结合自身的实力和特点准确选择目标市场，并确定自己在市场中的竞争地位，即实施目标市场营销战略。该战略包括市场细分（Market Segmentation）、目标市场（Market Targeting）和市场定位（Market Positioning）三个阶段。

（1）市场细分

服务企业通过市场细分，能够向目标子市场提供独特的服务或实施相关的营销组合策略，从而使顾客需求得到更加有效的满足，并达到留住顾客和提高顾客忠诚度的目标。服务企业的市场细分与工业企业的市场细分有很多相似之处。在服务营销过程中，服务企业同样可以借助人口因素、地理因素、心理因素和行为因素等进行市场细分。然而，在应用上述因素对服务市场进行细分时，服务企业必须认识到其与工业企业的市场细分存在两点不同：第一，在提供服务产品的过程中，服务现场往往同时有多位顾客，这就要求保证目标顾客之间的相容性，避免需求差异巨大的顾客在同一空间和同一时间产生相互干扰。第二，与有形产品提供者相比，服务产品提供者具有更强的满足顾客需求的能力。

随着服务市场上新竞争对手的不断加入和服务项目的增多，企业之间的竞争日益加剧。市场细分有助于企业投资于能够带来经济效益的领域，避免企业因盲目投资而造成资源浪费；同时，市场细分有助于企业通过产品的差异化建立起竞争优势，使企业即使在较为成熟的行业里，市场机会仍然存在。企业通过市场调查和市场细分，能够发现需求尚未被满足的顾客群体。如果企业能够根据这一顾客群体的需求特征设计出独具特色的服务产品，或者能够比竞争对手提供更优质的服务来满足这一顾客群体的需求，那么企业将拥有强大的竞争力。

（2）目标市场

目标市场是服务企业决定进入的、具有共同需求或特征的顾客集合。也就是说，服务企业应在细分出来的若干个子市场中，根据自身的条件，选择出对自己最有利的、决定要进入的市场。通过对不同细分市场的评估，服务企业会发现一个或几个值得进入的细分市场，下一步就要决定进入哪一个或哪几个细分市场。通常情况下，服务企业可以采用以下策略进入选定的细分市场：第一，市场专一化。服务企业只提供一种服务，供应某一特定的顾客群，以取得在这一特定市场上的竞争优势。这种策略适用于刚刚起步的小型服务企业。第二，服务专业化。服务企业向各类顾客同时供应某种服务，只在档次、价格、质量等方面塑造差异。服务企业通过这种策略可以在某项服务上获得较高的声誉，并且有利于降低成本。第三，市场专业化。服务企业向某一特定顾客群提供系列化的服务组合。这种策略可以使服务企业在特定的顾客群体中获得较高的声誉。第四，选择性专业化。服务企业有选择地进入几个不同的细分市场，为不同的顾客群提供不同的系列性服务组合。每个选定的细分市场都具有吸引力，并且符合服务企业的经营目标和资源状况，服务企业在每个细分市场上都可以获利，但各个细分市场之间很少或根本没有联系。这种策略有利于服务企业分散经营风险。第五，整体市场。服务企业全方位进入市场，用各种服务满足各种顾客群体的需要。通常只有那些实力雄厚的大型服务企业才可能采取这种策略。

进入细分市场后，服务企业还应选择市场营销策略。第一，无差异性营销策略。服务企业采取这种策略的前提是顾客的需求具有同质性，即服务企业认为自己所面对的是同质的市场，或者忽视顾客需求的多样性，而着眼于顾客的共同需求或偏好，不进行市场细分，将整个市场作为目标市场，采用单一的营销策略加以满足。第二，差异性营销策略。服务企业采取这种策略主要着眼于顾客需求的差异性。在市场细分的基础上，针对各个细分市场的特点，制订不同的营销方案，以满足顾客的需要。如今，越来越多的服务企业开始采用差异性营销策略。第三，集中性营销策略。采用这种策略的服务企业也着眼于顾客需求的差异性，将资源和精力集中在一个或几个子市场上，利用有限的资金和力量向纵深发展，追求较高的市场占有率，而不是追求在整个市场或多个细分市场上都占有较小的份额。

（3）市场定位

市场定位是指服务企业根据市场竞争状况和自身资源条件，建立和发展自身独特的竞争优势，以使自己的服务在顾客心目中形成优于竞争对手的独特形象。服务企业选择好目标市场以后，如果遇到竞争对手，自然要对自己的服务进行市场定位。这时，服务企业需要了解在这一细分市场上顾客心中期望的最好的服务是什么、竞争对手能够提供服务的程度、本企业提供的服务是否与顾客的需求相吻合，以及如果顾客的需求尚未被满足或很少被满足，那么企业应该采取怎样的措施使自己的产品达到顾客期望的水平等。

市场定位是一种战略性的工具。通过市场定位，服务企业营销管理者能够明确企业现有的市场地位、确定自身的市场机会，并在市场环境发生变化时采取相应的措施。市场定位是形成服务差异的先决条件，更是服务品牌形象确立的基础。每一种服务都会因提供者和提供标准的不同而形成一系列区别于其他服务的特征，市场定位就是使这些特征在顾客心中得以强化和固化的过程。

2.2.2 服务管理理论

1）服务企业竞争力的八要素理论

八要素理论认为，服务企业竞争力主要包括八种要素，即传递系统、设施设计、地点、能力规划、服务接触、质量、能力和需求的管理、信息，见表2-2。其中，前四种要素称为结构要素，后四种要素称为管理要素。按照八要素理论运作的服务企业，能够提供稳定的服务，并实现预期的战略目标，从而提高自身的竞争力。

表2-2　　服务企业竞争力的八要素理论

服务企业竞争力的八要素	结构要素	传递系统	前台和后台、顾客参与、自动化
		设施设计	布局、规模、美学
		地点	顾客的人口统计特征、竞争场所特征、单一或多个场所
		能力规划	服务人员数量、平均接待量或最高要求、管理排队
	管理要素	服务接触	服务文化、员工授权、激励、挑选和培训
		质量	期望与感知、测评、监督方法、服务担保
		能力和需求的管理	调整需求和控制供给的战略、队伍管理
		信息	竞争资源、数据采集

2）服务企业竞争力的四阶段理论

四阶段理论从服务企业在服务传递过程中的竞争力入手，将服务企业竞争力的形成分为四个阶段，即简单提供服务阶段、学习和模仿阶段、获得卓越能力阶段、提供世界一流服务阶段。这一理论从六个维度（服务质量、一线管理者、员工、顾客、新技术引进、后台部门）来描述这四个阶段的能力，并认为服务企业要想保持竞争地位，就必须实施精益管理，不断提高服务质量。

3）顾客价值理论

顾客价值理论的创新之处就在于企业是真正站在顾客的角度来看待产品和服务的价值的，这种价值不是由企业决定的，而是由顾客决定的。然而，企业若想真正做到站在顾客的角度来看待产品和服务的价值，就必须要让顾客感知到企业所提供的产品和服务的价值，从而达到满足顾客需求、提高顾客满意度、保持顾客忠诚度的目标。顾客价值理论认为，服务企业与制造企业不同，服务企业不仅是一个顾客高度参与其生产过程的开放系统，而且是一个以出售服务的方式实现盈利的企业。由于服务本身具有不可感知性、不可分离性、品质差异性、不可储存性等特征，因此服务企业的生产经营系统具有高度开放性，企业与顾客之间存在着大量决定服务产品功能质量的交互过程，并且在这种交互过程中，服务产品的技术质量也被传递给了顾客。总之，服务企业不仅提供了更多面对面服务的机会，而且通过这种交互过程使顾客感知到了服务质量，从而直接影响了顾客感知价值的形成，并最终影响了服务企业的竞争力。

4）服务利润链理论

服务利润链理论由美国哈佛大学商学院的詹姆斯·赫斯克特等人于1994年提出，该理论借鉴了迈克尔·波特关于制造企业竞争优势来源的经典分析工具——价值链理论。服务利润链可以形象地理解为一条将企业盈利能力、顾客满意度和忠诚度、员工满意度和忠诚度、企业生产力联系起来的纽带，它是一条循环作用的闭合链，其中每一个环节的实施质量都将直接影响其后的环节。各环节之间存在的逻辑关系为：利润和营业额的增长来自忠诚的顾客，顾客忠诚是顾客满意的直接结果，顾客满意在很大程度上受其所获得的服务价值（外部服务价值）的影响，企业提供给顾客的服务价值是由那些在企业工作并且忠诚于企业的员工所创造的，而员工的满意度、忠诚度和较高的生产率又源于企业内部向员工提供的高质量的服务。服务利润链模型如图 2-1 所示。

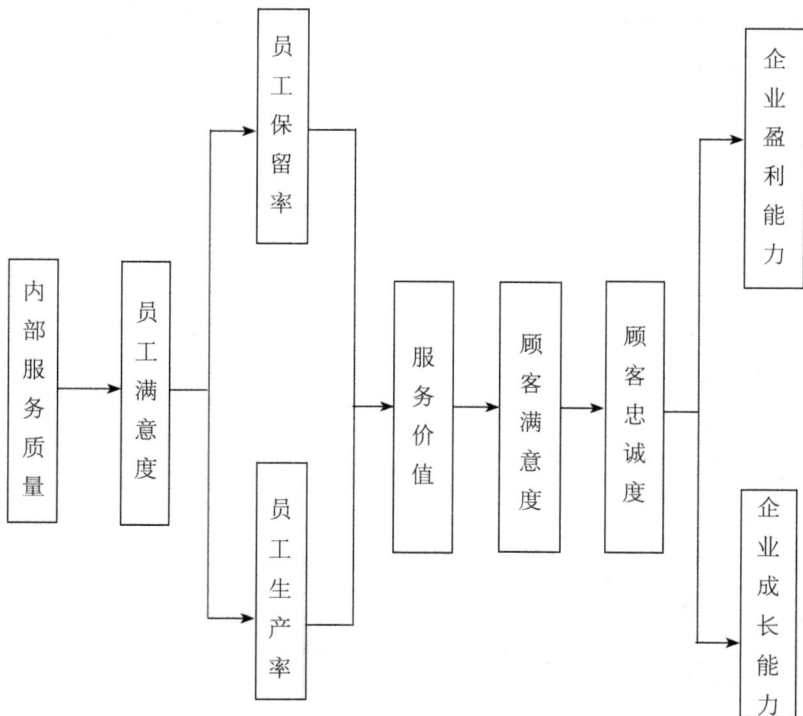

图 2-1　服务利润链模型

服务利润链理论的提出，对于提高服务企业的营销效率和经济效益，增强企业的市场竞争优势，起到了极大的推动作用。第一，内部服务质量影响员工满意度的高低。内部服务质量描述了员工的工作环境，主要包括员工的挑选与开发、奖酬与认可、对服务信息的获得、技术与工作设计等，员工的工作环境直接影响着员工满意度的高低。第二，员工满意度影响员工保留率和生产率的高低。这是因为满意的员工会为能够成为企业的一员而感到骄傲，对企业未来的发展充满信心，而这种信心能够促使员工更加积极主动地工作，生产率自然也提高了。第三，员工保留率和生产率影响服务价值的高低。服务价值产生的途径是员工的工作，而员工的工作效率又直接决定了员工所创造的价值的高低。第四，服务价值影响顾客满意度。顾客通过比较获得服务所付出的总成本与得到的总利益来衡量服务价值，只有高服务价值才会带来顾客满意。第五，顾客满意度影响顾客忠诚度。顾客忠诚是因为顾客满意，只有让顾客满意，才能使顾客忠诚。第六，顾客忠诚能大大提高企业的盈利能力和成长能力。

第3章 新疆服务业及服务企业发展总体分析

3.1 新疆服务业发展的历史考察

英国经济学家费希尔（Fisher）和美国经济学家克拉克（Clark）都是产业结构理论的代表人物。费希尔在 1935 年出版的《安全与进步的冲突》一书中首次提出了"三次产业发展阶段理论"，指出人类经济将分别经历以第一产业、第二产业和第三产业为主的三个发展阶段。他认为，社会经济的发展是从第一产业（农业）占优势的经济，依次向第二产业（工业）占优势的经济和第三产业（服务业）占优势的经济转变。克拉克以配第（Petty）的研究为基础，进一步完善了费希尔的观点，提出了著名的"配第-克拉克定理"。下面本书依据费希尔和克拉克的理论，对新疆服务业的发展历程进行分析考察。

新中国成立以前，由于新疆的经济发展十分落后，自然经济占统治地位，根本没有现代工业，因此新疆既没有条件也没有必要发展服务业。据统计，1949 年，新疆第一、二、三产业的就业比重分别为94.12%、2.76%、3.12%，这足以说明当时新疆的服务业即第三产业的发展是十分落后的。新中国成立以后，新疆的服务业才得到了发展。总体上来说，改革开放以前，新疆的服务业总量小，增长速度缓慢，结构畸形；改革开放以后，新疆服务业的发展才真正驶入快车道，现在已逐渐成为新疆国民经济和社会发展的重要组成部分。

3.1.1　缓慢发展阶段（1949—1978 年）

这一阶段是从新中国成立到实行改革开放以前的 30 年间。在这一阶段，我国在力图保持农业稳步发展的同时，集中力量进行工业化建设，对服务行业的投入较少，重工轻商、重积累轻消费的传统经济增长方式在一定程度上压抑了社会对服务行业的正常需求。在这样的历史背景下，我国形成了"大而全""小而全"的生产、服务和管理模式，从而束缚了服务业的正常发展。新中国成立初期，新疆不仅经济总量很低、产业结构极不合理，而且几乎没有现代工业，仅有的工业企业大多以私营手工作坊和个体手工业为主，属于封闭的自给性农业。1955年，新疆农业增加值在新疆生产总值中的比重高达 50%以上，三次产业产值占新疆生产总值的比重依次为 54.5%、26.0%和 19.5%。因此，新疆是一个典型的以传统农牧业为主体的省份。1950—1978 年，新疆服务业的发展一直徘徊不前。1978 年，新疆第三产业产值占新疆生产总值的比重仅为 17.4%，严重滞后于国民经济的发展。

1952—1978 年新疆生产总值及三次产业产值的变动情况见表 3-1和图 3-1；1952—1978 年新疆三次产业的就业情况见表 3-2 和图 3-2。

表 3-1　1952—1978 年新疆生产总值及三次产业产值的变动情况

年份	新疆生产总值（亿元）	第一产业（亿元）	占比（%）	第二产业（亿元）	占比（%）	第三产业（亿元）	占比（%）
1952	7.9	5.1	64.6	1.7	21.5	1.1	13.9
1953	8.7	5.5	63.2	2.1	24.1	1.1	12.6
1954	10.5	6.3	60.0	2.7	25.7	1.5	14.3
1955	12.3	6.7	54.5	3.2	26.0	2.4	19.5
1956	14.1	7.5	53.2	3.7	26.4	2.9	20.6
1957	14.7	7.9	53.7	3.8	25.9	3.0	20.4
1958	16.9	8.8	52.1	4.7	27.8	3.4	20.1
1959	21.4	8.7	40.7	8.5	39.7	4.2	19.6

续表

年份	新疆生产总值（亿元）	第一产业（亿元）	占比（%）	第二产业（亿元）	占比（%）	第三产业（亿元）	占比（%）
1960	25.2	9.3	36.9	11.1	44.0	4.8	19.0
1961	21.5	8.2	38.1	9.1	42.3	4.2	19.5
1962	17.7	8.3	46.9	6.1	34.5	3.3	18.6
1963	19.0	9.8	51.6	5.7	30.0	3.5	18.4
1964	21.5	11.3	52.6	6.3	29.3	3.9	18.1
1965	24.0	12.5	52.1	7.3	30.4	4.2	17.5
1966	26.8	13.8	51.5	8.2	30.6	4.8	17.9
1967	22.4	10.9	48.7	7.5	33.5	4.0	17.9
1968	19.8	9.2	46.5	6.8	34.3	3.8	19.2
1969	19.8	9.3	47.0	6.9	34.8	3.6	18.2
1970	23.0	10.0	43.5	8.7	37.8	4.3	18.7
1971	26.1	11.4	43.7	10.0	38.3	4.7	18.0
1972	24.4	10.8	44.3	9.0	36.9	4.6	18.9
1973	24.7	10.7	43.3	9.3	37.7	4.7	19.0
1974	25.1	10.3	41.0	10.1	40.2	4.7	18.7
1975	28.0	11.0	39.3	12.2	43.6	4.8	17.1
1976	31.8	12.3	38.7	14.0	44.0	5.5	17.3
1977	35.7	13.1	36.7	16.5	46.2	6.1	17.1
1978	39.1	14.0	35.8	18.3	46.8	6.8	17.4

注：表中数据由于四舍五入，可能存在些许误差，可忽略不计。

资料来源　中共新疆维吾尔目治区委员会办公厅，新疆维吾尔自治区人民政府办公厅．新疆辉煌 50 年［M］．乌鲁木齐：新疆人民出版社，1999．

新疆维吾尔自治区统计局．新疆统计年鉴 2000［M］．北京：中国统计出版社，2000．

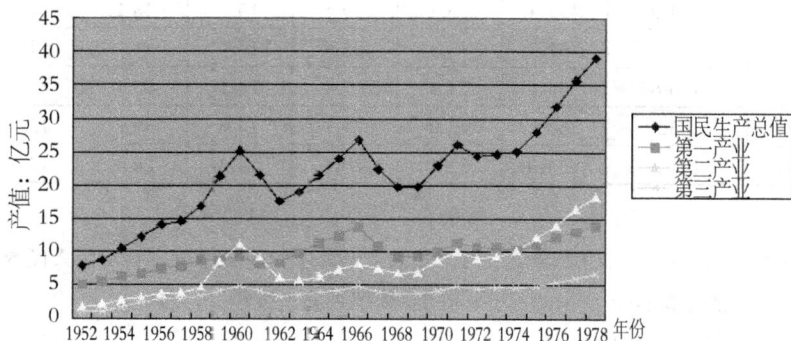

图 3-1　1952—1978 年新疆生产总值及三次产业产值的变动情况

表 3-2　　　　　　　1952—1978 年新疆三次产业的就业情况

年份	新疆就业总人数（万人）	第一产业（万人）	占比（%）	第二产业（万人）	占比（%）	第三产业（万人）	占比（%）
1952	228.6	204.8	89.6	11.7	5.1	12.1	5.3
1953	238.0	210.2	88.3	13.5	5.7	14.3	6.0
1954	248.2	216.4	87.2	16.1	6.5	15.7	6.3
1955	254.6	221.2	86.9	15.6	6.1	17.8	7.0
1956	265.9	228.1	85.8	17.8	6.7	20.0	7.5
1957	272.3	232.8	85.5	19.1	7.0	20.4	7.5
1958	287.5	233.3	81.1	29.3	10.2	24.9	8.7
1959	318.8	231.0	72.5	51.5	16.2	36.3	11.4
1960	338.3	226.9	67.1	64.8	19.2	46.6	13.8
1961	335.7	247.5	73.7	47.1	14.0	41.1	12.2
1962	314.0	247.6	78.9	31.2	9.9	35.2	11.2
1963	317.4	254.9	80.3	29.3	9.2	33.2	10.5
1964	336.0	266.0	79.2	34.2	10.2	35.8	10.7
1965	350.3	273.3	78.0	39.0	11.1	38.0	10.8
1966	372.0	291.1	78.3	43.9	11.8	37.0	9.9
1967	378.8	296.8	78.4	44.4	11.7	37.6	9.9
1968	392.4	310.2	79.1	43.6	11.1	38.6	9.8
1969	402.3	318.3	79.1	44.8	11.1	39.2	9.7
1970	410.3	326.4	79.6	44.6	10.9	39.3	9.6
1971	420.2	330.6	78.7	48.4	11.5	41.2	9.8
1972	431.2	335.6	77.8	53.0	12.3	42.6	9.9
1973	443.3	341.4	77.0	56.1	12.7	45.8	10.3
1974	454.9	347.4	76.4	59.4	13.1	48.1	10.6
1975	466.4	351.7	75.4	63.6	13.6	51.1	11.0
1976	476.6	354.1	74.3	67.4	14.1	55.1	11.6
1977	485.2	354.4	73.0	71.1	14.7	59.7	12.3
1978	491.3	354.0	72.1	70.4	14.3	66.9	13.6

注：表中数据由于四舍五入，可能存在些许误差，可忽略不计。

资料来源　中共新疆维吾尔自治区委员会办公厅，新疆维吾尔自治区人民政府办公厅．新疆辉煌 50 年［M］．乌鲁木齐：新疆人民出版社，1999.

新疆维吾尔自治区统计局．新疆统计年鉴 2000［M］．北京：中国统计出版社，2000.

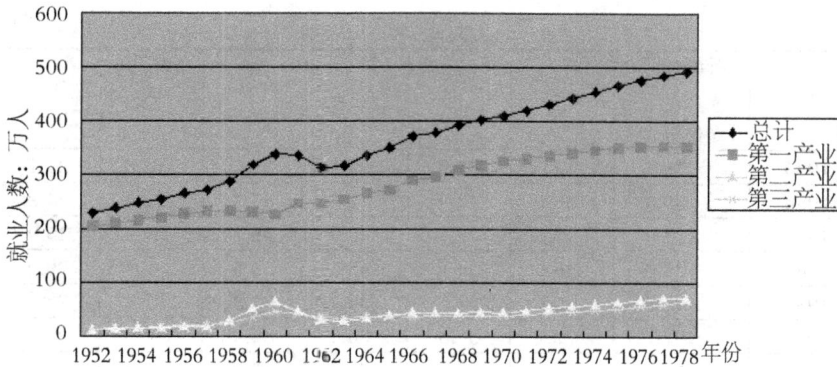

图 3-2　1952—1978 年新疆三次产业的就业情况

3.1.2　快速发展阶段（1979—2000 年）

随着人们认识水平的提高、市场竞争机制的导入和改革开放的深入，新疆服务业在这一阶段得以快速发展，在新疆国民经济中的地位逐步提高，并成为新疆国民经济的重要组成部分。其中，新疆的批发零售业、餐饮业等传统服务行业的发展最快。20 世纪 80 年代，新疆服务业增加值的平均增速超过了同期国内生产总值的平均增速。1990 年，新疆第三产业的比重首次超过第一产业和第二产业。三次产业占新疆生产总值的比重分别由 1978 年的 35.8%、46.8%、17.4%演变为 2000 年的 21.1%、39.4%和 39.4%；三次产业的就业比重分别由 1978 年的 72.1%、14.3%、13.6%演变为 2000 年的 57.7%、13.8%和 28.5%。因此，这一阶段新疆服务业的发展彻底改变了改革开放以前落后停滞的局面。

1979—2000 年新疆生产总值及三次产业产值的变动情况见表 3-3 和图 3-3；1979—2000 年新疆三次产业的就业情况见表 3-4 和图 3-4。

表 3-3　1979—2000 年新疆生产总值及三次产业产值的变动情况

年份	新疆生产总值（亿元）	第一产业（亿元）	占比（%）	第二产业（亿元）	占比（%）	第三产业（亿元）	占比（%）
1979	45.6	16.3	35.7	21.4	46.9	7.9	17.3
1980	53.0	22.0	41.5	21.0	39.6	10.0	18.9
1981	59.4	25.2	42.4	22.4	37.7	11.8	19.9
1982	65.2	28.1	43.1	23.3	35.7	13.8	21.2

续表

年份	新疆生产总值（亿元）	第一产业（亿元）	占比（%）	第二产业（亿元）	占比（%）	第三产业（亿元）	占比（%）
1983	78.5	32.8	41.8	29.1	37.1	16.6	21.1
1984	89.8	36.7	40.9	31.7	35.3	21.4	23.8
1985	112.0	43.0	38.4	40.0	35.7	29.0	25.9
1986	129.0	46.0	35.7	45.6	35.3	37.4	29.0
1987	148.5	56.2	37.8	50.2	33.8	42.1	28.4
1988	192.7	72.2	37.5	66.0	34.3	54.5	28.3
1989	217.4	78.0	35.9	73.8	33.9	65.6	30.2
1990	274.0	94.6	34.5	83.5	30.5	95.9	35.0
1991	336.0	111.9	33.3	108.0	32.1	116.1	34.6
1992	402.3	114.5	28.5	147.6	36.7	140.2	34.8
1993	505.6	126.8	25.1	217.5	43.0	161.3	31.9
1994	673.1	187.7	27.9	265.3	39.4	220.1	32.7
1995	825.1	240.7	29.2	302.6	36.7	281.8	34.2
1996	912.1	249.3	27.3	336.9	36.9	325.9	35.7
1997	1 050.1	279.7	26.6	413.3	39.4	357.1	34.0
1998	1 116.7	291.1	26.1	430.7	38.6	394.9	35.4
1999	1 164.0	269.0	23.1	421.0	36.2	474.0	40.7
2000	1 364.0	288.0	21.1	538.0	39.4	538.0	39.4

注：表中数据由于四舍五入，可能存在些许误差，可忽略不计。

资料来源　中共新疆维吾尔自治区委员会办公厅，新疆维吾尔自治区人民政府办公厅.新疆辉煌50年［M］.乌鲁木齐：新疆人民出版社，1999.

新疆维吾尔自治区统计局.新疆统计年鉴2001［M］.北京：中国统计出版社，2001.

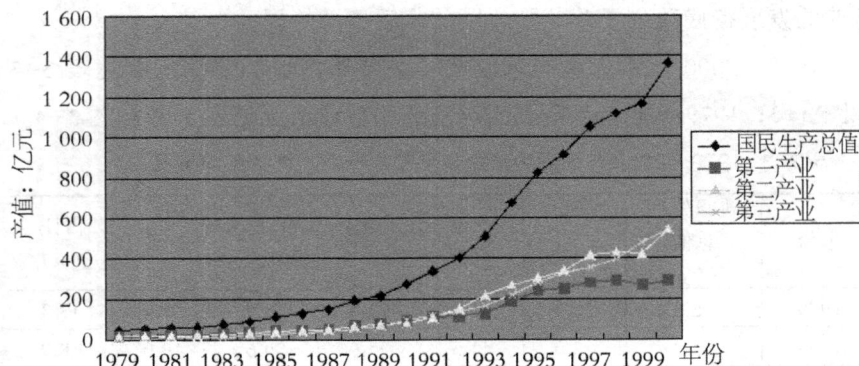

图3-3　1979—2000年新疆生产总值及三次产业产值的变动情况

表 3-4   1979—2000 年新疆三次产业的就业情况

年份	新疆就业总人数（万人）	第一产业（万人）	占比（%）	第二产业（万人）	占比（%）	第三产业（万人）	占比（%）
1979	497.3	354.8	71.3	70.9	14.3	71.6	14.4
1980	506.4	354.5	70.0	75.1	14.8	76.8	15.2
1981	523.9	363.1	69.3	75.8	14.5	85.0	16.2
1982	534.6	363.0	67.9	81.3	15.2	90.3	16.9
1983	545.8	366.1	67.1	81.9	15.0	97.8	17.9
1984	558.8	368.4	65.9	86.1	15.4	104.3	18.7
1985	565.8	363.2	64.2	89.6	15.8	113.0	20.0
1986	574.7	363.7	63.3	94.4	16.4	116.6	20.3
1987	584.9	364.9	62.4	96.8	16.5	123.2	21.1
1988	593.7	366.2	61.7	101.5	17.1	126.0	21.2
1989	599.6	368.7	61.5	101.9	17.0	129.0	21.5
1990	617.7	378.5	61.3	107.4	17.4	131.8	21.3
1991	638.4	388.9	60.9	110.6	17.3	138.9	21.8
1992	646.9	386.1	59.7	111.8	17.3	149.0	23.0
1993	656.0	387.5	59.1	123.0	18.8	145.5	22.2
1994	657.5	384.1	58.4	120.8	18.4	152.7	23.2
1995	676.0	388.2	57.4	124.2	18.4	163.6	24.2
1996	684.0	391.0	57.2	119.4	17.5	173.6	25.4
1997	715.4	421.3	58.9	105.4	14.7	188.7	26.4
1998	680.9	387.8	57.0	106.2	15.6	186.9	27.4
1999	694.3	385.6	55.5	104.5	15.1	204.2	29.4
2000	672.5	387.9	57.7	92.7	13.8	191.9	28.5

注：表中数据由于四舍五入，可能存在些许误差，可忽略不计。

资料来源 中共新疆维吾尔自治区委员会办公厅，新疆维吾尔自治区人民政府办公厅 . 新疆辉煌 50 年 [M]. 乌鲁木齐：新疆人民出版社，1999.

新疆维吾尔自治区统计局 . 新疆统计年鉴 2001 [M]. 北京：中国统计出版社，2001.

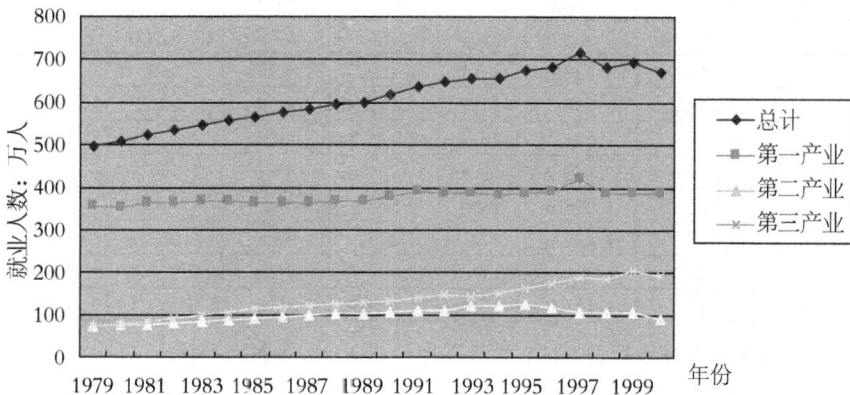

图 3-4   1979—2000 年新疆三次产业的就业情况

3.1.3　全面发展阶段（2001 年至今）

这一阶段是我国进入 21 世纪以来，全面推进社会主义市场经济体制的建立、大力实施西部大开发战略、积极应对加入 WTO 后国际经济环境的挑战、加快全面建成小康社会的关键阶段。在这一阶段，我国服务业的发展日益受到党中央、国务院的高度重视。根据世界经济发展的趋势和我国经济建设的实际需要，我国采取了一系列政策和措施鼓励服务业的发展。在这一背景下，中共新疆维吾尔自治区党委和人民政府采取了多种措施鼓励投资、大力发展服务业，使得新疆发展服务业的积极性空前高涨，服务业在结构、水平和机制等方面都发生了质的变化。新疆在保持传统服务业优势的同时，现代服务业如通信服务业、房地产业、商务服务业等也获得了全面发展，有的行业甚至实现了跳跃式发展。

2001—2013 年新疆生产总值及三次产业产值的变动情况见表 3-5 和图 3-5；2001—2013 年新疆三次产业的就业情况见表 3-6 和图 3-6。

表 3-5　**2001—2013 年新疆生产总值及三次产业产值的变动情况**

年份	新疆生产总值（亿元）	第一产业（亿元）	占比（%）	第二产业（亿元）	占比（%）	第三产业（亿元）	占比（%）
2001	1 492.0	288.0	19.3	574.0	38.5	630.0	42.2
2002	1 613.0	305.0	18.9	603.0	37.4	705.0	43.7
2003	1 887.0	413.0	21.9	720.0	38.2	754.0	40.0
2004	2 209.0	446.0	20.2	914.0	41.4	849.0	38.4
2005	2 604.0	510.0	19.6	1 165.0	44.7	929.0	35.7
2006	3 045.0	528.0	17.3	1 459.0	47.9	1 058.0	34.7
2007	3 523.2	628.7	17.8	1 647.6	46.8	1 246.9	35.4
2008	4 208.4	696.1	16.5	2 086.7	49.6	1 425.6	33.9
2009	4 277.0	759.7	17.8	1 929.6	45.1	1 587.7	37.1
2010	5 418.8	1 078.6	19.9	2 533.7	46.8	1 806.5	33.3
2011	6 610.1	1 139.0	17.2	3 225.9	48.8	2 245.2	34.0
2012	7 505.3	1 290.0	17.2	3 394.5	45.2	2 820.0	37.6
2013	8 443.8	1 434.8	17.0	3 574.9	42.3	3 434.1	40.7

注：表中数据由于四舍五入，可能存在些许误差，可忽略不计。

资料来源　新疆维吾尔自治区统计局．新疆统计年鉴 2014 [M]．北京：中国统计出版社，2014.

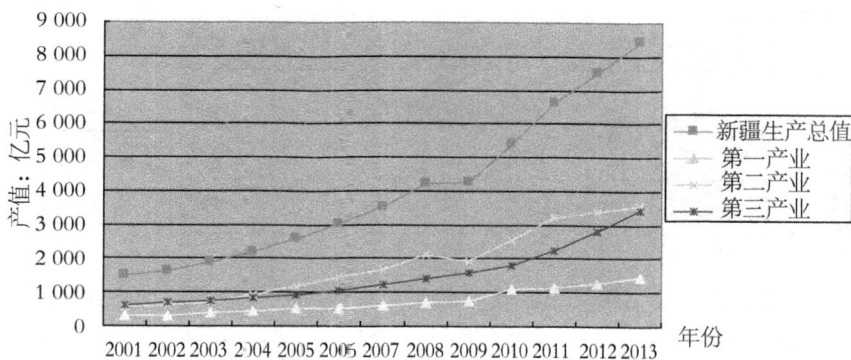

图 3-5　2001—2013 年新疆生产总值及三次产业产值的变动情况

表 3-6　　　　2001—2013 年新疆三次产业的就业情况

年份	新疆就业总人数（万人）	第一产业（万人）	占比（%）	第二产业（万人）	占比（%）	第三产业（万人）	占比（%）
2001	685.4	388.2	56.6	92.2	13.5	205.0	29.9
2002	701.5	391.8	55.9	95.8	13.7	213.9	30.5
2003	721.3	397.2	55.1	95.7	13.3	228.4	31.7
2004	744.5	403.3	54.2	98.5	13.2	242.7	32.6
2005	791.6	408.0	51.5	122.8	15.5	260.8	32.9
2006	811.8	414.5	51.1	111.3	13.7	286.0	35.2
2007	830.4	417.7	50.3	118.3	14.2	294.4	35.5
2008	847.6	421.3	49.7	120.1	14.2	306.2	36.1
2009	866.2	427.5	49.4	127.3	14.7	311.4	36.0
2010	894.6	438.1	49.0	132.5	14.8	324.0	36.2
2011	953.3	463.9	48.7	149.0	15.6	340.4	35.7
2012	1 010.4	492.4	48.7	157.7	15.6	360.3	35.7
2013	1 096.6	506.4	46.2	178.8	16.3	411.4	37.5

注：表中数据由于四舍五入，可能存在些许误差，可忽略不计。

资料来源　新疆维吾尔自治区统计局.新疆统计年鉴 2014 ［M］.北京：中国统计出版社，2014.

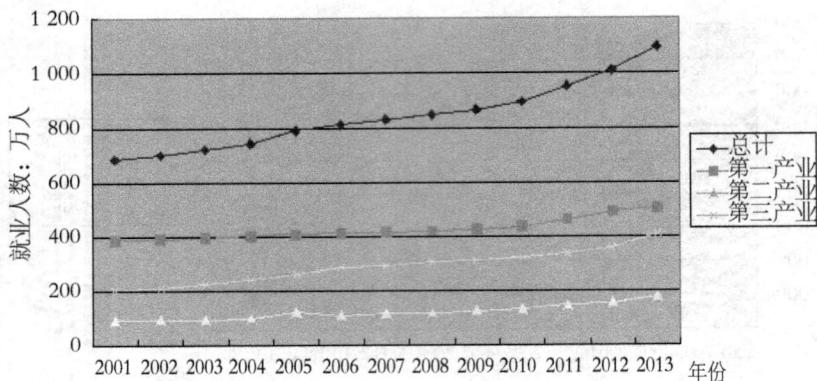

图 3-6　2001—2013 年新疆三次产业的就业情况

3.2　新疆服务业发展的结构特征

3.2.1　总量不断扩大，增速不断提高

从世界各国经济发展的规律来看，人均 GDP 达到 1 000 美元是服务业加速发展的转折点，人均 GDP 达到 3 000 美元标志着经济发展进入加速成长阶段。改革开放以来，新疆人均 GDP 快速增长，2001 年突破 1 000 美元，2007 年突破 2 000 美元，2013 年突破 5 000 美元。与此同时，新疆服务业也进入全面快速发展的新时期，服务业增加值和就业总量都明显增大，增速也有很大提高。1978 年，新疆服务业总产值为 6.8 亿元，占新疆生产总值的 17.4%左右；2013 年，新疆服务业增加值为 3 434.1 亿元，占新疆生产总值的比重猛增到 40.7%。从 1978 年到 2013 年，新疆服务业增加值按不变价格计算，年平均增速超过 14%，高于同期国内生产总值的平均增速，服务业成为新疆经济快速增长的重要支撑。新疆服务业的快速稳步增长，对繁荣新疆市场经济、构建和谐新疆、改善新疆人民的生活水平发挥了积极作用。

3.2.2　对新疆经济增长的贡献率日益增大

随着新疆对服务业的投入力度不断加大，服务业对新疆经济增长的贡献率不断提高。1979—2000 年，服务业对新疆经济增长的年均贡献率为 36.7%，其中贡献率最大的是传统的批发零售业和餐饮业（9.2%），其次是金融保险业（6.2%），再次是交通运输、仓储及邮电通信业（5.9%）。2001—2013 年，服务业对新疆经济增长的年均贡献率上升为 42.9%，主要行业贡献率的排序发生了明显变化，交通运输、仓储及邮电通信业成为贡献率最大的行业（11.5%），批发零售业和餐饮业居第二位（8.8%），金融保险业居第三位（6.7%）。

3.2.3　内部构成和产业结构得以优化

1978 年以前，新疆的三次产业结构一直以第一产业为主导，第一产业增加值占新疆生产总值的比重保持在 30% 以上，第一产业就业人数占新疆就业总人数的比重保持在 60% 以上，是典型的大农业格局，服务业增加值占新疆生产总值的比重处于最末位。改革开放以后，伴随着新疆经济的快速发展，新疆的产业结构调整取得了显著成效，新疆的三次产业得以快速、均衡发展。从 1952 年到 2013 年，新疆的产业结构由原来的"一、二、三'型优化为现在的"二、三、一"型，呈现出第一产业所占比重下降，第二、三产业所占比重不断上升的局面。1990 年，新疆服务业占新疆生产总值的比重首次超过第一产业。1992 年，第二产业的比重超过第一产业和第三产业，标志着新疆经济开始进入工业化加速发展阶段。现在，新疆已基本形成了以农业为基础、以工业为主导、服务业占重要地位的具有现代工业化水平的产业结构。

3.2.4　成为吸纳劳动力就业的主渠道

改革开放以前，新疆三次产业就业人员的比例严重失调。1978 年，第一产业就业人数占比高达 72.1%，第二、三产业就业人数占比分别为 14.3% 和 13.6%。改革开放以后，随着新疆经济的快速增长，三次产业的就业结构逐渐趋向合理。第三产业的就业人数一直呈现快速增长的态势，从 1978 年的 66.9 万人猛增到 2013 年的 411.4 万人。第三产业不仅吸收了大量的新增劳动力，而且吸收了部分从农业和工业企业转移过来的劳动力。由此可见，新疆服务业是就业人数增长最快、吸纳新增劳动力最多的产业。

目前,传统服务业仍是新疆服务业吸纳劳动力就业的主渠道。2013年,新疆服务业各行业对就业贡献度的大小依次为:批发零售业和餐饮业就业人数占新疆服务业就业人数的比重为33.5%;教育、文化艺术和广播电影电视业就业人数占新疆服务业就业人数的比重为16.3%;交通运输、仓储及邮电通信业就业人数占新疆服务业就业人数的比重为12.1%;社会服务业就业人数占新疆服务业就业人数的比重为9.2%;卫生、体育和社会福利业就业人数占新疆服务业就业人数的比重为4.5%;金融、保险业就业人数占新疆服务业就业人数的比重为2.7%,科学研究和技术服务业就业人数占新疆服务业就业人数的比重为1.3%;房地产业就业人数占新疆服务业就业人数的比重为1%。总之,随着新疆经济的健康、快速发展和人民生活水平的不断提高,新疆服务业的发展前景十分广阔、就业潜力巨大,服务业是今后新疆解决就业问题的主渠道。

3.2.5 服务业结构显著优化

进入21世纪以来,新疆服务业内部的行业结构出现了比较明显的变化,这种变化基本上符合国际服务业的一般发展规律。一是传统服务业如批发零售业、住宿和餐饮业,以及交通运输、仓储和邮政业等仍保持优势地位,但其在服务业中所占比重已有下降趋势。2000年以前,传统服务业的产值占新疆服务业增加值的比重为45.5%,到2013年,这一比重已下降为35%。传统服务业在保持优势的同时,积极采用新的技术和业态进行改造和升级。二是现代服务业发展提速。21世纪以来,新疆的金融保险业、房地产业,以及信息传输、计算机服务和软件业等现代服务业呈现出加快发展的态势。2013年,现代服务业的产值占新疆服务业增加值的比重已超过50%。在现代服务业中,金融保险业、房地产业,以及信息传输、计算机服务和软件业等行业产值的增速均已超过同期服务业增加值的增速。三是新兴服务业方兴未艾。随着市场经济的不断发展,信息服务业、商务服务业、科技服务业、社区服务业、旅游业等新兴服务业也实现了快速发展,并且成为新疆服务业发展的"亮点"。四是公共服务业潜力巨大。公共服务业能为社会和经济的发展提供精神支持和知识支持,是其他各个行业产生和发展的基础行业和先导行业。这里的"公共服务业"包括卫生、社会保障和社会福利业,文化、体育和娱乐业。

3.3　新疆服务业的发展潜力与战略构想

3.3.1　旅游业

1)发展潜力分析

从产业关联上看,新疆旅游业牵引其他行业发展的能力较强、关联度大,涉及吃、住、行、游、购、娱等方面,直接推动了交通运输、住宿餐饮、零售业的发展,间接提升了农业、工业、城建、文化、金融、保险、信息等现代服务业的发展水平,促进了区域间的经济、社会、文化交流活动,进而带动了整个产业链的发展,是新疆服务业发展的重要增长极。

从经济效益上看,新疆旅游业的地位不断提高。中共新疆维吾尔自治区党委和人民政府把旅游业确定为新疆最具特色的产业和新的经济增长点,并将旅游业作为新疆六大支柱产业之一予以优先发展,把国际旅游创汇视同外贸创汇对待,把旅游业视为一种潜力巨大的服务贸易。自2007年起,新疆旅游业的总收入占新疆 GDP 的比重已达到 6%,旅游业已经成为新疆经济的重要组成部分。

从吸纳就业上看,旅游业综合就业系数为 0.082,居各行业第一位;综合资本系数为 1.096,居各行业第四位。这些数据表明,旅游业在新疆国民经济中是低资金密度、高吸纳就业的行业,可以缓解新疆的就业压力,尤其是偏远地区旅游资源的开发和利用,将对增加贫困地区居民的收入、改善生活水平、促进社会和经济的全面进步产生直接和积极的作用。

2)战略构想

(1)加快新疆旅游目的地建设与产品体系创新

以品牌为龙头,改造和提升现有产品,积极开发符合市场需要的新产品，完善和提升以丝绸之路文化为核心的旅游产品体系。在继续发展观光旅游产品的同时，大力发展休闲度假旅游产品，努力构建现代旅游产品体系，建设有竞争力的旅游目的地。总体布局是加快提升一个世界级文化旅游品牌，打造两个世界级精品旅游区，形成三条丝绸之路旅游环线，完善四个名牌景区，培育五个重点旅游区，开发六大特色产品系列，提高十二座优秀旅游城市功能。其中，一个世界级文化旅游品牌，即丝绸之路文化旅游品牌；两个世界级精品旅游区，即喀纳斯、那拉提自然生态旅游区和喀什、吐鲁番民俗文化旅游区；三条丝绸之路旅游环线，即丝绸之路北道神秘之旅环线、丝绸之路中道浪漫之旅环线、丝绸之路南道追寻之旅环线；四个名牌景区，即天池自然风光旅游区、乌鲁木齐南山生态与滑雪旅游区、昌吉乡村旅游区、赛里木湖高山湖泊旅游区；五个重点旅游区，即伊犁河谷草原文化旅游区、阿克苏龟兹文化旅游区、巴州大漠生态与特种旅游区、哈密丝路驿道文化旅游区、和田美玉之都旅游区；六大特色产品系列，即冬季冰雪旅游、乡村及民俗风情旅游、边境旅游、特种旅游、红色旅游、工农业及商务旅游；十二座优秀旅游城市，即乌鲁木齐、喀什、吐鲁番、伊宁、阿勒泰、哈密、库尔勒、阿克苏、克拉玛依、石河子、昌吉、博乐。

（2）加快培育旅游市场主体和优化产业体系

一是积极引导和支持不同行业、不同所有制和国内外的大企业、大集团参与到新疆旅游企业的改组、改造和重组中，建成拥有本土背景和国际竞争力的企业集团，促进旅游企业向市场化、品牌化和国际化方向发展。以现有旅游企业为基础，积极培育和组建新的跨地区、跨行业、跨所有制的旅游产业集团。通过改革、改制、资产重组，形成资源的优化配置。二是加快组建中外合资旅行社，探索与国内外大型旅行社强强联合的方式。逐步培育批发、代理的分工体系，实现市场组织网络化和旅游业务管理覆盖面的突破。建立健全导游执业的准入机制、激励机制、保障机制和责任追究制度。通过完善市场竞争机制，逐步建立市场服务规范、效益良好的旅行社发展体系。重点提高旅行社服务水平和规模效益，深化旅行社体制改革，完善业务分工体系。边境口岸城市应积极建立国际旅行社及有组织出境游资质的旅行社，积极开展出境游业务。积极推行旅行社集团经营与网络经营战略，培育若干以旅行社为主体、具有品牌优势、开展跨国经营的旅行社企业联合体。提升导游人员等级资质，加强对导游人员的外语培训，积极培养少数民族导游人员。三是合理调整新疆旅游饭店的总量、类型、档次和布局，优化旅游饭店结构。大力引进国际联号酒店或管理公司，建立新疆饭店业营销网络，以连锁经营等方式发展经济型酒店。强化"绿色饭店"建设，制定符合可持续发展要求的旅游饭店服务与管理标准。提高旅游餐饮的质量水平，强化服务人员素质，加强市场管理，优化就餐环境，规范经营行为。四是进一步丰富菜系、菜品及各类小吃，发挥民族风味优势，突出地域特色，继承并弘扬民族传统饮食文化。五是重点开发以宝石、民族工艺饰品和土特产品为核心的三大系列旅游商品。建设阿勒泰黄金宝石加工生产基地、喀什维吾尔工艺品生产基地、吐鲁番干鲜果品生产基地、和田玉石和地毯加工销售基地、伊宁哈萨克民族用品和香料产品生产基地、克拉玛依工业旅游纪念品研发基地六大旅游商品生产及销售基地。旅游商品设计要注重传统与现代、题材与品种、形式与内容的结合，开发具有地方特色、民族特色、文化特色和技术含量的纪念品系列，以适应多样化的市场需求。

3.3.2　现代物流业

1）发展潜力分析

现代物流业作为"丝绸之路经济带核心区"的基础性产业，其发展有利于促进区域社会经济的发展，优化区域产业布局，改善区域产业结构，提高企业经济效益，增强区域经济的竞争力。丝绸之路经济带沿线的国家和地区已经形成了庞大的物流市场，但由于新疆地域辽阔，因此交通运输线长、货物运输费用高，从而降低了新疆众多产品的竞争力。2013 年，每吨公里货物综合运费新疆为 0.16 元，仅低于西藏和云南，是全国平均值的 1.62 倍。新疆距离内地市场相对较远，仅仅在运输成本方面就大大削弱了新疆产品的竞争力。因此，新疆必须用战略眼光来看待现代物流业的发展，构筑与区域经济实力和综合运输体系相适应的现代物流网络。

　　经过多年的基础设施建设，新疆的交通运输四通八达，目前已经形成了以公路、铁路、民航及陆路口岸为节点，连接祖国内地，辐射中南亚、欧洲大陆的立体交通运输网。公路方面，以 312 国道、314 国道及边防公路等 7 条国道干线为主骨架，连接 68 条省道、638 条县级道路及若干客货运输站点枢纽，组成了快速、便捷、高效的公路运输网；铁路方面，以兰新铁路为骨干，形成了南到喀什、和田，北到阿勒泰，西到霍尔果斯、阿拉山口，东到吐鲁番、哈密的铁路运输网；民航方面，已拥有 16 个机场，开辟了国内外 130 条航线，形成了"区内成网，东西成扇"全方位辐射的空中运输网。这些基础设施的建设为新疆现代物流业的发展奠定了基础。

　　新疆地处丝绸之路经济带核心区，是我国与中亚、西亚、欧洲乃至北非陆路交往的重要通道，与哈萨克斯坦、吉尔吉斯斯坦、塔吉克斯坦、阿富汗、巴基斯坦、印度、蒙古国、俄罗斯 8 个国家接壤，与 140 个国家有着贸易往来。特别是中亚、西亚诸国与新疆在经济上存在着巨大的差异性和互补性，周边国家居民对生活资料和生产资料存在着巨大的需求，客观上形成了两个市场、两种资源的相互融通，使新疆成为辐射中亚、西亚经济圈的重要国际物流枢纽和最佳物资集散地。

　　2）战略构想

　　（1）新疆物流产业的集中度将进一步提升

　　近年来，物流市场份额向大型、专业化物流企业集中的步伐加快，这为大规模、高效率、专业化，具有区域性、全国性乃至国际性服务网络的大型物流服务企业提供了发展空间，并将形成一批具有较强竞争能力的物流龙头企业。因此，新疆要加快发展连锁经营、电子商务、多式联运、物流配送等新型流通业态，加快建设农资、农副产品、工业设备、建材、百货等现代物流基地，构建物流大通道，以实现国内外市场的有效对接。依托开发区、交通枢纽建立大型物流园区、物流中心、配送中心，整合物流资源，建立起立足新疆、覆盖周边、辐射全国的具有规模效应的现代物流企业，并逐步形成综合服务型的第三方物流企业。凭借资源经济和进出口优势，以物流为纽带，建设大市场、发展大商业、搞活大流通、融通内外贸易，以提高新疆经济的辐射力和影响力。

（2）新疆物流产业应凸显日益细分的行业特征

在仓储、运输服务等基础性物流服务行业继续加快发展的同时，一些更具专业化特色的物流服务行业或领域也应得到迅速发展，具体包括：以服务都市为核心的城市配送行业、快递行业；服务于制造业和产业集群的专业物流服务行业，如汽车物流、家电物流等；围绕交通枢纽、口岸和重要商品集散中心的采购与分拨物流服务行业；以集聚多种物流服务企业和多样化物流服务功能为基础的大型物流园区或物流服务集聚区。

（3）物流现代化水平进一步提升

未来物流领域的技术进步与创新体现在两个方面：一方面，信息化应用水平快速提高，运用信息技术改进物流服务方式、提高物流服务水平与效率、完善物流管理、增强物流服务功能等方面的创新将日益活跃；通过信息化平台的建设，加快制造商、批发商、零售商同运输部门、仓储部门、货运代理之间的信息共享，以实现物流的快捷、高效配送。另一方面，物流设施与设备的现代化水平不断提高，物流枢纽及大型物流基地的建设仍将是发展的热点。例如，加大对物流设施与设备更新改造的力度，提高物流作业环节的机械化和自动化程度，促进托盘、集装箱、厢式货车等集成化物流装备的使用等。

（4）区域合作互动将成为新疆物流产业实现规模扩张、协调发展的重要途径

未来新疆物流产业的区域合作与互动将主要在两个层面上展开：第一，新疆和东部地区的优势互补与相互协作。新疆具有资源和农产品优势，东部地区具有市场优势，新疆和东部地区通过优势互补展开区域合作，能够促进工业消费品、农产品、重要能源及生产资料跨区域物流网络的建设与发展。第二，新疆与周边地区（如新疆与中亚、新疆与欧盟）的跨国物流合作。由于具有独特的地理位置，因此新疆已成为向西开放、发展对外贸易和物流业的重要通道。从丝绸之路经济带的空间格局来看，其在我国境内主要有北、中、南3条大通道，分别从东部经济最发达的3个经济圈出发，依托我国现有交通干线，自东向西贯穿沿线重要节点城市，经新疆通向中西亚、南亚和俄罗斯等。

3.3.3 商贸流通业

1）发展潜力分析

商贸流通业是国民经济各部门之间的桥梁和纽带，是生产与生产、生产与消费的中介。在市场经济条件下，消费决定生产，决定整个经济运行的过程，消费需求是社会再生产周而复始的起点。因此，商贸流通业已由社会再生产的末端产业变为先导产业，成为推动生产、消费和经济运行的先导力量。商贸流通业的发展对于合理配置资源、调整经济结构、引导生产发展、扩大消费需求、增加财政收入、创造劳动就业、增强城市功能等都具有十分重要的意义。改革开放以来，新疆在流通领域内率先推进以市场为取向的改革，使商贸流通业成为市场化程度高、活力强、发展快、特色鲜明的重要产业部门，对拉动地方经济增长起到了重要作用。目前，新疆共有各种类型的商贸流通企业 2 万多个，企业数量居新疆各行业之首，占新疆法人企业总数的 45%。2013 年，新疆实现社会消费品零售总额 2 039 亿元，比上年增长 13.4%；新疆 90% 以上的农畜产品销售、30% 以上的金属材料交易量和 60% 的粮油交易量均来自批发市场。商贸流通业的发展促进了大市场、大流通格局的形成，有效解决了分散的小生产与大市场的矛盾，同时也带动了加工、运输、通信和其他服务业的发展。商贸流通业已经成为新疆第三产业各大门类中总量大、贡献率高、拉动力强的支柱产业。

近年来，通过技术引进和自主创新，新疆的零售业态不断创新，网点类型丰富多样，传统的百货商店、专业店、杂货店等均已进行升级改造，新兴的超级市场、专业店、专卖店、仓储式商店、无店铺销售等业态蓬勃兴旺，并且这些业态之间还相互渗透、创新组合。代表现代商贸流通业发展水平的连锁经营更是发展快速。连锁经营既是一种先进的营销方式，也是一种先进的组织形式，它充分体现了现代化大流通的要求，具有"价廉物美、方便快捷、贴近大众"的特点，与城乡居民生活水平提高后形成的新的消费观念和消费行为相适应。新疆的连锁经营已从传统的日用品销售、餐饮服务业走向了农资、医药、民航、邮电等行业，初步形成了"农佳乐""新特药""美克美家""麦趣尔""亚中"

"好家乡""百商"等一批地方连锁经营品牌，这些品牌在各自的消费领域里树立了良好的形象，显现出了很好的发展前景，其中"农佳乐""美克美家""麦趣尔""百商"等品牌已走出新疆，进军区外市场和中亚市场。

新疆的一类口岸自南向北分布，形成了一个面向中亚、南亚、西亚的辐射面。新疆贸易主体多元化的趋势日益突显，形成了一般贸易、加工贸易、境外加工贸易、边境贸易、旅游贸易、服务贸易等相结合的大经贸格局。新疆的触角不仅伸向了中亚、东南亚、北美，而且延伸到了西亚、南亚、欧洲、非洲、拉丁美洲。为了充分发挥向西开放桥头堡的地缘优势，新疆加大了对以阿拉山口、霍尔果斯为核心的边贸口岸的建设力度，消费品市场向周边国家渗透的各项条件日益完善，市场扩张能力不断增强，新疆的边贸口岸日益成为周边国家和全国商品向西进出口的集散地。

2）战略构想

（1）加快新疆区域性国际商贸中心的建设

加快推进以乌鲁木齐都市圈为核心的城市群的建设，把乌鲁木齐建成全区性贸易中心、物流中心与消费中心，并依托新疆的口岸优势，进一步将乌鲁木齐建成国际商贸中心。在南疆地区，加快推进喀什东联西出的出口加工基地和西进东销的商品集散基地的建设，着力打造喀什在中亚、南亚经济圈的中心地位；加快面向中亚的伊犁、博州、奎屯地区商品市场的发展，并通过乌鲁木齐加强与"新欧亚大陆桥"沿线区域的经贸交流与合作，推动"大陆桥"经济的发展。以库尔勒、哈密、克拉玛依等区域性中心城市和具有一定规模的中型城市为主体，在北疆、南疆、东疆建设相关区域内的商品集散枢纽与消费中心。依托小城镇和新兴城镇，形成城乡商品集散中心。

（2）努力构建现代商品市场体系

适应新型工业化和区域产业分工的要求，加快生产资料市场体系的建设。重点改造和提升一批摊位制的专业批发市场，积极发展网上交易等新型交易模式，实现批发市场的功能创新。大力推广农业生产资料的连锁经营，加强农业生产资料流通网络的建设。积极稳妥地推动期货交易市场的发展。围绕农民增收，加快农产品市场建设。加大对农副产品批发市场建设的支持力度，在乌鲁木齐、石河子、库尔勒、阿克苏和喀什等大中城市，重点培育和完善一批全疆性或区域性批发市场，在县、乡加快建设服务于当地农副产品生产、方便农民销售的专业批发市场。着力推进农副产品直接进入零售市场，努力提高农产品在连锁超市、食品超市、大型综合超市等新型零售业态中的比重。以增强和完善城市商业功能为核心，重点发展新型零售业态，改造和调整传统零售业态，形成功能明确、分工合理的多层次的城市商业格局。

（3）全面提高商贸流通产业的整体竞争力

一是积极引导和支持商贸流通企业做强做大，进一步完善重点商贸流通企业联系制度，实行重点联系、分类指导和政策扶持。鼓励具有竞争优势的商贸流通企业通过多种方式实现规模扩张，支持大型商贸流通企业间的强强联合，整合销售终端资源，提高市场覆盖面和竞争力。二是大力实施"品牌兴商"战略，引导和扶持商贸流通企业自有品牌的开发和商品资源基地的建设，培育一批具有知名品牌和自主知识产权、主业突出、核心竞争力较强的大型商贸流通企业集团。鼓励商贸流通企业与生产企业的合作，实现服务品牌与产品品牌的互动发展。三是支持有发展潜力的流通企业做优做强，努力打造民族特色品牌。支持中小商贸流通企业的发展，建立健全中小商贸流通企业促进与服务体系，在市场准入、信用担保、金融服务、物流服务、信息服务、人才培训等方面给予支持。鼓励中小商贸流通企业进行特色化、专业化、品牌化经营。鼓励大企业与中小企业合作，积极采用特许加盟和自愿连锁等方式，提高中小企业的组织化水平和竞争力。加大对商贸流通领域的科技投入，支持商贸流通企业在商业设施和重要流通环节等方面的科技投入，普及和推广管理信息系统、销售时点管理系统、电子自动订货系统等现代流通技术，提高流通效率。

3.3.4　特色餐饮业

1）发展潜力分析

餐饮具有丰富的文化和社会内涵，餐饮的发展是衡量社会进步的一个重要方面；餐饮还是一个地方最好的名片，可以直接反映当地的人文地理、风土人情和特色文化。发展新疆特色餐饮业既是新疆调结构、促消费的重要内容，也是新疆促进就业的一个重要渠道。据了解，目前新疆共有餐饮企业3.7万多家，个体户与摊贩约22万户，从业人员近94万人，其中少数民族从业人员约占55%。总之，特色餐饮业是拉动消费增长的重要力量和吸纳就业的主要渠道。

新疆特色餐饮食品具有食材丰富、口味独特、民俗浓郁、文化底蕴深厚等地域特色，对消费者来说有很强的吸引力。目前，新疆的特色餐饮食品主要有：风靡全国的维吾尔风味烤羊肉串、薄皮包子、烤包子、手抓肉、拉条子、拌面、汤面、油塔子、曲曲儿、清炖羊肉、面肺子、米肠子、阔尔达克及各式各样的烤馕等；哈萨克风味的奶茶、马奶子、那仁、抓饭、羊肉汤、马肉等；回族风味的红烧羊羔肉、羊羔肉炖粉条、爆炒面肺子、牛肉面、黄面烤肉、爆炒莲花白、甜盘子（八宝饭）、蘑菇鸡汤、野蘑菇汤饭、油香、丸子汤等；锡伯族风味的骨头汤、泡杖子、锡伯饼、花花菜等；满族风味的饺子等。新疆的特色餐饮食品可谓是东、西、南、北大集合，酸、甜、苦、辣、咸应有尽有，加工方法独特，不但追求美味可口，而且注重营养搭配。许多有名的新疆特色食品，稍加开发就能形成规模。

近几年，在传统特色饮食发展创新的基础上，新疆逐渐形成了一批极具代表性的特色餐饮品牌，如"五月花"、"马木提烤包子"、"苏式牛肉面"和"阿布拉的馕"等。这些餐饮品牌以其独特的饮食配方在新疆的餐饮业竞争中获得了一席之地。随着社会经济的稳步发展和人民生活水平的不断提高，餐饮业在服务业中显现出了越来越重要的地位和作用，它承担着提高人民生活质量、繁荣消费市场、吸纳就业和促进经济增长的重要任务，是反映社会进步、经济发展和市场繁荣程度的窗口。加快发展新疆的餐饮服务业，对于新疆餐饮业产业结构的调整和优化升级，保持新疆餐饮服务业的健康、快速、可持续发展，具有重要意义。

2）战略构想

（1）大力发展连锁经营，培育新疆餐饮业龙头企业

新型流通业态的连锁配送经营，具有自身的优势和发展潜力，有利

于企业实现规模化和规范化经营。第一，促进连锁经营向特色餐饮发展。第二，促进连锁经营向快餐、送餐、早餐方向发展。第三，扶持和培育一批跨区域的连锁示范企业。其中，大众化便民餐饮企业要围绕社区、学校、交通枢纽、旅游景点发展连锁快餐店，中、高档餐饮企业要通过连锁酒楼、加盟店等形式推动餐饮服务业向规模化、规范化、优质服务化方向发展，最终满足广大消费者的用餐需求，提高服务质量和经营水平，实现餐饮业整体经营水平的提高。

（2）采取"走出去、引进来"的方式，推动新疆餐饮服务业的国际化进程

加强新疆餐饮企业与国内外餐饮企业的交流与合作，通过举办和参加国内国际的饮食文化节、饮食品牌推介活动，促进新疆特色餐饮业走向世界。积极推动餐饮与风俗、艺术表演和旅游相结合，支持新疆餐饮企业到国内外大中城市开办连锁经营业务，努力在国内外开出一批名店、带动一批人员就业、促进一批农畜产品的加工销售，不断推进餐饮业向产业化、规模化和国际化的方向发展。积极学习国内外先进餐饮企业在成本控制、品牌宣传、网络预订、品质控制、人力资源开发等方面的先进管理理念与管理技术，尽可能将先进的特许加盟、管理合同、资产购并等现代经营方式运用到新疆本地餐饮企业的制度创新中。

（3）突出民族餐饮特色，积极培育知名品牌

品牌经营既是现代餐饮服务业发展的核心动力，也是现代餐饮消费的必然趋势。积极挖掘、整理新疆各民族地方名小吃、名菜点，树立清真菜肴烹饪菜系品牌。充分利用新疆特有的农产品、畜产品、林产品、水产品等资源优势，突出西域文化和民族特色，加大开发地方风味产品的力度，力争开发出一批新菜、名菜、特色菜，创出新疆民族风味餐饮品牌。提高新疆餐饮的美誉度、知名度，增强对国内外消费者的吸引力。推广和振兴"老字号"饭店和餐饮名店，发挥"老字号"在新疆餐饮业中的带头作用，引导和鼓励餐饮界的"老字号"在经营风格不变的前提下重振昔日风采。

（4）因地制宜，完善经营策略

特色是餐饮企业的立身之本，一般餐饮企业都有自身的特色，关键

是餐饮企业的经营特色是否被经营者有意强化并形成竞争优势。这时就需要经营者在为目标顾客提供服务时，努力将新疆的民族特色、风俗与企业文化、管理思想和经营理念结合在一起，形成独特的饮食文化，并将其作为营销中的卖点。只有将民族餐饮特色真正转化为餐饮企业的经营特色，新疆餐饮企业才会更具有市场生命力，才能发挥出新疆特色餐饮的真正魅力。

3.3.5　商务服务业

1）发展潜力分析

相对于传统服务业来说，商务服务业出现的时间较晚。商务服务业属于现代服务业的范畴，包括企业管理服务、法律服务、咨询与调查、广告策划、职业中介服务等行业，它既是一个人力资本密集型行业，也是一个高附加值行业。大力发展商务服务业符合产业升级换代的新趋势，有助于提高产业竞争力，是拉动经济发展的新动力。

目前，新疆工业的发展正处于从低附加值的资源依赖型向高附加值的信息、技术集约型转变的关键时期，这个过程中蕴含着对商务服务的巨大需求。例如，企业在产业和产品结构升级中加强内部资源整合，通过管理创新和业务流程再造，逐步将发展重点集中于技术研发、市场拓展和品牌运作等方面。另外，信息化建设速度的加快及其与工业化的不断融合也为新疆商务服务企业提高运行效率、拓展市场空间提供了有力支撑。从总体上看，新疆商务服务业的发展已逐步适应社会主义市场经济的要求，正逐渐成为政府转移出去的部分职能的承担者和企业开拓区内外市场的重要依托，对制造业基地的建设也发挥了重要的支撑作用，并日益成为现代服务业新的增长点。

继全球制造业国际转移浪潮之后，知识密集型、服务外包型等高端服务业也加快了国际转移的速度，并成为新一轮全球产业结构调整的重要内容。随着社会分工的继续深化，产业链不断向下延长，企业逐步由注重大规模生产转向注重整个产业链的再造，一些原来属于生产企业内部的职能部门和业务将被转移出去，由生产企业外部更加专业化的服务企业负责。这种发展趋势不仅导致国内竞争国际化和国际竞争全球化，更为新疆商务服务业的发展带来了难得的发展机遇。目前，商务服务领域的跨国投资占全球跨国投资总额的 60%左右，是跨国投资最大的热点。在今后相当长的一段时期内，外资企业将集中对我国的服务业进行投资，服务资本要素的跨国流动将对内资商务服务企业起到一定的示范效应。新疆应抓住这一机遇，立足自身优势，提高承接国际商务服务转移的能力，进而提升商务服务业的整体技术水平、管理水平和服务质量。

2）战略构想

（1）加快发展各类商务服务业

重点发展投资咨询、资产评估、形象设计、战略策划、市场研究等咨询服务业，积极培育法律、会计、审计、信息、投资顾问、广告策划等中介服务业。鼓励中介服务机构加强联合、扩大规模、壮大实力，形成具有一定规模和咨询力量的顾问队伍及智力服务网络，满足企业的信息、咨询和管理等服务需求，促进商务中介服务产品创新。发展一批能承接国际业务的中介服务机构，改变中介服务机构"小、散、弱"的局面，提升其整体服务能力。打破中介服务业的行政垄断和部门垄断，加快推进现有中介服务机构脱钩改制，加快商务服务机构合伙制改造的步伐，实现市场化运作。完善行业协会合理的生成、生存和成长机制，制定科学、健全、规范的行业协会职能，重点发展适应产业发展目标和符合市场需求的行业协会、商会。

（2）努力培育著名的商务服务机构

加大开放力度，降低中介服务业准入条件，采取独资、合资、合作等形式，积极吸引国内外著名的会计、法律、咨询、评估等商务中介机构入驻新疆，提升新疆商务服务的层次和水平。积极加强区域之间的合作，打破各类市场中介之间的资质壁垒、区域壁垒，通过自身拓展、购并重组、联合经营等方式，引进优质资源，拓宽服务领域，形成具有一定品牌效应的中介服务机构。鼓励一部分商务服务机构走小而精的专业化道路，提高专业服务的深度，从而满足不同层次的需求，形成特色服务。

（3）竭力打造会展业服务平台

发挥新疆紧邻中亚、西亚和南亚的区位优势和丰富的资源优势，加快发展以国际化、专业化、品牌化、贸易型为主的会展业。充分利用丝绸之路经济带发展战略逐步实施的有利契机，加强与中亚以及独联体国家的合作，引进先进的管理方式和经营理念，发展经贸关系，全面扩大和提升与中亚各国的合作规模和水平。按照"集中资源、重点发展、合理布局、分工协作"的要求，着力构建以乌鲁木齐为主体的新疆国际会展中心，以喀什、伊宁等城市为主体的区域会展中心。以"中国－亚欧博览会""喀交会""旅交会""葡萄节"等为平台，走资源和文化"搭台"、会展"唱戏"的路子，实施优势资源转换战略，使会展业直接面向市场；同时，进一步提高"中国－亚欧博览会""喀交会"的规模和档次，将其培育成国际性会展名牌产品。

3.3.6 社区服务业

1）发展潜力分析

社区服务业是一项发展潜力巨大的劳动密集型产业，具有需求广、岗位多、投资少、见效快的特点，既可以为城市居民提供多样化的服务，又能够创造大量的就业机会。社区服务业主要开展面向老年人、儿童、残疾人、社会贫困户、优抚对象的社会救助和福利服务，以及面向社区居民的为民、便民、利民服务，直接关系到居民的切身利益。随着生活水平的提高、生活节奏的加快，人们越来越追求生活的质量，对社区服务的需求越来越多，对社区服务质量的要求也越来越高。然而，目前社区服务业涵盖的层面和服务的范围还十分有限，一些高层次的社会服务项目还没有发展起来，如健身、娱乐、信息文化、咨询中介、非义务教育、老年康乐等新型服务项目，因此社区服务业的发展前景十分广阔。

新疆的社区服务业刚刚起步，发展势头很好，但是服务面比较单一，没有形成规模，远远不能满足居民生活的需要，社区服务业的建设方面还存在着巨大的发展空间。有关资料显示，发达国家的社区服务业从业人员约占就业总人口的20%~30%，而在我国这一比例只有3.9%，新疆社区服务业的从业人员更少，还不足新疆就业总人口的1%。同时，新疆社区服务业的从业人员仅集中在餐饮和家政服务方面，而且没有形成规模。预计在未来相当长的一段时期内，居民对社区服务业的需求都将较为强烈。

2）战略构想

（1）物业管理

随着城市化进程的加快，以及居民住宅的普遍商品化，居民对生活环境的要求将越来越高，物业管理必将成为未来社区服务业中就业发展势头较好的行业，其中保安、保绿、保洁、保养、保修将成为就业的热点。因此，新疆要建设和完善城市"三保"（街道保洁、庭院及公共绿地保绿、公共设施保养）。

（2）家庭服务

家庭服务是顺应人口老龄化、家庭小型化、家务劳动社会化的大趋势而产生的，因此新疆应积极开拓家庭服务领域，增强服务能力，提高服务水平，最终实现社区服务的社会化、产业化。提供便民利民服务、面向特殊群体的福利服务、面向属地单位的社会化服务，加快发展家庭保姆、家庭教师、家庭助老、家庭卫生、家庭诊病、家庭护理、家庭游乐、家庭搬迁、家庭维修、家庭法助、家庭购物、家庭保卫等方面的服务。

3.4 新疆服务企业在经济社会发展中的战略地位

3.4.1 承接产业转移，提升国际竞争力

目前 80%的现代服务业的业务都是由跨国公司提供的，这是因为在经济全球化以及竞争激烈的背景下，许多跨国公司开始了新一轮全球产业布局的调整。制造业的国际转移仍是产业布局调整的重心，而服务业向新兴市场国家转移的趋势也渐趋明显，并成为新的热点。服务业的国际转移表现为三个层面：一是项目外包，即企业把非核心辅助型业务委托给国外其他公司；二是跨国公司业务离岸化，即跨国公司将一部分服务业转移到低成本国家；三是一些与跨国公司有战略合作关系的服务企

业，如物流、咨询、信息服务企业，为了给跨国公司在新兴市场国家开展业务提供配套服务而将服务业进行了国际转移，或者是服务企业为了开拓东道国市场而进行服务业转移。

从服务业的发展前景来看，在"十三五"时期以及更长的时间里，无论是生活性服务业还是生产性服务业，都有巨大的潜在市场需求。中国正成为世界上重要的制造工厂，新疆是这个工厂的一个车间，制造业的发展客观上要求有相应的生产性服务业来支撑。新疆具有区位优势、资源优势、人文优势和科技优势，必将成为承接国内外产业转移和资本转移的理想目的地。产业迁移必然促使生产要素加快流动，技术创新和产业升级必然要求新疆服务企业提供各类服务产品。因此，新疆服务企业必须把握服务业国际转移和要素重组的重要战略机遇期，积极承接服务业国际转移的任务，努力提高自身的竞争力。

3.4.2　实现经济转型升级，助推供给侧结构性改革

我国经济已经进入新常态，产业结构调整和优化也必将处于新常态。那么，新疆如何主动适应新常态、引领新常态呢？新疆如何加快经济转型升级的步伐呢？答案是必须以服务企业大发展为抓手，提升服务企业的竞争力，推动经济发展方式加快转变，促进产业转型升级。新疆正处于工业化中期，这一时期是工业企业与服务企业相互促进、融合发展的最佳时期，加快服务企业发展能够很好地促进工业企业提质增效。一般来说，服务企业特别是生产性服务企业的发展在很大程度上依赖于工业企业，没有工业企业对各种服务的强烈需求，就没有生产性服务企业的用武之地；另一方面，工业企业自身的发展同样离不开服务企业，工业企业的智能化、服务化是促使同质化制造转向差异化服务以获得更高附加值的根本途径，这既推动了制造企业的转型升级，又拓展了服务企业的发展空间。随着信息技术的快速发展，服务企业与工业企业之间呈现融合互动、相生相伴的态势，这种融合趋势是现代产业发展的重要特征。新疆原有的工业门类将演化为生产性服务企业，制造企业的核心业务将越来越趋向于精、专、强，而原来的非核心业务将独立为新的经营实体即服务企业，甚至发展成新的产业形态。

　　新疆服务企业的发展及竞争力的提升，不仅能更好地发现顾客需求并满足这种需求，而且是助推供给侧结构性改革的新引擎，是服务企业可持续发展的利润源。供给侧结构性改革的要义是用改革的办法推进结构调整，减少无效供给和低端供给，扩大有效供给和中高端供给，增强供给结构对需求变化的适应性和灵活性，提高全要素生产率，使供给体系更好地适应需求结构的变化。所以，加快发展新疆服务企业，提升其竞争力，是今后全面落实"去产能、去库存、去杠杆、降成本、补短板"五大改革任务的关键。

3.4.3　优化就业结构，缓解就业压力

　　国际劳工组织在《全球就业议程》中明确指出："工作是人们生活的核心，不仅是因为世界上很多人依靠工作而生存，它还是人们融入社会、实现自我以及为后代带来希望的手段。这使得工作成为社会和政治稳定的一个关键因素。"目前，新疆还处在经济结构转型时期，就业任务异常艰巨。就业是民生之本，关系到一个地区的稳定和发展，关系到全面建成小康社会战略目标的顺利实现。

　　美国经济学家威廉·配第曾经描述了劳动力从第一产业向第二产业、第三产业转移的现象。他指出，随着人均国民收入水平的提高，劳动力首先由第一产业向第二产业转移，当人均国民收入水平进一步提高时，劳动力便向第三产业转移。后来，英国经济学家克拉克又进一步指出，随着时间的推移，社会将朝着更经济的方向进步，其结果是：农业中的就业人数相对于制造业中的就业人数趋于下降，接着制造业中的就业人数相对于服务业中的就业人数也趋于下降。这种就业结构演进规律被人们称为配第-克拉克定理。配第-克拉克定理后来被许多经济学家所证实，如库兹涅茨、福克斯、钱纳里等。

　　近年来，随着科技的进步和经济全球化的迅猛发展，国际经济结构的调整呈现出新的动向，国际产业转移逐渐从制造业向服务业延伸。国际经验表明，制造业发展到一定规模和水平后，随着产业结构的升级和技术进步的加快，制造业吸纳就业的能力开始下降，服务业成为吸纳就业的主要渠道。

改革开放以前，新疆三次产业人员的比例严重失调，到 1978 年，第一产业就业人员的比重高达 72.1%，第二、三产业就业人员的比重分别为 14.3% 和 13.6%。改革开放后，随着新疆经济的快速增长，三次产业的就业结构逐渐趋向合理。新疆三次产业的就业结构呈现出配第-克拉克定理所描述的规律，基本情况如下：第一，第一产业从业人员的比重迅速下降，意味着越来越多的劳动力从第一产业流出；第二，第二产业从业人员的比重不高，仅占到 15% 左右，整体趋于稳定且略有增加；第三，服务业从业人员的比重不高，但增长速度最快，从 1978 年的 13.6% 增加到 2013 年的 37.5%。新疆服务企业不仅吸收了大量的新增劳动力，而且吸收了部分从农业和工业企业转移过来的劳动力。新疆服务企业正在积极发挥着"整流器"的作用：一方面，在工业化进程中，人们对服务产品的需求越来越多，因此在服务企业就业的人数明显增加；另一方面，服务企业涉及的行业众多，适合不同劳动者的从业需求。总之，新疆服务企业是就业人员增长最快、吸纳新增就业人员最多的企业。

3.4.4 提供丰富的消费品，完成全面建成小康社会任务

新疆正处于全面建成小康社会和工业化、城市化、市场化、国际化加速发展的关键时期。2013 年，新疆居民储蓄占 GDP 的比重达到 69.1%，城市化率提高到 44.5%，城镇居民可支配收入达到 19 874 元，农牧民收入达到 7 296 元，广大人民群众对文化、金融、保险、旅游、住房、出行条件等生活服务方面的需求越来越强烈。因此，加快新疆现代服务业的发展已成为当务之急，具体要做到：第一，为城乡居民提供越来越多的服务产品。第二，使居民的消费结构更加合理，恩格尔系数下降。第三，使居民的居住条件明显改善，与此相关的服务业如房地产、物业管理、环卫、环保、房屋装修乃至交通、通信、商业、教育、医疗、体育、家庭服务等都应得到快速发展。第四，使居民的文化生活进一步丰富，这必将促进新疆的传媒、出版、教育等服务业的发展。第五，使居民的健康水平得到提高，这必将促进新疆的医疗卫生、环境卫生、公共园林、体育健身、心理咨询、家庭护理等服务业的发展。第

六，不断完善社会服务设施。

提高社会服务水平是一个国家或地区构建和谐社会的重要内容。所谓构建和谐社会，简单地说，就是要处理好经济社会发展中的各种关系和矛盾，提高对社会问题的防范和解决能力。20世纪90年代以来，新疆在经济快速发展的同时，各种社会问题日显突出，如老年人问题、妇女和儿童保护问题、残疾人保护问题、下岗和再就业问题、地区经济发展不平衡问题、收入差距拉大问题、城市流动人口问题、住房问题、医疗保险问题、教育问题、环境保护问题、社会治安和稳定问题等。这一系列社会问题的防范和解决，都需要新疆各类服务企业给予支持和配合。服务企业是社会肌体的敏感部位，服务企业提供的高质量的服务产品能够稳定社会情绪和促进社会问题的解决。因此，大力发展新疆服务企业，提高新疆服务企业的竞争力，不仅可以促进经济增长、丰富物质财富，还可以提高社会文明程度以及社会控制程度，为全面建成小康社会和构建和谐社会提供坚实的保障。

3.5 新疆服务企业发展中存在的问题及成因

3.5.1 新疆服务企业发展概述

改革开放以来，新疆服务企业的实力逐渐增强，竞争力明显提升，新疆服务业的发展取得了令人瞩目的成就，现在正在进入科学跨越、后发赶超的新阶段。可以肯定地说，在现代社会，企业兴则产业兴，产业兴则地区经济兴，地区经济兴则国民经济兴，国民经济兴则国家繁荣富强、人民安居乐业。如果没有新疆服务企业的快速发展，就没有新疆服务业的快速发展；如果没有新疆服务企业竞争力的提升，就没有新疆服务业竞争力的提升。在这一过程中，生活性服务企业的优势得以保持，并采用现代信息技术和管理模式加以升级改造；生产性服务企业迅速发展，对促进现代农业和现代工业发展的作用日益凸显；新兴性服务企业的发展正方兴未艾，极大地满足了城乡各族群众的物质需求和精神需求。

《新疆企业发展报告 2014》显示：中国服务业企业 500 强名单中，新疆服务企业 2010 年有 8 家，2011 年有 8 家，2012 年有 9 家，2013 年有 9 家。截至 2015 年年底，新疆进入国家级文化产业示范基地的服务企业有 4 家，进入自治区级文化产业示范基地的服务企业有 52 家。2013 年，新疆公布了重点支持发展的 100 户优强企业和 100 户成长型企业名单，100 户优强企业中服务企业有 31 家，100 户成长型企业中服务企业有 13 家。2013 年，新疆企业总数为 64 135 家，其中中小微企业有 63 907 家，中小微企业占全疆企业的比重为 99.6%；在中小微企业中，服务企业有 50 593 家，服务企业占中小微企业的比重为 79.2%。中小微服务企业既有生活性服务企业，也有生产性服务企业；既有传统的服务企业，也有新兴的服务企业。截至 2015 年年底，新疆共有上市公司 45 家，其中，服务行业上市公司有 8 家。2010—2013 年，在股市持续低迷的情况下，新疆 7 家服务行业上市公司如申万宏源、友好集团、美克美家、汇嘉时代等，经营业绩均表现为盈利。

3.5.2　新疆服务企业发展中存在的问题

1）服务企业规模小，竞争力差

目前，新疆大多数服务企业都存在着规模小、业态单一、产业化组织程度低等问题，大多数服务企业属于中小微企业，缺乏起龙头带动作用的大集团和大公司。这些中小型服务企业尚未形成产业集群，企业之间也没有合作关系，因此无法产生集群效应，经济效益普遍不高，整体竞争力弱。

2）中小服务企业的发展能力较弱，成长性不强

2015 年，新疆中小企业共有 12 054 家，其中 95% 以上为服务企业，而在中小服务企业中，70% 的服务企业发展能力很弱。根据 GEP 评估法，成长性大于 0.4 的中小服务企业均称为成长型中小服务企业。进一步细分，成长性可分为高成长性、渐进成长性和缓慢成长性。新疆真正具有高成长性的服务企业不足 6%，绝大多数中小服务企业属于渐进成长性和缓慢成长性的企业。所以，处于渐进成长性和缓慢成长性的服务企业的发展是极不稳定的，与处于高成长性的服务企业相比，它们

更容易受到外部环境的影响。

3）服务企业普遍缺乏品牌战略思想，顾客满意度低

从目前的情况来看，大多数新疆服务企业还没有真正树立以顾客为导向的现代营销理念，没有清晰而科学的竞争战略，没有确立将企业品牌做大、做强的战略目标，只满足于眼前的盈利目标，这必然导致企业的服务水平低、服务质量差，顾客满意度和顾客忠诚度都比较低，企业整体形象不佳。在市场竞争中，国内外服务企业在新疆"跑马圈地"，全面"围剿"新疆服务企业，因此新疆服务企业的生存空间日益被压缩。

4）服务企业在各个行业之间、各个区域之间的分布不合理

一方面，服务企业在各个行业之间的分布不合理。新疆的服务企业绝大多数还属于传统的服务企业，主要集中在批发零售、住宿餐饮等劳动密集型行业，提供的服务（产品）科技含量低、附加值低；现代物流业、信息服务业、金融保险业、商务服务业、科技服务业等行业的现代服务企业数量偏少，还没有形成整体竞争优势。另一方面，服务企业在各个区域之间的分布也不合理。新疆的服务企业尤其是大型服务企业和现代服务企业主要分布在北疆几个中心城市，如乌鲁木齐市、石河子市、克拉玛依市、昌吉市等，南疆、东疆服务企业的发展严重滞后，根本满足不了当地居民对各类服务的需求，从而影响了区域经济的快速发展。

5）服务企业发展的最大瓶颈是融资难、融资贵

近年来，新疆相关部门为解决服务企业特别是中小微服务企业的贷款难问题做了大量工作，也打出了一系列"组合拳"，使贷款难的情况有了很大改观，但是融资难、融资贵仍然是新疆服务企业发展的最大瓶颈。这一方面是因为服务企业对信贷资金的需求十分旺盛，另一方面是因为一些利益关系尚未理顺。商业银行搞存贷挂钩，贷款的一部分（有的高达一半）要回存，从而变相提高了贷款利息；贷款不给现金，而是给承兑汇票，迫使服务企业多花手续费来兑现。大量的中小微服务企业只能求助于影子银行、民间借贷，从而导致财务费用大幅上升、财务风险增加。

6）服务企业发展的最大短板是高素质人才缺乏

目前，新疆服务企业从业人员大部分仍集中在传统服务企业，信息

技术、现代管理技术等方面的人才较为缺乏，人员素质参差不齐，经营理念比较落后，服务效率和服务水平不高。在服务企业从业人员中，有专业特长的技术人员较少，从事国际贸易、金融保险、国际劳务合作、国际旅游、信息咨询、广告、会计、中介服务等方面的管理人才更是缺乏。企业为了吸引和留住急需的人才，普遍提高了工资待遇，致使服务企业的人工成本大幅度上升。即使这样，北疆偏远地区和南疆地区的服务企业还是无法吸引和留住高素质的人才。

3.5.3 新疆服务企业发展中存在问题的原因分析

1）服务企业自身存在劣势

目前，新疆服务企业的发展中存在一系列问题，主要是因为自身存在劣势。在市场经济中，新疆服务企业自身存在的劣势主要有：一是服务企业规模小、实力弱，难以同区内外服务企业集团或跨国公司抗衡，在同国内外大服务企业的竞争中往往处于劣势；二是中小微服务企业由于资信较差，不易获得银行贷款，而且融资渠道少、融资成本高、融资难度大；三是服务企业的产品品种单一，抗风险能力弱；四是服务企业的管理不规范、体制不健全，妨碍了企业的长远发展。

2）人们普遍缺乏先进的财富观和产业观

长期以来，人们的观念中普遍存在着轻视服务企业、重视工业企业的思想，服务业中的许多活动被当作非生产性活动，多数人认为服务企业是不创造价值的。从各地的招商引资活动来看，大项目、大企业的引进集中在现代农业、现代工业、城市建设等领域，对大型服务企业的引进很少。另外，一些应当进行商业化经营的领域被当作公益、福利事业来发展。对于科技、教育、文化、体育等领域，政府过度看重其社会公益的功能；对于邮电通信、广播电视等领域，政府过度看重其调节经济与意识形态的功能；对于医疗卫生、城市交通等领域，政府过度看重其社会福利的功能。这种思想直接制约了新疆服务企业的发展。

3）服务业市场化、产业化和社会化的进程缓慢

目前，新疆服务业的市场化程度还不高，对民营及外资的进入有很多限制，竞争也不够充分。许多领域如银行、保险、电信、民航、铁

路、教育、卫生、出版、广播电视等，仍然存在较严格的市场准入限制；服务业中相当大一部分服务产品的价格仍由政府制定和管理，市场决定价格的机制在服务领域尚未建立。此外，新疆社会化服务的程度还比较低。对工业企业而言，"大而全""小而全"的生产、服务和管理模式还很普遍；一些机关、事业单位和社会团体所需的各种后勤服务、配套服务大多由本单位自己提供，从而造成了资源配置效率低、服务质量差。这些都影响了各类服务企业的产生和发展。

4）产权制度不合理

过去，新疆服务企业大多以国有企业为主体，产权模糊和政企不分的企业制度严重制约了企业的发展。随着国有企业改革的深入和所有者的多元化，目前在新疆的服务企业中，国有企业的比重已经很低，集体企业、民营企业、私营企业、外资企业已经成为新疆服务企业的主体。然而，新疆服务企业的产权制度仍然存在诸多不合理之处，从而阻碍了服务企业的发展。这主要表现为：一是集体企业的产权制度存在一定的不合理性。大多数服务企业的产权属于一次性博弈制度，即企业职工同企业财产之间的关系是一次性固定下来的，不受企业职工流入和流出的影响。这种封闭的产权制度不仅不利于生产要素的自由流动和资源的合理配置，而且限制了企业规模的扩大和竞争力的提高。二是民营、私营服务企业的产权制度也存在一定的不合理性。新疆的私营经济一般实行家族企业制度，即企业以家庭或家族为经营单位，企业的主要职务由家庭成员担任，经营决策集中于企业主。这种产权制度不仅不适应服务企业规模扩大后经营管理的需要，而且限制了规模较大的服务企业的生存和发展。

5）城市化水平相对较低

人口必须集中到一定规模时，服务企业才能盈利。城市是人口高度聚集的区域，随着城市规模的扩大，多种类型的服务需求才得以出现，因此城市是服务企业发展的载体，服务企业的规模与结构取决于城市化水平（或城镇化水平）。从整体上看，新疆的城镇化水平低于全国水平。截至 2013 年年底，新疆城镇化水平达到 44.5%，全国城镇化水平为 53.7%，新疆城镇化水平与全国相比低 9.2 个百分点。同时，新疆内部各地区间的城镇化水平也很不均衡，南疆和北疆的城镇化水平差距较大，如南疆三地州的城镇化水平仅为21%。以上数据说明，新疆的城镇人口在单位面积上的集中程度较低，各城镇间相距较远且经济联系不紧密，没有形成规模优势和整体优势。这些都会导致服务产品的单位成本增加，从而限制服务企业的扩张，不利于服务企业的发展。

6）政策环境不利于服务企业的发展

从总体上看，政策环境对服务企业的发展也有一定的制约。这主要表现在：一是新疆的投资政策一直向工业企业倾斜，尽管在近些年来有所改变，但仍没有发生实质性变化。长期以来，以政府为主的投资主要投向石油、天然气、煤炭等新疆储量较高的资源型工业和棉花、红花、番茄等新疆具有优势的农业，对服务业的投资则相对较少，这种投资方式形成了工业企业在新疆经济中唱主角的局面，一定程度上影响了服务企业的快速发展。二是资本市场的发展不足，严重阻碍了知识密集型和技术密集型服务企业的发展。新疆服务企业由于规模小，因此无法成为主板市场的上市公司；同时，二板市场和三板市场的建设还很不完善，从而难以满足新疆服务企业发展的需要。三是新疆市场发育程度低，政府引导不够，大型服务企业或服务企业集团对中小微服务企业的带动作用小。

3.6 新疆服务企业发展中面临的机遇与挑战

3.6.1 新疆服务企业发展面临的机遇

1）丝绸之路经济带战略构想助推新疆服务企业快速发展

2013年9月，习近平主席在访问哈萨克斯坦时提出："为了使欧亚各国经济联系更加紧密、相互合作更加深入、发展空间更加广阔，我们可以用创新的合作模式，共同建设'丝绸之路经济带'，以点带面，从线到片，逐步形成区域大合作。"新疆地处中国西北边陲，邻近中亚、西亚、南亚国家，是我国对外开放的重要门户，是亚欧大陆通道的重要枢纽。地缘特点决定了新疆在建设丝绸之路经济带的过程中具有不可替代的地位和作用，决定了新疆是丝绸之路经济带的核心区。中共新疆维吾尔自治区党委和人民政府已明确提出，以建设丝绸之路经济带核心区为契机，加快形成大开放格局，努力把新疆建设成为丝绸之路经济带上重要的交通枢纽中心、商贸物流中心、金融中心、文化科技中心和医疗服务中心。"五个中心"的建设实质上是新疆服务业发展的最集中体现，必将助推新疆服务企业实现跨越式发展。

2）党的十八届三中全会开启了新疆服务企业发展的新天地

中国共产党第十八届中央委员会第三次全体会议通过的《中共中央关于全面深化改革若干重大问题的决定》明确指出，"紧紧围绕使市场在资源配置中起决定性作用深化经济体制改革，坚持和完善基本经济制度""着力解决市场体系不完善、政府干预过多和监管不到位问题""积极稳妥从广度和深度上推进市场化改革，大幅度减少政府对资源的直接配置，推动资源配置依据市场规则、市场价格、市场竞争实现效益最大化和效率最优化"。随着完善包括私有财产权在内的产权保护制度、允许更多国有经济和其他所有制经济发展成为混合所有制经济、国有企业进一步完善现代企业制度等一系列改革举措的实施，新疆服务企业必将在市场竞争中充满活力和动力，发展空间也必将获得极大的拓展。

3）"通道"和"基地"建设为新疆服务企业的发展提供了生存空间

丝绸之路经济带实质上是通道经济，为此，新疆提出建成"一通道"，即建设国家能源资源陆上大通道，进一步完善以中通道为主轴、北通道和南通道为两翼的综合交通运输体系。新疆长期以来实施优势资源转换战略，丝绸之路经济带战略构想明确提出建成"三基地"，即国家大型油气生产加工和储备基地、大型煤炭煤电煤化工基地和大型风电基地。在建设"通道"和"基地"的过程中，新疆对服务资源，特别是生产性服务业的需求必将上升。生产性服务业贯穿于"通道"和"基地"建设的各环节之中，需要产品研发、生产、营销的全方位支持，这就为新疆生产性服务企业寻求市场发展空间奠定了坚实的基础。

4）产业结构调整为新疆服务企业的发展勾画了美好蓝图

改革开放以来，新疆三次产业结构趋于合理，由原来的"一、二、三"型优化为现在的"二、三、一"型，但是产业结构中还存在不少问题，比较突出的问题是：在三次产业中，服务业所占比重还不高；同时，在服务行业内部，传统服务业所占比重过大，以信息服务业、科技服务业等为代表的现代服务业所占比重不高，以社区服务业为代表的新兴服务业刚刚起步。未来，我国将长期处于经济发展的新常态下，产业结构调整和优化也必将是新常态，这对新疆现代服务业的发展来说，既是挑战也是机遇。新疆原有二业门类可能演化为生产性服务业，制造业的核心业务可能越来越趋向于精、专、强，原来的非核心业务可能独立为新的经营实体，甚至发展为新的产业形态。因此，产业结构调整对新疆服务企业来说是一个难得的发展机遇，为新疆服务企业的发展勾画了美好蓝图。

5）一系列政策出台为新疆服务企业的发展营造了良好环境

中央新疆工作座谈会以后，国家为加快推进新疆经济社会的发展，为新疆"量身定制"了一系列优惠政策和差别化政策，这些政策正在发挥着放大效应。丝绸之路经济带战略构想提出以后，新疆获得了更多的国家支持，新疆正在成为丝绸之路经济带上的政策高地。例如，为了尽快形成经济中心城市、引领地区发展、打造对外开放窗口，国家批准建设新疆喀什特殊经济区和霍尔果斯特殊经济区。在两个特区的建设过程中，国家出台了10项特殊政策和措施，如5年内免征企业所得税、实行财政贴息、免征关税、设立产业基金、给予用地计划指标倾斜和设立海关特殊监管区等。在多项利好政策下，新疆服务企业的发展一定会驶上快车道。

6）国际产业转移为新疆服务企业的发展注入新的活力和动力

在经济增速放缓的背景下，中西部承接东部产业转移的效果凸显，新的区域增长极正在形成。新疆凭借自身的区位优势、资源优势、人文优势和科技优势，将成为承接国内外产业转移和资本转移的理想目的地。产业转移必将促进生产要素加快流动，必将为新疆各类服务企业带来前所未有的发展机遇，必将促进新疆服务企业竞争力的提高。

3.6.2　新疆服务企业发展面临的挑战

1）服务市场竞争日趋激烈

服务企业的生存与发展是由服务市场来决定的。随着我国改革开放的深入，中国政府放宽了一些服务企业的市场准入限制，国内外大型服务企业集团如家乐福、肯德基、西单商场、全聚德、东亚银行、友邦保险等企业已经或将大举进入新疆服务市场。这些服务企业集团在进入新疆以后，将迫使新疆本地服务企业让出一部分服务市场份额，将对新疆中小服务企业的生存造成较大压力，可能会使一部分服务企业陷入困境甚至倒闭。可以预见，新疆服务企业将面临争夺市场份额的激烈竞争。

2）服务市场运行机制不合理

新疆还有相当多的服务企业尚未进入符合市场经济规律的产业化轨道，这势必会削弱新疆服务企业的发展动力。在行政、事业单位和一些大中型企业内部，具有福利性质的服务部门还很多，这些部门主要为内部提供服务，向具有商业性质的服务部门转变的步伐比较慢。对于教育、医疗、科研、文化、体育等行业，由于政府过度看重其公益功能，因此这些行业比较依赖政府，缺乏自我发展机制。在某些服务行业，阻碍服务企业发展的传统体制和机制还没有根本消除，市场配置资源的决定性作用尚未得到充分发挥，市场机制和市场体系还不健全，行政管理之间的协调不足，这些都不利于服务企业的发展。由于条块分割，信息的互联互通、技术的相互支撑、资源的社会共享及开发利用均难以实现，从而影响了新疆服务企业迈向市场化与产业化的进程。

3）地区经济发展差距大，基础条件差

受历史、自然、社会等多方面因素的影响，新疆与我国东部地区的经济发展差距很大，在市场竞争、人才引进、企业管理等方面面临的落后局面在短期内难以改变，基础条件差、远离国内外顾客、缺乏技术和人才等因素将长期制约新疆服务企业的发展。南疆三地州、北疆阿勒泰地区仍然十分落后，边远山区、高寒山区的生产生活条件恶劣，公路、铁路交通设施欠发达，服务企业的运营成本偏高，这些都在客观上制约着新疆服务企业的整体发展。

4）产业结构过于依赖重化工业

新疆的新型工业化建设已取得了长足的进步，但尚未形成现代产业体系，产业链脆弱。工业企业热衷于"一体化"经营，有些业务本应该外包出去，由第三方来做，企业只做核心业务或擅长的业务，但企业还是采取"大而全""小而全"的经营模式。石油石化"一业独大"的局面尚没有实质性改变，煤炭化工、电解铝、盐化工、钢铁、纺织等产业目前发展迅速，但尚未形成完整的产业链，仍为"原字号"产品的延伸。这种不合理的产业结构势必会影响新疆服务企业向服务市场的广度和深度扩展。

第4章 新疆服务企业竞争力评价指标体系的构建

4.1 评价指标体系的构建原则

为了提高新疆服务企业的竞争力,构建一套具有系统性、完整性、可操作性和实用价值的评价指标体系,从而对新疆服务企业进行科学、有效、合理的评价,就显得尤为重要。

新疆服务企业竞争力是由相互联系、相互作用的若干要素构成的有机整体,也可称为一个系统。评价指标体系可以揭示事物间的相关性,将一个复杂的问题分解为多个相互联系的组成部分,形成一个有序的阶层结构,从而使这个复杂的问题概念化、条理化、层次化。同时,研究系统各组成部分、要素之间的相互关系,以及它们对整个系统的影响,可以实现对系统整体的全面评价。此外,由于新疆服务企业面临的竞争环境复杂,因此评价指标体系中的各项指标既可以是定量的,也可以是定性的。

在构建新疆服务企业竞争力评价指标体系时,我们应遵循以下基本原则:

1) 目的性原则

构建新疆服务企业竞争力评价指标体系的目的在于衡量新疆服务企

业竞争力水平，找出新疆服务企业竞争力差的原因，在此基础上提出可以提升新疆服务企业竞争力水平的措施和建议。因此，评价指标的选取应该紧紧围绕着研究目的来进行。

2）科学性原则

新疆服务企业竞争力评价指标体系的建立必须以科学的营销理论为基础，所设计的各个指标必须具有科学性，不仅要与新疆服务企业的发展环境、经济水平相适应，而且要与新疆服务企业经营活动的实际情况相吻合。各个指标要概念准确、计算方法科学、计算范围明确、操作简便，既可以系统科学地反映新疆服务企业竞争力的全貌，也可以在某些方面揭示出对新疆服务企业竞争力有重大影响的因素。

3）全面性原则

单一的评价指标不能准确、全面地反映新疆服务企业竞争力的真实状态，因此，所设计的指标必须充分考虑到新疆服务企业所处的内外部环境，尽可能地从多角度、多方面、多层次来评价新疆服务企业的竞争力。评价指标既要包括反映新疆服务企业竞争力的"硬"指标，又要包括反映新疆服务企业竞争力的"软"指标，既要包括相对指标，又要包括绝对指标，以全面认识新疆服务企业的整体竞争力。

4）系统性原则

竞争力是一个系统，其中包含了许多子系统。因此，评价指标体系必须能够全面反映评价对象各个要素的指标内容，使评价目标和评价指标结合起来，从而形成一个科学合理、逻辑严密、层次清晰的综合评价指标体系。新疆服务企业竞争力评价指标体系的系统性体现在以下几个方面：

（1）评价指标体系本身要具有完整性

评价指标体系应包括所有相关的指标，不能遗漏重要指标，因此在构建评价指标体系时，应在充分考虑新疆服务企业外部环境和内部条件的基础上，尽可能从各个方面和各个环节来反映新疆服务企业的竞争力。

（2）各个指标之间要具有独立性

各个指标既要以其特有的属性独立存在，又不能被其他指标所包容和取代，不能存在重复的指标。

（3）各个指标之间要具有逻辑关系

评价指标体系中的各个指标之间要具有一定的内在联系和逻辑关系，能够系统反映出新疆服务企业竞争力的情况。

5）可操作性原则

构建新疆服务企业竞争力评价指标体系的目的是促进新疆服务企业的发展，有效提升新疆服务企业的竞争力，因此评价指标体系的构建必须具有可操作性。也就是说，所建立的新疆服务企业竞争力评价指标体系既要具有行动上的可行性，又要具有价值取向上的实用性。所谓行动上的可行性，是指所选取的评价指标必须具有广泛的数据来源，必须具有可观察性和可计量性，必须具有标准化和规范化，即操作切实可行。所谓价值取向上的实用性，是指构建的评价指标体系必须能够指导新疆服务企业制定科学合理的决策，以提高自身的竞争力。

6）通用性、个性和发展性相结合原则

服务业门类繁多，因此在构建新疆服务企业竞争力评价指标体系时，既要考虑各行业服务企业的共性，以使评价指标体系适用于所有服务企业，也要考虑各行业服务企业自身的特点，毕竟对不同行业的服务企业来说，决定其竞争力水平的因素不同。此外，新疆服务企业竞争力评价指标体系还必须具有发展性，既可以对服务企业在某一时点上进行静态评价，也可以根据服务企业内外部环境的变化、顾客需求的变化以及竞争对手竞争策略的变化做出适当的调整，从而反映出企业竞争力的动态发展变化情况。

4.2 评价指标体系的构建及影响因素

4.2.1 评价指标体系的构建

本书在对国内外学者的研究成果进行深入分析和研究的基础上，从服务企业的共性出发，吸取已有服务企业评价指标体系的优点，结合新疆本地服务企业的特点和新疆本地服务企业竞争力的状况，构建了新疆服务企业评价指标体系。

新疆服务企业竞争力评价指标体系主要运用服务市场营销理论来设计，将服务环境发展力、服务规模扩张力、服务品牌塑造力、服务质量盈利力作为评价的一级指标，这些要素从不同的方面反映了新疆服务企业竞争力的状况。

新疆服务企业竞争力评价指标体系见表 4-1。

表 4-1　　　　　　　**新疆服务企业竞争力评价指标体系**

目标层	一级指标（主准则层）	二级指标（分准则层）
新疆服务企业竞争力评价要素（A）	服务环境发展力（B1）	人均 GDP（C1）
		政府支持度（C2）
		第三产业占 GDP 的比重（C3）
		某服务行业占第三产业的比重（C4）
	服务规模扩张力（B2）	资产总额或资产增长率（C5）
		营业额或营业额增长率（C6）
		从业人数（C7）
	服务品牌塑造力（33）	品牌定位能力（C8）
		品牌营销能力或连锁比率（C9）
		品牌知名度或百强企业数（C10）
	服务质量盈利力（34）	利润总额或人均营业利润（C11）
		主营业务利润率（C12）
		总资产报酬率（C13）
		净资产收益率（C14）

在表 4-1 中，目标层即新疆服务企业竞争力评价要素（A），一级指标即主准则层（B）为基本因素，二级指标即分准则层（C）为具体因素。评价者可以根据新疆服务企业所归属服务行业的特点和现状，基于不同的评价目的及不同的数据资料来源，对表 4-1 中的评价要素进行必要的修改，特别是对分准则层可进行适当的取舍，从而组成新的评价指标体系，对不同服务行业的新疆服务企业竞争力进行评价。这样的评价指标体系才比较科学，评价的结果才比较准确。

4.2.2　评价指标体系的影响因素

1）服务环境发展力

任何企业都是在一定的环境下才得以生存、发展和壮大的。新疆服务企业所处的内外部环境既为新疆服务企业的发展带来了机遇，也带来了挑战。

（1）人均 GDP

这一指标主要从宏观经济环境方面来评价服务企业的竞争力。一个地区的经济发展水平（人均 GDP）越高，其带动服务企业发展的速度就越快。人均 GDP 的计算公式为：

人均 GDP=地区生产总值÷地区总人口

（2）政府支持度

这一指标是指政府对服务企业的支持程度。

（3）第三产业占 GDP 的比重

这一指标主要从产业（行业）环境方面来评价服务企业的竞争力。第三产业占 GDP 的比重越大，服务企业的发展就越快。第三产业占 GDP 的比重的计算公式为：

第三产业占 GDP 的比重=地区第三产业生产总值÷地区生产总值×100%

（4）某服务行业占第三产业的比重

某服务行业的服务水平越高，对服务企业的指导和推动作用就越强，该行业服务企业的竞争力就越高。某服务行业占第三产业的比重的计算公式为：

$$某服务行业占第三产业的比重=\frac{地区某服务行业生产总值}{地区第三产业生产总值}×100\%$$

2）服务规模扩张力

服务企业的市场竞争首先体现为服务规模的竞争。服务规模扩张力不仅体现在现有服务产业的规模水平上，还体现在服务企业的规模扩张力上。其中，资产总额与资产增长率可以相互替代，营业额与营业额增长率可以相互替代。

（1）资产总额

资产是衡量服务企业规模大小的重要指标。一个服务企业拥有的资产越多，其服务规模就越大。

（2）营业额

服务企业通过提供服务获得的营业额直接反映了其服务规模的

大小。

（3）从业人数

服务企业从业人数的多少是反映服务企业规模大小的重要指标之一。

（4）资产增长率

这一指标可以反映服务企业资本要素的增长能力。资产增长率的计算公式为：

资产增长率＝（本年资产总额－上年资产总额）÷上年资产总额×100%

（5）营业额增长率

这一指标可以反映服务企业营业规模的增长能力。营业额增长率的计算公式为：

营业额增长率＝（本年营业额－上年营业额）÷上年营业额×100%

3）服务品牌塑造力

一项很普通的服务，经过服务企业的精心设计和巧妙策划，再加上卓有成效的营销宣传，就会给消费者留下深刻的印象。这种印象可能会使消费者产生购买行为，这便是服务的品牌效应。较强的服务品牌塑造力和较高的服务品牌价值是服务企业取得竞争力的关键。其中，品牌营销能力与连锁比率可以相互替代，品牌知名度与百强企业数可以相互替代。

（1）品牌定位能力

清晰明确的服务品牌定位、科学完整的服务品牌战略规划，是服务企业塑造服务品牌的基础。

（2）品牌营销能力

服务企业通过一系列营销手段和营销技巧，可以将品牌定位准确传递给目标顾客群，从而获得顾客的认可和赞同，树立起品牌的社会地位。

（3）品牌知名度

服务企业的品牌知名度越高，就越容易占领市场。品牌的市场占有率是衡量品牌知名度的重要指标，品牌的市场占有率越高，服务企业的竞争力就越强。

（4）连锁比率

这一指标也是服务企业品牌渗透力的重要体现。连锁比率的计算公式为：

连锁比率＝连锁服务企业营业额÷该地区服务企业总营业额×100%

（5）百强企业数

这一指标是指进入全国排名的新疆服务企业数。

4）服务质量盈利力

服务质量盈利力就是服务企业通过提供高质量的服务，从而提高顾客满意度和忠诚度，以赚取利润的能力。服务质量盈利力主要通过利润总额、主营业务利润率、总资产报酬率、净资产收益率、人均营业利润等指标来衡量。其中，利润总额与人均营业利润可以相互替代。

（1）利润总额

利润是服务企业在一定时期的经营成果，可以反映服务企业投入生产要素后，通过经营管理活动取得的收益。这一指标反映了企业盈利的总体水平。

（2）主营业务利润率

这一指标反映了服务企业主营业务的盈利水平和盈利能力。主营业务利润率的计算公式为：

主营业务利润率＝主营业务利润额÷主营业务收入×100%

（3）总资产报酬率

总资产报酬率是评价服务企业资产运营效益的重要指标，可以反映企业运用全部资产的总体获利能力。总资产报酬率的计算公式为：

总资产报酬率＝（利润总额＋利息支出）÷平均资产总额×100%

（4）净资产收益率

这一指标反映了股东权益的收益水平。该指标值越高，说明投资带来的收益越高。净资产收益率的计算公式为：

净资产收益率＝净利润÷平均股东权益×100%

（5）人均营业利润

这一指标最能直接反映出服务企业的盈利水平。人均营业利润的计算公式为：

人均营业利润=营业利润÷从业人数

4.3 评价方法的选取与运用

目前，有关企业竞争力的评价方法有 20 种以上，每种评价方法都有其各自的优、缺点和适用范围。根据得出结果的属性，评价方法可以划分为四大类：一是定性评价法，如因素分析法、内涵解析法等；二是分类评价法，如模糊综合评价法、聚类分析法等；三是排序评价法，如综合指数评价法、主成分分析法、因子分析法、层次分析法等；四是操作性评价法，如标杆分析法等。根据研究的目的，结合各种评价方法的优点、缺点和适用范围，本书采用的评价方法主要有主成分分析法和因子分析法。

1）主成分分析法

主成分分析法的基本思想是：通过降维的技术将原来的多个指标转化为少数几个综合指标，把每一个综合指标看成一个主成分，用原来指标的线性组合表示每一个主成分。这样做既可以使这些主成分反映原指标的信息量，又可以使各个主成分之间不相关，达到避免指标之间信息重叠的目的。具体来说，主成分分析法就是把众多对服务企业竞争力有影响的指标按照包含信息相关性的大小进行排序，根据需要选择对服务企业竞争力影响较大的线性因素作为评价指标来评价服务企业的竞争力，即用较少的指标获得最多的信息，从而减少数据处理量，使评价变得更简单。

2）因子分析法

因子分析法是一种多元统计方法，它是对主成分分析法的推广和发展，也是利用降维的思想，以最少的信息丢失为前提，将众多原有的变量综合为较少的几个综合指标，称为因子。一般来说，虽然因子个数远远少于原有变量个数，但是这些因子却可以反映出原有变量的绝大部分信息。因子分析法的基本思想是：从相关系数矩阵内部的依赖关系出发，将具有错综复杂关系的变量根据变量相关性的大小进行分组，使得同一组内变量之间的相关性较高，不同组内变量之间的相关性较低，每一组变量代表一个基本结构，并用一个不可观测的综合变量表示，这个综合变量即为公共因子。运用因子分析法进行多指标的综合评价主要包括以下几个步骤：

（1）将原有变量进行标准化处理

由于经济指标数据具有不同的量纲（计量单位），很难直接进行比较，因此在进行因子分析之前，我们必须对原始数据进行无量纲化处理，使之具有相对统一的尺度，从而便于比较。本书采用 Z-score 法进行标准化处理，变换公式为：

$$Z_{ij} = \frac{x_{ij} - \bar{x}_j}{s_j} \quad (i=1,2,3,\cdots,n\,j=1,2,3,\cdots,p)$$

经过变换后的数据均值为 0，方差为 1。

（2）计算标准化指标变量的相关系数矩阵 R

相关系数矩阵 R 的计算公式为：

$$r_{jk} = \frac{1}{n-1}\left(\sum_{i=1}^{n} \frac{x_{ij} - \bar{x}_j}{s_j}\right) \frac{x_{ik} - \bar{x}_k}{s_k}$$

（3）求相关系数矩阵 R 的特征值及对应的特征向量和贡献率

相关系数矩阵 R 的特征方程式为 $|\lambda_i E_p - R| = 0$，其中 λ（$i = 1，2，\cdots，p$）是此方程式的特征值，特征值的大小描述了各个因子在被评价对象上所起作用的大小。用 L 表示 P 维实向量，可以用方程组 $[\lambda_i E_p - R]L_i = 0$ 求得向量 L_i 是与特征值 λ_i 相对应的特征向量，也就是标准化向量。另外，计算公式 $\alpha_i = \dfrac{\lambda_i}{\sum\limits_{i=1}^{p} \lambda_i}$ 可以表明每个因子所代表的

原始变量的信息量，即方差贡献率。

（4）确定公共因子的个数

若只对每个样本取前 k 个因子进行分析，忽略后面的（p-k）个因子，那么这前 k 个因子的累计方差贡献率为：

$$\alpha_k = \left(\sum_{i=1}^{k} \lambda_i\right)\left(\sum_{i=1}^{p} \lambda_i\right)^{-1}$$

确定公共因子的个数就是在 k 和 α_k 之间进行选取，一方面使 k 尽可能小，另一方面使 α_k 足够大，从而以较少的因子获得原始变量足够

多的信息。通常以累计方差贡献率 α_k 大于 85% 时的特征值的个数来确定因子个数 k。

（5）求初始因子载荷矩阵 A

求初始因子载荷矩阵也就是求因子模型，Z=AF 的因子系数 A 的初始解为：

$$Z = \begin{pmatrix} Z_1 \\ M \\ Z_p \end{pmatrix}, \quad F = Z = \begin{pmatrix} F_1 \\ M \\ F_m \end{pmatrix}$$

将用相关系数矩阵 R 求得的特征向量正交化，得到 Γ_{ij}，再将正交化的特征向量与 $\sqrt{\lambda_i}$ 相乘，这样就可以得到初始因子载荷矩阵 A，即：

$$\left(A_{ij} \right) = \left(\Gamma_{ij} \sqrt{\lambda_i} \right)$$

（6）将初始因子载荷矩阵 A 进行旋转处理

如果求得的初始因子载荷矩阵 A 很难恰当说明公共因子的性质，不能解释实际问题，这时候就必须对初始因子载荷矩阵进行因子旋转，使一个变量只在尽可能少的因子上有较高的载荷。旋转的目的是使各个因子的载荷矩阵尽量向 0 或 1 这两个极值转化，从而使各个公共因子代表的变量差信息表现显著，这样因子的实际含义就清楚了，也更易于理解。

（7）说明因子的经济含义

我们可以根据因子在若干个变量上负荷值的高低及这些变量的共性，说明因子的经济含义。

（8）计算因子得分

因子分析最终体现在因子得分上，在因子分析的实际应用中，当因子确定后，就可以计算各个因子在每一个样本上的具体数值，这些数值称为因子得分，所形成的变量称为因子变量。我们可以采用汤姆森和斯特克兰方法来建立回归方程，并对因子得分进行估计。回归方程为：

$$F_j = b_{j0} + b_{j1} x_1 + b_{j2} x_2 + \cdots + b_{ip} x_p$$

因为变量和因子都已标准化，因此有 $b_{j0} = 0$。我们可以通过最小二乘法求得因子得分的系数矩阵 $B = A^* R^{-1}$。其中，R 为原有变量的相关系数矩阵，A^* 为旋转后因子载荷矩阵 A 的转置矩阵。

由原观测值变量标准化后得到的矩阵 Z 和因子得分的系数矩阵 B，能够求得因子得分的估计值为：

F = BZ

（9）求出综合评价值 F，即总因子分数估计值 F

综合评价值 F 是因子得分估计值线性加权之和除以对应的累计贡献率，其权数可以用每个因子的方差贡献率来表示，即：

$$F = \frac{因子得分估计值线性加权之和}{累计贡献率}$$

通过以上步骤，单个样本综合评价所需的工作就完成了。只要对每个样本都进行这样的操作，就能够分别得出各个样本的 F 值，最后根据 F 值的大小对样本进行排序即可。

第5章 新疆服务企业竞争力评价[①]

5.1 新疆服务企业竞争力评价的思路

对新疆服务企业进行竞争力的评价一定要基于以下三点考虑：一是这些服务企业具有鲜明的特色，而且发展潜力巨大；二是这些服务企业所归属的行业已完全市场化，并且市场竞争十分激烈，不具有垄断性；三是选择新疆本地的服务企业，并对其竞争力进行评价。也就是说，本书不对在新疆的跨国服务企业和中央服务企业的竞争力进行评价。因此，本书选择了新疆餐饮企业、新疆零售企业、新疆旅游企业和新疆物流企业的竞争力进行评价，这四类服务企业既是典型的新疆本地服务企业，也是竞争力提升空间巨大的服务企业。这样的评价结果应该说具有较大的现实意义。

在对新疆服务企业竞争力具体评价的过程中，本书依照统一的评价指标体系，将新疆服务企业与全国其他省（自治区、直辖市）的服务企业进行比较。在比较分析中，得出新疆服务企业竞争力的基本情况，以及影响新疆服务企业竞争力的主要因素。

本书构建的新疆服务企业竞争力评价指标体系涉及服务环境发展

---

① 本章涉及的数据由于四舍五入存在些许误差，可忽略不计。

力、服务规模扩张力、服务品牌塑造力、服务质量盈利力四大核心能力、14 个具体指标，但是在具体运用该评价指标体系对新疆服务企业竞争力进行评价时，14 个指标可以根据需要适当取舍，不一定都能用上。这是因为：第一，不同服务行业的运营情况不同，评价服务企业竞争力水平的指标也应该有所不同。例如，评价旅游企业竞争力可以采用旅游人数、5A 级旅游景点数、百强旅游城市数等指标；评价物流企业竞争力可以采用客运量、货运量、旅客周转量、货物周转量等指标。第二，对所有原始变量进行因子分析，会出现重复分析的现象。第三，有些分准则层指标因基础数据尚未建立，所以很难量化，如政府支持度、品牌定位能力等。本书主要从服务环境发展力、服务规模扩张力、服务品牌塑造力、服务质量盈利力这四大核心能力即四大公共因子入手，来分析新疆服务企业竞争力与其他省（自治区、直辖市）服务企业竞争力的差距。事实上，这四大核心能力已基本上能够说明当前新疆服务企业竞争力的状况。

5.2 新疆餐饮企业竞争力评价分析

1）新疆餐饮企业竞争力评价指标的选取

本书选择了人均 GDP、第三产业占 GDP 的比重、餐饮企业占服务业的比重、资产总额、营业额、从业人数、主营业务利润率、人均营业利润、百强餐饮企业数和连锁比率 10 个指标作为评价指标进行定量分析。其中，新疆餐饮企业服务环境发展力包括人均 GDP、第三产业占 GDP 的比重、餐饮企业占服务业的比重 3 个指标；新疆餐饮企业服务规模扩张力包括资产总额、营业额（商品销售额）、从业人数 3 个指标；新疆餐饮企业服务品牌塑造力包括连锁比率、百强餐饮企业数 2 个指标；新疆餐饮企业服务质量盈利力包括主营业务利润率和人均营业利润 2 个指标。本书运用 SPSS17.0 统计软件，采用因子分析法对全国 31 个省（自治区、直辖市）限额以上餐饮企业 2012 年的截面数据进行了计算和处理，对新疆餐饮企业竞争力进行了综合评价。

2012 年全国 31 个省（自治区、直辖市）餐饮企业竞争力评价的原始数据及描述性统计量见表 5-1 和表 5-2。

表 5-1　　　　2012 年全国 31 个省（自治区、直辖市）

餐饮企业竞争力评价的原始数据

指标 地区	X₁ 人均 GDP （万元）	X₂ 第三产业占GDP的比重（%）	X₃ 餐饮企业占服务业的比重（%）	X₄ 资产总额（亿元）	X₅ 营业额（亿元）	X₆ 从业人数（人）	X₇ 连锁比率（%）	X₈ 百强餐饮企业数（家）	X₉ 主营业务利润率（%）	X₁₀ 人均营业利润（万元/人）
北京	8.05	76.1	3.9	346.3	480.5	224 433	0.4436	16	0.4936	10.5243
天津	8.34	46.2	1.8	79.6	91.8	58 772	0.4349	2	0.4440	6.9421
河北	3.39	34.6	0.5	55.8	45.9	43 624	0.0381	1	0.3947	4.0803
山西	3.13	35.2	2.0	96.8	81.0	65 247	0.1123	0	0.4203	5.1343
内蒙古	5.79	34.9	1.1	91.2	52.7	38 204	0.2101	1	0.4623	6.2559
辽宁	5.07	36.7	1.6	97.3	129.6	47 590	0.3952	2	0.4204	11.3259
吉林	3.84	34.8	0.5	29.0	19.2	10 881	0.0333	2	0.4398	7.7199
黑龙江	3.28	36.2	0.6	19.4	26.2	16 982	0.1351	0	0.3774	5.7119
上海	8.18	58.0	3.3	236.2	370.2	188 685	0.3046	8	0.4834	9.3436
江苏	6.22	42.4	1.4	275.6	297.4	193 255	0.277	6	0.4567	6.9649
浙江	5.92	43.9	1.9	267.2	265.8	146 780	0.3657	15	0.4054	7.3239
安徽	2.56	32.5	1.5	89.2	72.2	56 734	0.1406	4	0.4034	5.0411
福建	4.72	39.2	1.7	87.1	117.6	73 774	0.3326	4	0.3928	6.2081
江西	2.61	33.5	0.8	36.8	32.0	24 208	0.25	1	0.3814	4.9157
山东	4.71	38.3	1.8	289.1	316.2	168 769	0.0919	5	0.3899	6.4526
河南	2.87	29.7	1.7	91.0	132.3	76 369	0.0785	2	0.3279	5.5258
湖北	3.41	36.9	1.8	124.5	131	89 832	0.317	2	0.4182	6.0001
湖南	2.98	38.3	1.1	71.7	85.1	50 924	0.1865	2	0.383	6.2053
广东	5.07	45.3	2.1	306.1	516.5	340 826	0.3021	8	0.4563	6.9596
广西	2.52	34.1	0.7	20.5	27.8	23 286	0.2086	0	0.4322	5.0674
海南	2.88	45.5	1.1	9.9	13.2	8 753	0.0417	0	0.4308	6.3978
重庆	3.43	36.2	3.4	85.2	121.6	70 178	1.0314	14	0.327	5.3578
四川	2.61	33.4	2.4	178.3	167.6	92 388	0.1692	4	0.4428	7.9664
贵州	1.64	48.8	0.6	18.0	15.4	15 121	0.1195	0	0.4276	4.2987
云南	1.92	41.6	0.9	36.5	33.2	23 787	0.2967	0	0.4037	5.4652
西藏	2.00	53.2	0.2	0.4	0.7	476	0.0571	0	0.2857	4.2017
陕西	3.34	34.8	2.6	109.4	115.4	84 727	0.0886	1	0.4435	5.9249
甘肃	1.96	39.1	1.2	27.2	23.7	20 765	0.0253	0	0.4103	4.6232
青海	2.94	32.3	0.6	7.5	3.5	3 826	0	0	0.4706	4.1819
宁夏	3.29	41	1.5	27.0	12.5	11 059	0	0	0.4839	5.4254
新疆	2.99	34	0.5	11.3	11.1	7 725	0.4396	0	0.4414	6.343

资料来源　中华人民共和国国家统计局.中国统计年鉴 2013［M］.北京：中国统计出版社，2013.

新疆维吾尔自治区统计局.新疆统计年鉴 2013［M］.北京：中国统计出版社，2013.

中国烹饪协会.2012 年度中国餐饮百强企业分析报告［J］.中国连锁，2013（6）.

表 5-2 描述性统计量

指标	均值	标准差	统计数量
X_1	3.9245	1.85159	31
X_2	40.216	9.2482	31
X_3	1.510	0.9119	31
X_4	104.006	100.9400	31
X_5	122.868	139.6208	31
X_6	73 483.23	78 376.174	31
X_7	0.223445	0.2044640	31
X_8	3.23	4.544	31
X_9	0.417755	0.0469676	31
X_{10}	6.254474	1.7323046	31

2）求标准化指标变量的相关系数矩阵（见表 5-3），并进行 KMO 测度检验和 Bartlett's 球形检验（见表 5-4）

表 5-3 餐饮企业竞争力评价指标的相关系数矩阵

	X_1	X_2	X_3	X_4	X_5	X_6	X_7	X_8	X_9	X_{10}
X_1	1.000	0.547	0.564	0.676	0.677	0.614	0.373	0.585	0.465	0.691
X_2	0.547	1.000	0.439	0.470	0.549	0.451	0.185	0.505	0.270	0.450
X_3	0.564	0.439	1.000	0.686	0.705	0.645	0.531	0.744	0.246	0.554
X_4	0.676	0.470	0.686	1.000	0.960	0.937	0.274	0.763	0.315	0.587
X_5	0.677	0.549	0.705	0.960	1.000	0.979	0.315	0.757	0.311	0.605
X_6	0.614	0.451	0.645	0.937	0.979	1.000	0.278	0.694	0.297	0.487
X_7	0.373	0.185	0.531	0.274	0.315	0.278	1.000	0.635	-0.108	0.335
X_8	0.585	0.505	0.744	0.763	0.757	0.694	0.635	1.000	0.077	0.499
X_9	0.465	0.270	0.246	0.315	0.311	0.297	-0.108	0.077	1.000	0.427
X_{10}	0.691	0.450	0.554	0.587	0.605	0.487	0.335	0.499	0.427	1.000

表 5-4 KMO 测度检验和 Bartlett's 球形检验

KMO 测度检验		0.744
Bartlett's 球形检验	近似卡方	312.215
	df	45
	sig.	0.000

表 5-3 给出的是原始变量的相关系数矩阵，可以看出 10 个变量中的许多变量之间存在着高度相关性，能够从中提取公共因子，因此进行

因子分析是合适的。表 5-4 中 KMO 测度检验和 Bartlett's 球形检验的结果显示，KMO 值为 0.744，符合大于 0.5 的基本条件，说明所选变量适合进行因子分析。同时，Bartlett's 球形检验统计量的观测值为 312.215，相应的伴随概率 sig. 值为 0.000，小于显著性水平 0.05，因此拒绝 Bartlett's 球形检验零假设，认为相关系数矩阵与单位矩阵有显著差异，即原有变量适合进行因子分析。

3）求相关系数矩阵 R 的特征值、贡献率和累计贡献率（见表 5-5），并提取因子

表 5-5 　　　　　　　　　**特征值、贡献率和累计贡献率**

因子	初始取值			提取因子后取值			旋转平方和载入		
	特征值	贡献率	累计贡献率	特征值	贡献率	累计贡献率	特征值	贡献率	累计贡献率
1	5.880	58.798	58.798	5.880	58.798	58.798	3.681	36.810	36.810
2	1.340	13.398	72.196	1.340	13.398	72.196	1.986	19.859	56.670
3	0.901	9.009	81.205	0.901	9.009	81.205	1.841	18.407	75.076
4	0.655	6.551	87.756	0.655	6.551	87.756	1.268	12.680	87.756
5	0.427	4.270	92.026						
6	0.344	3.439	95.465						
7	0.232	2.324	97.789						
8	0.176	1.755	99.544						
9	0.041	0.406	99.950						
10	0.005	0.050	100.000						

在表 5-5 中，特征值是对因子的方差贡献的表征，特征值越大，说明对因子的方差贡献越大；贡献率即方差贡献率，是每个因子的特征值占总特征值的百分比；累计贡献率表示累计的百分比；提取因子后取值是指提取公共因子后的特征值、贡献率和累计贡献率；旋转平方和载入是指提取公共因子后旋转得到的特征值、贡献率和累计贡献率。

因子载荷碎石图如图 5-1 所示。

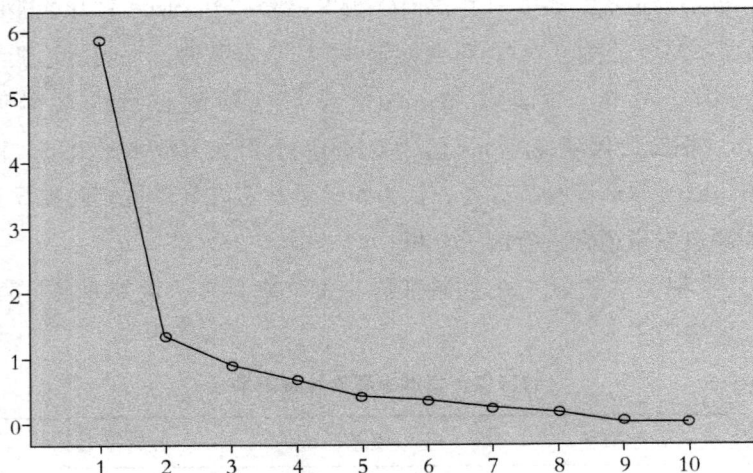

图 5-1　因子载荷碎石图

根据因子分析的原理，公共因子的特征值必须大于 1，所选因子的累计方差贡献率必须大于 85%。从表 5-5 中可以看到，大于 1 的特征值有 2 个，这 2 个特征值的累计方差贡献率为 72.196%，表示采用这 2 个特征值所包含的信息量不足，损失信息较多。因此，综合表 5-5 和图 5-1，我们可以提取 4 个特征值作为公共因子，这时特征值的累计方差贡献率为 87.756%，损失的信息较少，可以进行下一步分析。

4）因子载荷的初步分析

首先，对提取的公共因子进行共同度分析，各变量的共同度即公因子方差，表 5-6 显示了各个变量的共同度。在表 5-6 中，第一列是 10 个原始变量名；第二列是根据因子分析的初步解给出的变量共同度，表示对原始的 10 个变量采用主成分分析法提取所有的特征值（10 个），每个原始变量的方差均可以被因子变量所解释，因此得出的每个原始变量的共同度都是 1；第三列是根据指定提取条件（提取 4 个公共因子）提取特征值时的共同度，这时候因子变量的个数小于原始变量的个数，因此共同度必然小于 1，可以看到，该列第二行中的 0.777 表示 4 个公共因子变量解释了原始变量 X_1 的 77.7%，每个原始变量的共同度都在 70% 以上，说明提取的 4 个公共因子很好地解释了 10 个原始变量。

表 5-6   各个变量的共同度

指标	初始信息量	提取值
X_1	1.000	0.777
X_2	1.000	0.980
X_3	1.000	0.737
X_4	1.000	0.964
X_5	1.000	0.981
X_6	1.000	0.958
X_7	1.000	0.910
X_8	1.000	0.871
X_9	1.000	0.857
X_{10}	1.000	0.741

其次，对初始因子载荷矩阵即原始指标变量与公共因子之间的因子载荷矩阵进行分析，见表 5-7。

表 5-7   初始因子载荷矩阵

指标	因子 1	因子 2	因子 3	因子 4
X_1	0.814	0.200	0.272	−0.008
X_2	0.636	0.163	0.142	−0.728
X_3	0.818	−0.216	0.089	0.116
X_4	0.916	0.052	−0.337	0.090
X_5	0.938	0.042	−0.314	0.018
X_6	0.879	0.040	−0.419	0.090
X_7	0.489	−0.677	0.438	0.140
X_8	0.847	−0.388	−0.017	−0.057
X_9	0.393	0.755	0.266	0.249
X_{10}	0.736	0.205	0.384	0.105

综合对初始因子载荷矩阵和因子模型的分析可知，各个因子的典型代表变量并不十分突出，各个因子对评价指标的解释作用也不是特别显著，这就需要对初始因子载荷矩阵进行旋转处理，以便进一步分析。

5）对初始因子载荷矩阵进行旋转处理（见表 5-8）

表 5-8　　　　　　方差最大化旋转后的因子载荷矩阵

指标	因子 1	因子 2	因子 3	因子 4
X_1	0.926	0.350	0.588	0.356
X_2	0.976	0.104	0.189	0.926
X_3	0.876	0.564	0.248	0.160
X_4	0.178	0.915	0.256	0.171
X_5	0.195	0.907	0.245	0.247
X_6	0.126	0.941	0.192	0.142
X_7	0.119	-0.024	0.945	0.037
X_8	0.646	0.029	0.608	0.289
X_9	0.138	-0.173	0.043	0.898
X_{10}	0.311	0.395	0.247	0.654

由表 5-8 可以看出，与旋转前相比，旋转后的因子载荷矩阵中载荷值向两极分化，因子的含义更为清晰，公共因子代表的变量差信息更显著。

6）各个公共因子的含义

（1）第一因子解释

第一因子主要由 X_1 人均 GDP、X_2 第三产业占 GDP 的比重、X_3 餐饮企业占服务业的比重 3 个指标变量来决定，它们作用于第一主因子的载荷值分别为 0.926、0.976 和 0.876，这 3 个指标反映了餐饮企业服务环境发展的情况，定义为服务环境发展力因子。

（2）第二因子解释

第二因子主要由 X_4 资产总额、X_5 营业额、X_6 从业人数 3 个指标变量来决定，它们作用于第二主因子的载荷值分别为 0.915、0.907 和 0.941，这 3 个指标反映了餐饮企业服务规模扩张的情况，定义为服务规模扩张力因子。

（3）第三因子解释

第三因子主要由 X_7 连锁比率和 X_8 百强餐饮企业数 2 个指标变量来决定，它们作用于第三主因子的载荷值分别为 0.945 和 0.608，这 2 个指标反映了餐饮企业服务品牌塑造的情况，定义为服务品牌塑造力因子。

（4）第四因子解释

第四因子主要由 X_9 主营业务利润率和 X_{10} 人均营业利润 2 个指标变量来决定，它们作用于第四主因子的载荷值分别为 0.898 和 0.654，这 2 个指标反映了餐饮企业服务质量盈利的情况，定义为服务质量盈利力因子。

7）计算各个公共因子的得分和综合得分，并排序

（1）计算各个公共因子的得分

采用回归法估计因子得分系数，得到因子得分系数矩阵，见表 5-9。

表 5-9　　　　　　　　　　因子得分系数矩阵

指标	因子 1	因子 2	因子 3	因子 4
X_1	−0.098	0.118	0.304	0.131
X_2	−0.183	−0.147	−0.164	1.097
X_3	0.069	0.257	0.048	−0.117
X_4	0.378	−0.144	−0.051	−0.138
X_5	0.348	−0.142	−0.079	−0.032
X_6	0.432	−0.190	−0.105	−0.157
X_7	−0.209	0.694	−0.012	−0.139
X_8	0.115	0.238	−0.186	0.090
X_9	−0.102	−0.137	0.694	−0.204
X_{10}	−0.163	0.208	0.419	−0.008

由此得到因子得分函数为：

$F_1 = -0.098 X_1 - 0.183 X_2 + 0.069 X_3 + 0.378 X_4 + 0.348 X_5 + 0.432 X_6 - 0.209 X_7 + 0.115 X_8 - 0.102 X_9 - 0.163 X_{10}$

$F_2 = 0.118 X_1 - 0.147 X_2 + 0.257 X_3 - 0.144 X_4 - 0.142 X_5 - 0.190 X_6 + 0.694 X_7 + 0.238 X_8 - 0.137 X_9 + 0.208 X_{10}$

$F_3 = 0.304 X_1 - 0.164 X_2 + 0.048 X_3 - 0.051 X_4 - 0.079 X_5 - 0.105 X_6 - 0.012 X_7 - 0.186 X_8 + 0.694 X_9 + 0.419 X_{10}$

$F_4 = 0.131 X_1 + 1.097 X_2 - 0.117 X_3 - 0.138 X_4 - 0.032 X_5 - 0.157 X_6 - 0.139 X_7 + 0.090 X_8 - 0.204 X_9 - 0.008 X_{10}$

由表 5-10 因子协方差矩阵可知，不同因子之间的协方差为 0，4 个因子变量之间是不相关的，说明因子分析模型是有效的。

表 5-10 因子协方差矩阵

因子	1	2	3	4
1	1.000	0.000	0.000	0.000
2	0.000	1.000	0.000	0.000
3	0.000	0.000	1.000	0.000
4	0.000	0.000	0.000	1.000

（2）计算综合得分

进行综合评价时需要计算综合得分，将旋转后各个因子的方差贡献率占 4 个公共因子总方差贡献率的比重作为权数进行加权汇总，就可以得到全国 31 个省（自治区、直辖市）餐饮企业竞争力的综合得分 F，即：

$$F=（36.810×F_1+19.859×F_2+18.407×F_3+12.680×F_4）÷87.756$$

（3）4 个公共因子得分、综合得分及排序（见表 5-11 和图 5-2）

表 5-11 4 个公共因子得分、综合得分及排序

地区	服务环境发展力因子 1		服务规模扩张力因子 2		服务品牌塑造力因子 3		服务质量盈利力因子 4		综合	
	得分	排序	得分	排序	得分	排序	得分	排序	得分	排序
北京	1.4158	4	0.9959	4	1.2598	4	3.2838	1	1.56	1
天津	−0.9491	29	1.0299	3	1.2753	3	0.7706	6	0.21	10
河北	−0.0859	13	−0.9486	29	−0.6990	27	−0.2403	15	−0.43	26
山西	0.1341	12	−0.4479	22	−0.0720	17	−0.6729	25	−0.16	15
内蒙古	−0.5817	19	−0.0283	13	1.2231	5	−0.5704	21	−0.08	14
辽宁	−0.8267	26	1.3395	2	1.5966	2	−0.4627	19	0.22	9
吉林	−0.8720	28	−0.4372	21	0.9513	7	−0.2657	16	−0.3	19
黑龙江	−0.6774	21	−0.2929	18	−0.5007	20	0.0185	11	−0.45	27
上海	0.9102	6	0.4765	8	1.6354	1	1.4552	3	1.04	2
江苏	1.4434	3	−0.3403	19	0.6162	9	−0.2366	14	0.62	5
浙江	1.3002	5	0.8850	5	−0.3918	19	0.3135	7	0.71	4
安徽	0.1998	10	−0.1982	15	−0.5616	24	−0.8058	28	−0.2	16
福建	−0.1162	14	0.6275	7	−0.2486	18	−0.0146	13	0.04	11
江西	−0.4799	18	0.0505	11	−0.7552	28	−0.4861	20	−0.42	24
山东	1.9397	2	−0.7791	25	−0.5800	25	−0.4509	18	0.45	6
河南	0.6497	7	−0.2261	16	−1.4249	29	−0.8684	29	−0.2	17
湖北	0.1985	11	0.2459	9	−0.0574	16	−0.6181	23	0.04	12

地区	服务环境发展力因子1		服务规模扩张力因子2		服务品牌塑造力因子3		服务质量盈利力因子4		综合	
	得分	排序	得分	排序	得分	排序	得分	排序	得分	排序
湖南	−0.1960	16	−0.0997	14	−0.5484	23	0.0080	12	−0.22	18
广东	2.9858	1	−0.6917	24	−0.0121	15	−0.4207	17	1.03	3
广西	−0.6784	22	−0.2861	17	0.0571	14	−0.5969	22	−0.42	25
海南	−0.9998	30	−0.6690	23	0.2791	13	0.8893	5	−0.38	22
重庆	−0.1166	15	4.0643	1	−1.9429	30	−0.6554	24	0.37	7
四川	0.6250	8	0.0662	10	0.6211	8	−1.2291	31	0.23	8
贵州	−0.8411	27	−0.9487	30	−0.5837	26	1.2028	4	−0.52	29
云南	−0.7728	23	0.0148	12	−0.5058	21	0.2637	8	−0.39	23
西藏	−0.7802	24	−0.8418	26	−2.7052	31	2.5177	2	−0.72	31
陕西	0.3416	9	−0.3606	20	0.4445	12	−0.9147	30	0.02	13
甘肃	−0.4317	17	−0.8711	27	−0.5153	22	0.1107	9	−0.47	28
青海	−0.6751	20	−1.0949	31	0.5649	11	−0.7271	27	−0.52	30
宁夏	−0.8079	25	−0.9014	28	0.9885	6	0.1076	10	−0.32	20
新疆	−1.2553	31	0.6675	6	0.5914	10	−0.7047	26	−0.35	21

图5-2 全国31个省（自治区、直辖市）餐饮企业竞争力综合排序

8）基本结论

按照综合因子得分排名，全国31个省（自治区、直辖市）餐饮企业可以分为三大集团军。1～10名为第一集团军，餐饮企业竞争力最强，排名依次是：北京、上海、广东、浙江、江苏、山东、重庆、四川、辽宁和天津；11～20名为第二集团军，餐饮企业竞争力较强，排名依次是：福建、湖北、陕西、内蒙古、山西、安徽、河南、湖南、吉林、宁夏；21～31 名为第三集团军，餐饮企业竞争力一般，排名依次是：新疆、海南、云南、江西、广西、河北、黑龙江、甘肃、贵州、青海和西藏。

　　然而，从对服务环境发展力、服务规模扩张力、服务品牌塑造力和服务质量盈利力 4 个因子的分析来看，有些省（自治区、直辖市）餐饮企业竞争力综合因子得分排名与各公共因子得分排名具有较强的一致性；有些省（自治区、直辖市）餐饮企业竞争力综合因子得分排名与各公共因子得分排名具有明显的不一致性。

　　新疆餐饮企业的综合因子得分排名第 21，在第三集团军 11 个省（自治区、直辖市）中排名第 1，餐饮企业竞争力一般。从服务环境发展力、服务规模扩张力、服务品牌塑造力和服务质量盈利力 4 个因子的得分排名分析来看：服务规模扩张力和服务品牌塑造力排名靠前，服务环境发展力和服务质量盈利力排名靠后。服务规模扩张力因子排名第 6，说明近几年新疆餐饮企业的规模在稳步扩大。服务品牌塑造力因子排名第 10，说明近几年新疆餐饮企业在服务营销中打清真餐饮牌，打地域文化牌，力推特色餐饮品牌发展，取得了明显成效。服务质量盈利力因子得分排名第 26，说明新疆餐饮企业在规模扩张的同时，服务质量不高，企业负担重，盈利能力弱。服务环境发展力因子得分排名第 31，说明新疆餐饮企业在市场营销环境方面既存在发展机遇，也存在发展风险，但从近几年餐饮企业的营销活动来看，社会文化、政治法律、市场需求等环境因素的不确定性风险较大。

5.3 　新疆零售企业竞争力评价分析

　　1）新疆零售企业竞争力评价指标的选取

　　本书选择了人均 GDP、第三产业占 GDP 的比重、零售企业占服务业的比重、资产总额、营业额（商品销售额）、从业人数、主营业务利润率、人均营业利润、百强零售企业数和连锁比率 10 个指标作为评价指标进行定量分析。其中，新疆零售企业服务环境发展力包括人均GDP、第三产业占 GDP 的比重、零售企业占服务业的比重 3 个指标；

新疆零售企业服务规模扩张力包括资产总额、营业额（商品销售额）、从业人数 3 个指标；新疆零售企业服务品牌塑造力包括连锁比率、百强零售企业数 2 个指标；新疆零售企业服务质量盈利力包括主营业务利润率和人均营业利润 2 个指标。本书运用 SPSS17.0 统计软件，采用因子分析法对全国 31 个省（自治区、直辖市）限额以上零售企业 2012 年的截面数据进行了计算和处理，对新疆零售企业竞争力进行了综合评价。

2012 年全国 31 个省（自治区、直辖市）零售企业竞争力评价的原始数据及描述性统计量见表 5-12 和表 5-13。

表 5-12　　　　　　2012 年全国 31 个省（自治区、直辖市）

零售企业竞争力评价的原始数据

指标 地区	X_1 人均 GDP (万元)	X_2 第三产业占GDP的比重(%)	X_3 零售企业占服务业的比重(%)	X_4 资产总额(亿元)	X_5 营业额(亿元)	X_6 从业人数(人)	X_7 连锁比率(%)	X_8 百强零售企业数(家)	X_9 主营业务利润率(%)	X_{10} 人均营业利润(万元/人)
北京	8.05	76.1	48.1	2 982.2	5 950.8	332 939	0.3953	22	0.1138	17.4837
天津	8.34	46.2	31.3	666.0	1 634.5	94 723	0.4221	1	0.0914	13.5764
河北	3.39	34.6	19.9	772.9	1 685.3	191 428	0.6256	3	0.0897	6.8172
山西	3.13	35.2	42.4	694.0	1 678.6	130 032	0.1955	2	0.0836	10.0206
内蒙古	5.79	34.9	28.5	592.8	1 428.7	90 639	0.3952	0	0.0942	14.3205
辽宁	5.07	36.7	35.3	1 310.0	2 876.3	212 499	0.299	3	0.1141	13.3271
吉林	3.84	34.8	31.9	456.2	1 175.1	84 194	0.1241	2	0.1007	11.5685
黑龙江	3.28	36.2	24.8	453.8	1 130.0	89 924	0.2163	0	0.1187	12.5662
上海	8.18	58.0	40.0	2 055.5	4 462.4	286 485	0.8009	11	0.147	20.1407
江苏	6.22	42.4	30.0	2 774.8	6 249.0	437 365	0.8374	8	0.1048	12.9960
浙江	5.92	43.9	37.2	2 316.1	5 271.0	296 461	0.4014	3	0.0829	12.7234
安徽	2.56	32.5	38.0	855.6	1 890.1	180 049	0.7100	4	0.0916	8.4588
福建	4.72	39.2	37.1	996.0	2 548.9	177 865	0.4234	2	0.1026	10.7891
江西	2.61	33.5	19.4	325.8	759.0	78 806	1.1867	0	0.0956	8.2481
山东	4.71	38.3	38.3	2 605.3	6 661.5	496 419	0.3509	11	0.1062	12.6486
河南	2.87	29.7	32.9	946.6	2 627.5	297 313	0.2743	1	0.0912	7.0431
湖北	3.41	36.9	41.3	1 163.6	2 992.2	248 554	0.3976	3	0.1291	13.4216
湖南	2.98	38.3	31.8	933.0	2 399.3	175 452	0.3401	5	0.1111	13.8841

续表

指标\地区	X_1 人均GDP (万元)	X_2 第三产业占GDP的比重 (%)	X_3 零售企业占服务业的比重 (%)	X_4 资产总额 (亿元)	X_5 营业额 (亿元)	X_6 从业人数 (人)	X_7 连锁比率 (%)	X_8 百强零售企业数 (家)	X_9 主营业务利润率 (%)	X_{10} 人均营业利润 (万元/人)
广东	5.07	45.3	29.0	3 154.0	6 988.2	529 545	0.7725	12	0.1243	15.0658
广西	2.52	34.1	20.5	379.6	820.7	84 952	0.8649	1	0.1072	9.2758
海南	2.88	45.5	37.0	143.9	424.7	22 998	0.0087	0	0.1004	16.0449
重庆	3.43	36.2	53.8	695.0	1 950.1	150 871	0.4423	1	0.1024	11.6656
四川	2.61	33.4	43.5	1 316.1	3 048.1	169 713	0.1413	3	0.0979	15.7973
贵州	1.64	48.8	24.3	280.4	675.6	43 527	0.0178	0	0.0991	13.5548
云南	1.92	41.6	33.5	619.3	1 239.6	97 967	0.3571	0	0.1015	12.0857
西藏	2.00	53.2	20.9	21.6	67.5	4 137	0.0281	0	0.1405	22.2383
陕西	3.34	34.8	37.6	642.4	1 639.7	148 514	0.1494	0	0.1253	12.0527
甘肃	1.96	39.1	26.7	220.3	525.3	45 508	0.1670	0	0.0957	10.7893
青海	2.94	32.3	19.7	46.0	106.5	10 354	0.1362	0	0.0895	9.2718
宁夏	3.29	41.0	30.1	126.1	259.2	22 897	0.5822	1	0.1032	9.2589
新疆	2.99	34.0	29.4	297.8	659.1	43 588	0.9152	1	0.1061	13.9029

资料来源　中华人民共和国国家统计局．中国统计年鉴2013 [M]．北京：中国统计出版社，2013.

新疆维吾尔自治区统计局．新疆统计年鉴2013 [M]．北京：中国统计出版社，2013.

佚名．2012年中国零售百强经营分析报告 [EB/OL]．[2013-06-02]．http://www.askci.com/news/201306/02/029415683164.shtml.

表5-13　　　　　　　　　　**描述性统计量**

指标	均值	标准差	统计数量
X_1	3.9245	1.85159	31
X_2	40.216	9.2482	31
X_3	32.716	8.5553	31
X_4	994.926	905.4809	31
X_5	2 316.932	2 016.0991	31
X_6	170 184.45	139 149.242	31
X_7	0.418661	0.2966572	31
X_8	3.23	4.883	31
X_9	0.105206	0.0154931	31
X_{10}	12.614113	3.4676384	31

2）求标准化指标变量的相关系数矩阵（见表 5-14），并进行 KMO 测度检验和 Bartlett's 球形检验（见表 5-15）

表 5-14　　　零售企业竞争力评价指标的相关系数矩阵

	X_1	X_2	X_3	X_4	X_5	X_6	X_7	X_8	X_9	X_{10}
X_1	1.000	0.547	0.327	0.652	0.625	0.510	0.243	0.627	0.176	0.362
X_2	0.547	1.000	0.236	0.447	0.376	0.219	−0.057	0.673	0.429	0.684
X_3	0.327	0.236	1.000	0.412	0.428	0.357	−0.163	0.398	0.075	0.226
X_4	0.652	0.447	0.412	1.000	0.992	0.942	0.271	0.856	0.220	0.286
X_5	0.625	0.376	0.428	0.992	1.000	0.965	0.248	0.817	0.206	0.255
X_6	0.510	0.219	0.357	0.942	0.965	1.000	0.288	0.746	0.197	0.104
X_7	0.243	−0.057	−0.163	0.271	0.248	0.288	1.000	0.244	0.051	−0.220
X_8	0.627	0.673	0.398	0.356	0.817	0.746	0.244	1.000	0.324	0.369
X_9	0.176	0.429	0.075	0.220	0.206	0.197	0.051	0.324	1.000	0.677
X_{10}	0.362	0.684	0.226	0.286	0.255	0.104	−0.220	0.369	0.677	1.000

表 5-15　　　KMO 测度检验和 Bartlett's 球形检验

KMO 测度检验		0.700
Bartlett's 球形检验	近似卡方	351.079
	df	45
	sig.	0.000

表 5-14 给出的是原始变量的相关系数矩阵，可以看出 10 个变量中的许多变量之间存在着高度相关性，能够从中提取公共因子，因此进行因子分析是合适的。表 5-15 中 KMO 测度检验和 Bartlett's 球形检验的结果显示，KMO 值为 0.700，符合大于 0.5 的基本条件，说明所选变量适合进行因子分析。同时，Bartlett's 球形检验统计量的观测值为 351.079，相应的伴随概率 sig. 值为 0.000，小于显著性水平 0.05，因此拒绝 Bartlett's 球形检验零假设，认为相关系数矩阵与单位矩阵有显著差异，即原有变量适合进行因子分析。

3）求相关系数矩阵 R 的特征值、贡献率和累计贡献率（见表 5-16），并提取因子

表 5-16　　　　　**特征值、贡献率和累计贡献率**

因子	初始取值			提取因子后取值			旋转平方和载入		
	特征值	贡献率	累计贡献率	特征值	贡献率	累计贡献率	特征值	贡献率	累计贡献率
1	5.001	50.014	50.014	5.001	50.014	50.014	3.882	38.821	38.821
2	1.890	18.904	68.918	1.890	18.904	68.918	1.872	18.720	57.541
3	1.127	11.274	80.192	1.127	11.274	80.192	1.759	17.590	75.131
4	0.728	7.281	87.473	0.728	7.281	87.473	1.234	12.343	87.473
5	0.562	5.620	93.093						
6	0.380	3.795	96.888						
7	0.206	2.056	98.944						
8	0.085	0.848	99.792						
9	0.018	0.185	99.977						
10	0.002	0.023	100.000						

在表 5-16 中，特征值是对因子的方差贡献的表征，特征值越大，说明对因子的方差贡献越大；贡献率即方差贡献率，是每个因子的特征值占总特征值的百分比；累计贡献率表示累计的百分比；提取因子后取值是指提取公共因子后的特征值、贡献率和累计贡献率；旋转平方和载入是指提取公共因子后旋转得到的特征值、贡献率和累计贡献率。

因子载荷碎石图如图 5-3 所示。

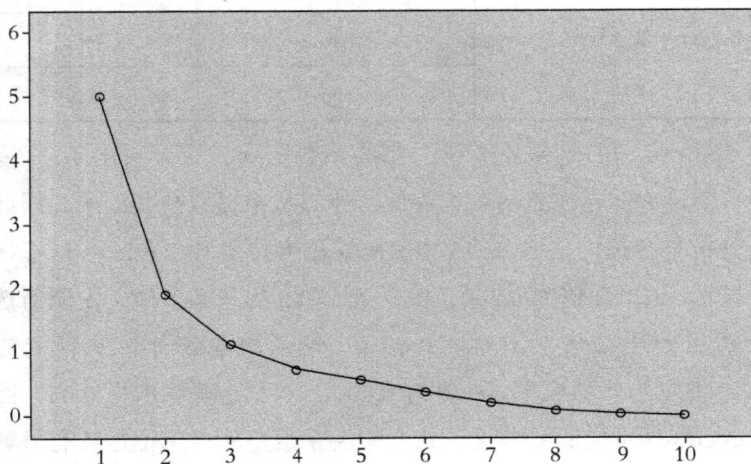

图 5-3　因子载荷碎石图

根据因子分析的原理，公共因子的特征值必须大于 1，所选因子的累计方差贡献率必须大于 85%。从表 5-16 中可以看到，大于 1 的特征值有 3 个，这 3 个特征值的累计方差贡献率为 80.192%，表示采用这 3 个特征值所包含的信息量不足，损失信息较多。因此，综合表 5-16 和图 5-3，我们可以提取 4 个特征值作为公共因子，这时特征值的累计方差贡献率为 87.473%，损失的信息较少，可以进行下一步分析。

4）因子载荷的初步分析

首先，对提取的公共因子进行共同度分析，各变量的共同度即公因子方差，表 5-17 显示了各个变量的共同度。在表 5-17 中，第一列是 10 个原始变量名；第二列是根据因子分析的初步解给出的变量共同度，表示对原始的 10 个变量采用主成分分析法提取所有的特征值（10 个），每个原始变量的方差均可以被因子变量所解释，因此得出的每个原始变量的共同度都是 1；第三列是根据指定提取条件（提取 4 个公共因子）提取特征值时的共同度，这时候因子变量的个数小于原始变量的个数，因此共同度必然小于 1，可以看到，该列第二行中的 0.798 表示 4 个公共因子变量解释了原始变量 X_1 的 79.8%，每个原始变量的共同度都在 70% 以上，说明提取的 4 个公共因子很好地解释了 10 个原始变量。

表 5-17　　　　　　　　　　各个变量的共同度

指标	初始信息量	提取值
X_1	1.000	0.798
X_2	1.000	0.884
X_3	1.000	0.705
X_4	1.000	0.968
X_5	1.000	0.969
X_6	1.000	0.962
X_7	1.000	0.812
X_8	1.000	0.852
X_9	1.000	0.919
X_{10}	1.000	0.879

其次，对初始因子载荷矩阵即原始指标变量与公共因子之间的因子载荷矩阵进行分析，见表 5-18。

表 5-18   初始因子载荷矩阵

指标	因子 1	因子 2	因子 3	因子 4
X_1	0.756	−0.005	0.053	−0.474
X_2	0.651	0.554	0.078	−0.382
X_3	0.489	0.043	−0.679	0.059
X_4	0.944	−0.262	−0.042	0.084
X_5	0.923	−0.298	−0.082	0.145
X_6	0.841	−0.417	−0.042	0.281
X_7	0.232	−0.512	0.698	−0.096
X_8	0.918	−0.032	0.035	−0.085
X_9	0.415	0.604	0.394	0.476
X_{10}	0.498	0.789	0.068	0.063

综合对初始因子载荷矩阵和因子模型的分析可知，各个因子的典型代表变量并不十分突出，各个因子对评价指标的解释作用也不是特别显著，这就需要对初始因子载荷矩阵进行旋转处理，以便进一步分析。

5）对初始因子载荷矩阵进行旋转处理（见表 5-19）

表 5-19   方差最大化旋转后的因子载荷矩阵

指标	因子 1	因子 2	因子 3	因子 4
X_1	0.752	0.477	−0.003	0.075
X_2	0.813	0.154	0.430	−0.117
X_3	0.788	0.163	−0.042	−0.662
X_4	0.303	0.929	0.109	0.023
X_5	0.230	0.953	0.094	−0.006
X_6	0.043	0.976	0.066	0.064
X_7	0.310	0.065	0.837	−0.102
X_8	0.213	0.508	0.740	0.025
X_9	0.150	0.042	0.076	0.943
X_{10}	0.051	0.457	−0.255	0.776

由表 5-19 可以看出，与旋转前相比，旋转后的因子载荷矩阵中载荷值向两极分化，因子的含义更为清晰，公共因子代表的变量差信息更显著。

6）各个公共因子的含义

（1）第一因子解释

第一因子主要由 X_1 人均 GDP、X_2 第三产业占 GDP 的比重、X_3 零售企业占服务业的比重 3 个指标变量来决定，它们作用于第一主因子的载荷值分别为 0.752、0.813 和 0.788，这 3 个指标反映了零售企业服务环境发展的情况，定义为服务环境发展力因子。

（2）第二因子解释

第二因子主要由 X_4 资产总额、X_5 营业额、X_6 从业人数 3 个指标变量来决定，它们作用于第二主因子的载荷值分别为 0.929、0.953 和 0.976，这 3 个指标反映了零售企业服务规模扩张的情况，定义为服务规模扩张力因子。

（3）第三因子解释

第三因子主要由 X_7 连锁比率和 X_8 百强零售企业数 2 个指标变量来决定，它们作用于第三主因子的载荷值分别为 0.837 和 0.740，这 2 个指标反映了零售企业服务品牌塑造的情况，定义为服务品牌塑造力因子。

（4）第四因子解释

第四因子主要由 X_9 主营业务利润率和 X_{10} 人均营业利润 2 个指标变量来决定，它们作用于第四主因子的载荷值分别为 0.943 和 0.776，这 2 个指标反映了零售企业服务质量盈利的情况，定义为服务质量盈利力因子。

7）计算各个公共因子的得分和综合得分，并排序

（1）计算各个公共因子的得分

采用回归法估计因子得分系数，得到因子得分系数矩阵，见表 5-20。

表 5-20　　　　　　　　　　　因子得分系数矩阵

指标	因子1	因子2	因子3	因子4
X_1	−0.073	0.600	−0.268	0.105
X_2	−0.194	0.587	0.013	0.003
X_3	0.172	−0.047	−0.132	−0.574
X_4	0.259	−0.049	−0.002	0.000
X_5	0.294	−0.127	0.012	−0.033
X_6	0.361	−0.304	0.069	0.004
X_7	0.045	0.078	−0.026	0.683
X_8	0.120	0.180	−0.007	0.041
X_9	0.068	−0.360	0.712	0.133
X_{10}	−0.095	0.121	0.399	−0.113

由此得到因子得分函数为：

$$F_1 = -0.073X_1 - 0.194X_2 + 0.172X_3 + 0.259X_4 + 0.294X_5 + 0.361X_6 + 0.045X_7 + 0.120X_8 + 0.068X_9 - 0.095X_{10}$$

$$F_2 = 0.600X_1 + 0.587X_2 - 0.047X_3 - 0.049X_4 - 0.127X_5 - 0.304X_6 + 0.078X_7 + 0.180X_8 - 0.360X_9 + 0.121X_{10}$$

$$F_3 = -0.268X_1 + 0.013X_2 - 0.132X_3 - 0.002X_4 + 0.012X_5 + 0.069X_6 - 0.026X_7 - 0.007X_8 + 0.712X_9 + 0.399X_{10}$$

$$F_4 = 0.105X_1 + 0.003X_2 - 0.574X_3 + 0.000X_4 - 0.033X_5 + 0.004X_6 + 0.683X_7 + 0.041X_8 + 0.133X_9 - 0.113X_{10}$$

由表 5-21 因子协方差矩阵可知，不同因子之间的协方差为 0，4 个因子变量之间是不相关的，说明因子分析模型是有效的。

表 5-21　　　　　　　　　　　因子协方差矩阵

因子	1	2	3	4
1	1.000	0.000	0.000	0.000
2	0.000	1.000	0.000	0.000
3	0.000	0.000	1.000	0.000
4	0.000	0.000	0.000	1.000

（2）计算综合得分

进行综合评价时需要计算综合得分，将旋转后各个因子的方差贡献率占 4 个公共因子总方差贡献率的比重作为权数进行加权汇总，就可以得到全国 31 个省（自治区、直辖市）零售企业竞争力的综合得分 F，即：

$$F=（38.821×F_1+18.720×F_2+17.590×F_3+12.343×F_4）÷87.473$$

（3）4 个公共因子得分、综合得分及排序（见表 5-22 和图 5-4）

表 5-22　　　　　　　**4 个公共因子得分、综合得分及排序**

地区	服务环境发展力因子 1		服务规模扩张力因子 2		服务品牌塑造力因子 3		服务质量盈利力因子 4		综合	
	得分	排序	得分	排序	得分	排序	得分	排序	得分	排序
北京	1.2746	4	3.4948	1	0.2459	11	−0.8195	27	1.25	2
天津	−0.8591	25	2.3168	2	−1.1708	29	0.1962	10	−0.09	11
河北	−0.1019	17	−0.2496	17	−1.1230	28	1.3685	3	−0.13	15
山西	−0.0383	16	−0.1776	14	−1.3348	31	−1.3134	28	−0.51	27
内蒙古	−0.6755	23	0.7312	5	−0.5597	23	0.1679	11	−0.23	20
辽宁	0.3575	11	−0.2327	16	0.3145	8	−0.3416	19	0.12	8
吉林	−0.5082	19	−0.1324	12	−0.3306	19	−0.6295	25	−0.41	26
黑龙江	−0.6350	22	−0.6280	25	0.8016	6	0.1344	13	−0.24	21
上海	0.7466	6	1.6999	3	2.1071	2	0.7887	7	1.23	3
江苏	1.7519	3	0.2784	7	−0.1542	17	1.2462	5	0.98	4
浙江	0.9611	5	0.8313	4	−1.2869	30	−0.4678	21	0.28	6
安徽	0.3638	10	−0.6719	26	−1.0228	26	0.2682	9	−0.15	17
福建	0.1415	13	0.0906	11	−0.5075	21	−0.2154	15	−0.05	10
江西	−0.6156	21	−0.2909	19	−0.6741	24	2.6406	1	−0.1	12
山东	2.2457	2	−0.7249	27	0.0260	14	−0.4752	22	0.78	5
河南	0.6428	8	−1.2941	31	−1.0692	27	−0.3680	20	−0.26	22
湖北	0.6859	7	−1.1881	30	1.1731	4	−0.4863	23	0.22	7
湖南	0.0898	14	−0.4839	22	0.5729	7	−0.1507	14	0.03	9
广东	2.2884	1	−0.4233	21	1.2158	3	1.2242	6	1.34	1
广西	−0.5638	20	−0.5896	24	0.0048	16	1.8945	2	−0.11	13
海南	−1.1408	28	0.4649	6	0.2247	12	−1.4429	30	−0.57	29
重庆	0.3015	12	−0.4936	23	−0.5080	22	−1.3965	29	−0.27	23
四川	0.4427	9	−0.7813	28	0.0724	13	−1.6198	31	−0.18	18

续表

地区	服务环境发展力因子1		服务规模扩张力因子2		服务品牌塑造力因子3		服务质量盈利力因子4		综合	
	得分	排序	得分	排序	得分	排序	得分	排序	得分	排序
贵州	-1.2237	30	0.2207	9	0.2697	9	-0.5729	24	-0.52	28
云南	-0.4761	18	-0.3871	20	0.0175	15	-0.3343	18	-0.34	24
西藏	-1.7201	31	0.1175	10	3.1546	1	-0.2164	16	-0.13	16
陕西	-0.0374	15	-1.1270	29	0.8751	5	-0.8088	26	-0.2	19
甘肃	-0.9345	27	-0.2748	18	-0.3150	18	-0.3122	17	-0.58	30
青海	-1.1632	29	-0.1551	13	-0.8347	25	0.1417	12	-0.7	31
宁夏	-0.9209	26	0.2479	8	-0.4392	20	0.6188	8	-0.36	25
新疆	-0.6798	24	-0.1879	15	0.2548	10	1.2815	4	-0.11	14

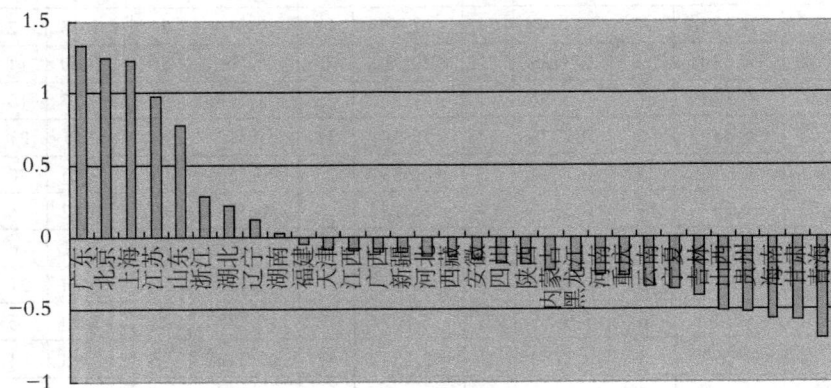

图 5-4　全国 31 个省（自治区、直辖市）零售企业竞争力综合排序

8）基本结论

按照综合因子得分排名，全国 31 个省（自治区、直辖市）零售企业可以分为三大集团军。1~10 名为第一集团军，零售企业竞争力最强，排名依次是：广东、北京、上海、江苏、山东、浙江、湖北、辽宁、湖南、福建；11~20 名为第二集团军，零售企业竞争力较强，排名依次是：天津、江西、广西、新疆、河北、西藏、安徽、四川、陕西、内蒙古；21~31 名为第三集团军，零售企业竞争力一般，排名依次是：黑龙江、河南、重庆、云南、宁夏、吉林、山西、贵州、海南、甘肃、青海。

然而，从对服务环境发展力、服务规模扩张力、服务品牌塑造力和服务质量盈利力4个因子的分析来看，有些省（自治区、直辖市）零售企业竞争力综合因子得分排名与各公共因子得分排名具有较强的一致性；有些省（自治区、直辖市）零售企业竞争力综合因子得分排名与各公共因子得分排名具有明显的不一致性。

新疆零售企业的综合因子得分排名第14，在第二集团军10个省（自治区、直辖市）中排名第4，零售企业竞争力较强。从服务环境发展力、服务规模扩张力、服务品牌塑造力和服务质量盈利力4个因子的得分排名分析来看：新疆零售企业的服务质量盈利力排名第4，服务品牌塑造力排名第10，在全国31个省（自治区、直辖市）中处于上游水平，说明近几年新疆本地零售企业发展迅猛，零售企业的业态不断创新，社会效益和经济效益明显提升。服务规模扩张力排名第15，处于中游水平，主要是近几年新疆零售企业采取连锁经营模式的比例上升，连锁零售企业遍布广大城乡地区。服务环境发展力排名第24，处于下游水平，说明新疆零售企业在市场营销环境方面既存在发展机遇，也存在发展风险，但从近几年零售企业的营销活动来看，社会文化、政治法律、市场需求等环境因素的不确定性风险较大。

5.4 新疆旅游企业竞争力评价分析

1）新疆旅游企业竞争力指标的选取

本书选择人均GDP、第三产业占GDP的比重、旅游收入占服务业的比重作为服务环境发展力指标，选择旅游人数、百强旅行社数作为服务规模扩张力指标，选择5A级旅游景点数、百强旅游城市数作为服务品牌塑造力指标，选择旅游业务毛利率和旅游企业平均实现利润额作为服务质量盈利力指标。9个二级指标在评价中便于进行定量分析，也能够反映出旅游企业竞争力的状况。本书运用SPSS17.0统计软件，采用因子分析法对全国31个省（自治区、直辖市）限额以上旅游企业2012年的截面数据进行了计算和处理，对新疆旅游企业竞争力进行了综合评价。

2012年全国31个省（自治区、直辖市）旅游企业竞争力评价的原始数据及描述性统计量见表 5-23 和表 5-24。

表 5-23　　　　　　2012 年全国 31 个省（自治区、直辖市）

旅游企业竞争力评价的原始数据

指标\地区	X_1 人均 GDP（万元）	X_2 第三产业占 GDP 的比重（%）	X_3 旅游收入占服务业的比重（%）	X_4 旅游人数（百万人次）	X_5 百强旅行社数（家）	X_6 5A 级旅游景点数（个）	X_7 百强旅游城市数（个）	X_8 旅游业务毛利率（%）	X_9 旅游企业平均实现利润额（万元/家）
北京	8.05	76.1	43.8	520.40	13	7	1	0.0474	209.78
天津	8.34	46.2	33.6	73.06	1	2	1	0.0581	36.88
河北	3.39	34.6	5.3	114.14	1	5	5	0.0553	12.44
山西	3.13	35.2	14.3	155.32	0	3	2	0.0509	14.27
内蒙古	5.79	34.9	13.4	151.52	0	2	1	0.0652	13.07
辽宁	5.07	36.7	33.3	405.33	4	3	5	0.0453	20.58
吉林	3.84	34.8	10.5	99.32	0	3	2	0.1385	25.95
黑龙江	3.28	36.2	20.2	206.52	1	3	2	0.0573	20.84
上海	8.18	58.0	51.6	668.61	12	3	1	0.0491	168.92
江苏	6.22	42.4	27.1	737.33	7	15	8	0.0600	61.18
浙江	5.92	43.9	32.0	773.69	5	10	8	0.0540	67.78
安徽	2.56	32.5	23.7	262.87	2	6	4	0.0571	27.35
福建	4.72	39.2	52.8	427.42	6	6	2	0.0454	48.02
江西	2.61	33.5	10.6	135.83	2	5	6	0.0332	8.69
山东	4.71	38.3	14.7	424.23	10	7	10	0.0629	36.33
河南	2.87	29.7	6.9	168.29	1	9	5	0.1056	51.52
湖北	3.41	36.9	13.0	213.52	2	7	5	0.0750	47.71
湖南	2.98	38.3	13.5	227.63	2	5	5	0.0360	49.36
广东	5.07	45.3	57.7	3 331.63	19	6	9	0.0570	160.00
广西	2.52	34.1	26.3	302.79	0	3	2	0.0725	57.08
海南	2.88	45.5	32.7	81.43	1	4	0	0.0477	45.74
重庆	3.43	36.2	26.7	186.40	3	5	1	0.0323	47.03
四川	2.61	33.4	8.5	163.97	2	5	2	0.0257	12.25
贵州	1.64	48.8	4.9	58.51	0	2	1	0.0373	15.97
云南	1.92	41.6	43.5	395.38	1	6	1	0.0348	44.50
西藏	2.00	53.2	40.2	27.08	0	1	0	0.0749	26.35
陕西	3.34	34.8	29.7	270.41	1	5	6	0.0386	22.74
甘肃	1.96	39.1	0.9	9.11	0	3	1	0.1371	51.75
青海	2.94	32.3	4.9	5.17	0	2	0	0.0664	11.40
宁夏	3.29	41.0	0.7	1.95	0	3	0	0.0289	17.27
新疆	2.99	34.0	20.7	56.37	0	5	0	0.0443	17.80

资料来源　中华人民共和国国家统计局.中国统计年鉴 2013 [M].北京：中国统计出版社，2013.

新疆维吾尔自治区统计局.新疆统计年鉴 2013 [M].北京：中国统计出版社，2013.

中华人民共和国国家旅游局.中国旅游年鉴 2013（上册）[M].北京：中国旅游出版社，2013.

中华人民共和国国家旅游局.中国旅游年鉴 2013（下册）[M].北京：中国旅游出版社，2013.

表 5-24 描述性统计量

指标	均值	标准差	统计数量
X_1	3.9245	1.85159	31
X_2	40.216	9.2482	31
X_3	23.152	16.0335	31
X_4	343.7171	593.08550	31
X_5	3.23	4.681	31
X_6	4.94	2.886	31
X_7	3.13	3.019	31
X_8	0.057865	0.0269640	31
X_9	46.7942	47.76310	31

2）求标准化指标变量的相关系数矩阵（见表 5-25），并进行 KMO 测度检验和 Bartlett's 球形检验（见表 5-26）

表 5-25 旅游企业竞争力评价指标的相关系数矩阵

	X_1	X_2	X_3	X_4	X_5	X_6	X_7	X_8	X_9
X_1	1.000	0.547	0.496	0.315	0.585	0.239	0.162	−0.074	0.609
X_2	0.547	1.000	0.539	0.222	0.522	0.024	−0.185	−0.142	0.759
X_3	0.496	0.539	1.000	0.567	0.596	0.188	0.069	−0.255	0.631
X_4	0.315	0.222	0.567	1.000	0.794	0.414	0.509	−0.072	0.601
X_5	0.585	0.522	0.596	0.794	1.000	0.455	0.512	−0.170	0.818
X_6	0.239	0.024	0.188	0.414	0.455	1.000	0.670	−0.043	0.315
X_7	0.162	−0.185	0.069	0.509	0.512	0.670	1.000	−0.056	0.114
X_8	−0.074	−0.142	−0.255	−0.072	−0.170	−0.043	−0.056	1.000	0.007
X_9	0.609	0.759	0.631	0.601	0.818	0.315	0.114	0.007	1.000

表 5-26 KMO 测度检验和 Bartlett's 球形检验

KMO 测度检验		0.690
Bartlett's 球形检验	近似卡方	173.497
	df	36
	sig.	0.000

表 5-25 给出的是原始变量的相关系数矩阵，可以看出 9 个变量中的许多变量之间存在着高度相关性，能够从中提取公共因子，因此进行因子分析是合适的。表 5-26 中 KMO 测度检验和 Bartlett's 球形检验的

结果显示，KMO 值为 0.690，符合大于 0.5 的基本条件，说明所选变量适合进行因子分析。同时，Bartlett's 球形检验统计量的观测值为 173.497，相应的伴随概率 sig. 值为 0.000，小于显著性水平 0.05，因此拒绝 Bartlett's 球形检验零假设，认为相关系数矩阵与单位矩阵有显著差异，即原有变量适合进行因子分析。

3）求相关系数矩阵 R 的特征值、贡献率和累计贡献率（见表 5-27），并提取因子

表 5-27　　　　　　　特征值、贡献率及累计贡献率

因子	初始取值			提取因子后取值			旋转平方和载入		
	特征值	贡献率	累计贡献率	特征值	贡献率	累计贡献率	特征值	贡献率	累计贡献率
1	4.220	46.890	46.890	4.220	46.890	46.890	2.517	27.968	27.968
2	1.808	20.088	66.978	1.808	20.088	66.978	2.167	24.073	52.041
3	1.036	11.516	78.494	1.036	11.516	78.494	1.996	22.179	74.220
4	0.684	7.594	86.088	0.684	7.594	86.088	1.068	11.868	86.088
5	0.460	5.116	91.204						
6	0.409	4.539	95.743						
7	0.214	2.374	98.117						
8	0.118	1.311	99.428						
9	0.051	0.572	100.000						

在表 5-27 中，特征值是对因子的方差贡献的表征，特征值越大，说明对因子的方差贡献越大；贡献率即方差贡献率，是每个因子的特征值占总特征值的百分比；累计贡献率表示累计的百分比；提取因子后取值是指提取公共因子后的特征值、贡献率和累计贡献率；旋转平方和载入是指提取公共因子后旋转得到的特征值、贡献率和累计贡献率。

因子载荷碎石图如图 5-5 所示。

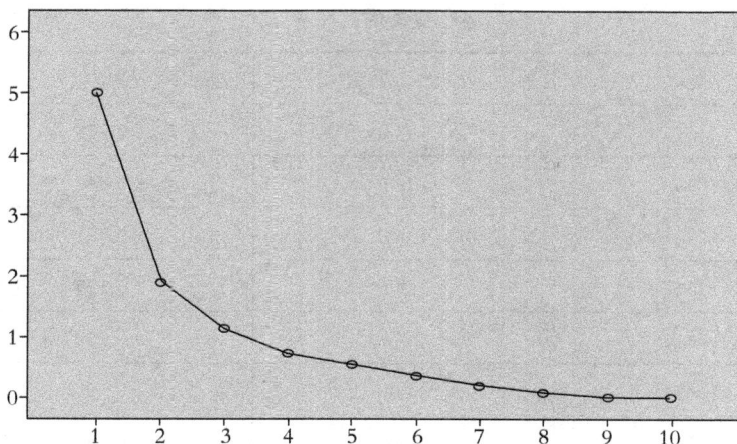

图 5-5　因子载荷碎石图

根据因子分析的原理，公共因子的特征值必须大于 1，所选因子的累计方差贡献率必须大于 85%。从表 5-27 中可以看到，大于 1 的特征值有 3 个，这 3 个特征值的累计方差贡献率为 78.494%，表示采用 3 个特征值所包含的信息量不足，损失信息较多。因此，综合表 5-27 和图 5-5，我们可以提取 4 个特征值作为公共因子，这时特征值的累计方差贡献率为 86.088%，损失的信息较少，可以进行下一步分析。

4）因子载荷的初步分析

首先，对提取的公共因子进行共同度分析，各变量的共同度即公因子方差，表 5-28 显示了各个变量的共同度。在表 5-28 中，第一列是 9 个原始变量名；第二列是根据因子分析的初步解给出的变量共同度，表示对原始的 9 个变量采用主成分分析法提取所有的特征值（9 个），每个原始变量的方差均可以被因子变量所解释，因此得出的每个原始变量的共同度都是 1；第三列是根据指定提取条件（提取 4 个公共因子）提取特征值时的共同度，这时候因子变量的个数小于原始变量的个数，因此共同度必然小于 1，可以看到，该列第二行中的 0.776 表示 4 个公共因子变量解释了原始变量 X_1 的 77.6%，每个原始变量的共同度都在 75% 以上，说明提取的 4 个公共因子很好地解释了 9 个原始变量。

表 5-28 各个变量的共同度

指标	初始信息量	提取值
X_1	1.000	0.776
X_2	1.000	0.840
X_3	1.000	0.751
X_4	1.000	0.927
X_5	1.000	0.900
X_6	1.000	0.793
X_7	1.000	0.881
X_8	1.000	0.981
X_9	1.000	0.900

其次，对初始因子载荷矩阵即原始指标变量与公共因子之间的因子载荷矩阵进行分析，见表 5-29。

表 5-29 初始因子载荷矩阵

指标	因子 1	因子 2	因子 3	因子 4
X_1	0.703	−0.240	0.114	0.460
X_2	0.646	−0.623	0.052	0.175
X_3	0.753	−0.276	−0.197	−0.262
X_4	0.779	0.302	0.010	−0.478
X_5	0.938	0.118	0.005	−0.083
X_6	0.511	0.646	0.036	0.337
X_7	0.428	0.828	−0.038	0.102
X_8	−0.184	0.073	0.964	−0.114
X_9	0.881	−0.269	0.224	−0.029

综合对初始因子载荷矩阵和因子模型的分析可知，各个因子的典型代表变量并不十分突出，各个因子对评价指标的解释作用也不是特别显著，这就需要对初始因子载荷矩阵进行旋转处理，以便进一步分析。

5）对初始因子载荷矩阵进行旋转处理（见表 5-30）

表 5-30   **方差最大化旋转后的因子载荷矩阵**

指标	因子 1	因子 2	因子 3	因子 4
X_1	0 842	0.089	0.241	−0.039
X_2	0 850	0.252	−0.213	−0.089
X_3	0 681	0.468	−0.049	−0.258
X_4	0.107	0.882	0.371	0.018
X_5	0.509	0.675	0.425	−0.070
X_6	0.172	0.105	0.867	−0.008
X_7	−0.113	0.242	0.899	−0.026
X_8	−0.044	−0.066	−0.032	0.987
X_9	0.113	0.570	0.102	0.743

由表 5-30 可以看出，与旋转前相比，旋转后的因子载荷矩阵中载荷值向两极分化，因子的含义更为清晰，公共因子代表的变量差信息更显著。

6）各个公共因子的含义

（1）第一因子解释

第一因子主要曰 X_1 人均 GDP、X_2 第三产业占 GDP 的比重和 X_3 旅游收入占服务业的比重 3 个指标变量来决定，它们作用于第一主因子的载荷值分别为 0.842、0.850 和 0.681，这 3 个指标反映了旅游企业服务环境发展的情况，定义为服务环境发展力因子。

（2）第二因子解释

第二因子主要由 X_4 旅游人数和 X_5 百强旅行社数 2 个指标变量来决定，它们作用于第二主因子的载荷值分别为 0.882 和 0.675，这 2 个指标反映了旅游企业服务规模扩张的情况，定义为服务规模扩张力因子。

（3）第三因子解释

第三因子主要由 X_6 5A 级旅游景点数和 X_7 百强旅游城市数 2 个指标变量来决定，它们作用于第三主因子的载荷值分别为 0.867 和 0.899，这 2 个指标反映了旅游企业服务品牌塑造的情况，定义为服务品牌塑造力因子。

（4）第四因子解释

第四因子主要由 X_8 旅游业务毛利率和 X_9 旅游企业平均实现利润额 2 个指标变量来决定，它们作用于第四主因子的载荷值分别为 0.987 和 0.743，这 2 个指标反映了旅游企业服务质量盈利的情况，定义为服务质量盈利力因子。

7）计算各个公共因子的得分和综合得分，并排序

（1）计算各个公共因子的得分

采用回归法估计因子得分系数，得到因子得分系数矩阵，见表 5-31。

表 5-31   因子得分系数矩阵

指标	因子 1	因子 2	因子 3	因子 4
X_1	0.543	−0.414	0.208	−0.008
X_2	0.422	−0.115	−0.135	−0.029
X_3	−0.033	0.407	−0.210	−0.167
X_4	−0.324	0.658	−0.053	0.096
X_5	0.050	0.239	0.094	0.003
X_6	0.149	−0.280	0.534	−0.014
X_7	−0.106	−0.023	0.481	−0.028
X_8	0.032	0.064	−0.027	0.943
X_9	0.232	0.151	−0.058	0.185

由此得到因子得分函数为：

$F_1 = 0.543 X_1 + 0.422 X_2 - 0.033 X_3 - 0.324 X_4 + 0.050 X_5 + 0.149 X_6 - 0.106 X_7 + 0.032 X_8 + 0.232 X_9$

$F_2 = -0.414 X_1 - 0.115 X_2 + 0.407 X_3 + 0.658 X_4 + 0.239 X_5 - 0.280 X_6 - 0.023 X_7 + 0.064 X_8 + 0.151 X_9$

$F_3 = 0.208 X_1 - 0.135 X_2 - 0.210 X_3 - 0.053 X_4 + 0.094 X_5 + 0.534 X_6 + 0.481 X_7 - 0.027 X_8 - 0.058 X_9$

$F_4 = -0.008 X_1 - 0.029 X_2 - 0.167 X_3 + 0.096 X_4 + 0.003 X_5 - 0.014 X_6 - 0.028 X_7 + 0.943 X_8 + 0.185 X_9$

由表 5-32 因子协方差矩阵可知，不同因子之间的协方差为 0，4 个因子变量之间是不相关的，说明因子分析的模型是有效的。

表 5-32   **因子协方差矩阵**

因子	1	2	3	4
1	1.000	0.000	0.000	0.000
2	0.000	1.000	0.000	0.000
3	0.000	0.000	1.000	0.000
4	0.000	0.000	0.000	1.000

（2）计算综合得分

进行综合评价时需要计算综合得分，将旋转后各个因子的方差贡献率占 4 个公共因子总方差贡献率的比重作为权数进行加权汇总，就可以得到各个地区旅游企业竞争力的综合得分 F，即：

$$F=（27.968×F_1+24.073×F_2+22.179×F_3+11.868×F_4）÷86.088$$

（3）4 个公共因子得分、综合得分及排序（见表 5-33 和图 5-6）

表 5-33   **4 个公共因子得分、综合得分及排序**

地区	服务环境发展力因子 1		服务规模扩张力因子 2		服务品牌塑造力因子 3		服务质量盈利力因子 4		综合	
	得分	排序	得分	排序	得分	排序	得分	排序	得分	排序
北京	3.7733	1	0.1591	8	−0.294	15	−0.0323	12	1.19	2
天津	1.5462	3	−0.9410	31	−0.620	23	−0.1878	18	0.05	11
河北	−0.5065	23	−0.7681	28	0.585	9	−0.0741	13	−0.24	18
山西	−0.6016	25	−0.2817	18	−0.440	18	−0.2715	19	−0.42	26
内蒙古	0.1637	7	−0.7655	27	−0.482	20	0.2366	9	−0.25	19
辽宁	−0.1792	13	0.2130	7	0.041	13	−0.6387	22	−0.08	14
吉林	−0.2123	15	−0.3490	19	−0.402	17	2.8673	2	0.13	8
黑龙江	−0.5021	22	−0.0340	14	−0.514	21	−0.0782	14	−0.32	24
上海	2.4740	2	0.9283	2	−0.844	27	−0.1145	16	0.83	4
江苏	1.0119	4	−0.7740	29	2.834	1	0.0445	11	0.85	3
浙江	0.7073	5	−0.1713	15	1.743	3	−0.1655	17	0.61	5
安徽	−0.7935	30	0.0892	9	0.295	11	−0.1055	15	−0.17	15
福建	0.1947	6	0.7014	4	−0.207	14	−0.7193	25	0.11	9
江西	−0.8775	31	−0.4424	23	0.649	8	−0.9155	28	−0.37	25
山东	0.0087	9	−0.2058	16	1.839	2	0.1694	10	0.44	6
河南	−0.4591	19	−0.6347	26	1.215	4	1.8272	3	0.24	7
湖北	−0.1572	12	−0.4796	25	0.772	7	0.6716	4	0.11	10
湖南	−0.3874	18	−0.0260	13	0.781	6	−0.6974	24	−0.03	13
广东	−0.4670	20	4.6943	1	1.019	5	0.4541	6	1.49	1
广西	−0.7027	28	0.5237	6	−0.736	25	0.5551	5	−0.19	16

续表

地区	服务环境发展力因子1		服务规模扩张力因子2		服务品牌塑造力因子3		服务质量盈利力因子4		综合	
	得分	排序	得分	排序	得分	排序	得分	排序	得分	排序
海南	0.0683	8	0.0422	10	−1.020	30	−0.4817	20	−0.30	22
重庆	−0.2033	14	0.0145	12	−0.335	16	−0.9218	29	−0.28	20
四川	−0.7441	29	−0.4388	22	0.042	12	−1.0996	31	−0.51	29
贵州	−0.3700	17	−0.3851	21	−1.006	29	−0.6797	23	−0.58	30
云南	−0.5278	24	0.7428	3	−0.676	24	−1.0016	30	−0.28	21
西藏	−0.0415	10	0.5679	5	−1.884	31	0.3025	8	−0.30	23
陕西	−0.6532	26	0.0186	11	0.407	10	−0.8571	26	−0.22	17
甘肃	−0.3043	16	−0.2314	17	−0.890	28	3.0173	1	0.02	12
青海	−0.6651	27	−0.4684	24	−0.798	26	0.3667	7	−0.50	28
宁夏	−0.1190	11	−0.9322	30	−0.615	22	−0.9126	29	−0.58	31
新疆	−0.4737	21	−0.3660	20	−0.458	19	−0.5579	21	−0.45	27

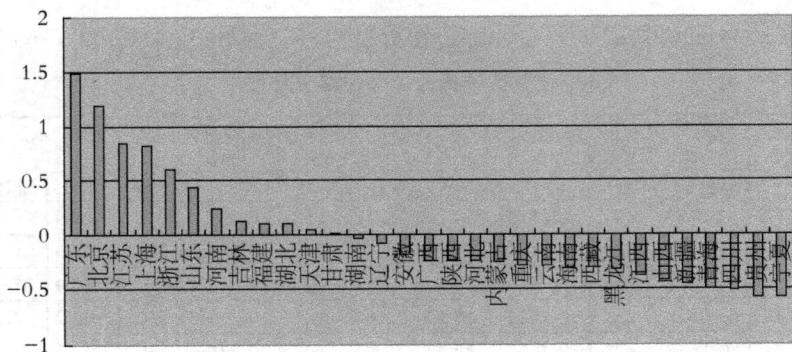

图 5-6　全国 31 个省（自治区、直辖市）旅游企业竞争力综合排序

8）基本结论

按照综合因子得分排名，全国 31 个省（自治区、直辖市）旅游企业可以分为三大集团军。1～10 名为第一集团军，旅游企业竞争力最强，排名依次是：广东、北京、江苏、上海、浙江、山东、河南、吉林、福建、湖北；11～20 名为第二集团军，旅游企业竞争力较强，排名依次是：天津、甘肃、湖南、辽宁、安徽、广西、陕西、河北、内蒙古、重庆；21～31 名为第三集团军，旅游企业竞争力一般，排名依次是：云南、海南、西藏、黑龙江、江西、山西、新疆、青海、四川、贵州、宁夏。

然而，从对服务环境发展力、服务规模扩张力、服务品牌塑造力和服务质量盈利力 4 个因子的分析来看，有些省（自治区、直辖市）旅游企业竞争力综合因子得分排名与各公共因子得分排名具有较强的一致性；有些省（自治区、直辖市）旅游企业综合因子得分排名与各公共因子得分排名具有明显的不一致性。

新疆旅游企业的综合因子得分排名第 27，属于第三集团军，旅游企业竞争力一般。从服务环境发展力、服务规模扩张力、服务品牌塑造力和服务质量盈利力 4 个因子的得分排名分析来看：新疆旅游企业的服务环境发展力排名第 21，服务规模扩张力排名第 20，服务品牌塑造力排名 19，服务质量盈利力排名第 21，表明新疆旅游企业无论是单项竞争力还是综合竞争力都是比较弱的。新疆旅游资源有其独特的优势和吸引力，但新疆旅游企业长期受交通运输、气候等因素的影响，再加上新疆各类旅游企业自身营销管理薄弱、旅游产品深度开发不够、旅游服务质量不高、游客满意度低，最终导致新疆旅游企业竞争力处于较低水平。

5.5 新疆物流企业竞争力评价分析

1）新疆物流企业竞争力评价指标的选取

本书选择了人均 GDP、第三产业占 GDP 的比重、客运量、货运量、从业人数、5A 级物流企业数、百强物流企业数、旅客周转量和货物周转量 9 个指标作为评价指标进行定量分析。其中，新疆物流企业服务环境发展力包括人均 GDP、第三产业占 GDP 的比重 2 个指标；新疆物流企业服务规模扩张力包括客运量、货运量、从业人数 3 个指标；新疆物流企业服务品牌塑造力包括 5A 级物流企业数、百强物流企业数 2 个指标；新疆物流企业服务质量盈利力包括旅客周转量、货物周转量 2 个指标。本书运用 SPSS17.0 统计软件，采用因子分析法对全国 31 个省（自治区、直辖市）限额以上物流企业 2012 年的截面数据进行了计算和处理，对新疆物流企业竞争力进行了综合评价。

2012 年全国 31 个省（自治区、直辖市）物流企业竞争力评价的原始数据及描述性统计量见表 5-34 和表 5-35。

表 5-34　　　　2012 年全国 31 个省（自治区、直辖市）
物流企业竞争力评价的原始数据

指标 / 地区	X₁ 人均GDP（万元）	X₂ 第三产业占GDP的比重（%）	X₃ 客运量（万人）	X₄ 货运量（万吨）	X₅ 从业人数（人）	X₆ 5A级物流企业数（家）	X₇ 百强物流企业数（家）	X₈ 旅客周转量（亿人公里）	X₉ 货物周转量（亿吨公里）
北京	8.05	76.1	139 718	24 663	170 653	9	21	412.33	999.60
天津	8.34	46.2	24 934	43 601	58 099	3	4	285.10	10 337.29
河北	3.39	34.6	99 458	189 799	173 330	5	2	1 306.58	9 630.43
山西	3.13	35.2	39 208	134 436	162 982	0	0	415.81	3 062.51
内蒙古	5.79	34.9	26 014	168 320	125 066	5	0	410.45	5 422.33
辽宁	5.07	36.7	98 606	184 982	221 416	2	5	955.80	10 404.55
吉林	3.84	34.8	68 190	47 451	91 153	1	0	515.76	1 452.57
黑龙江	3.28	36.2	50 481	63 216	186 584	2	1	541.60	1 968.24
上海	8.18	58.0	10 033	92 962	123 568	12	12	170.87	20 309.56
江苏	6.22	42.4	246 855	202 528	199 969	1	3	1 709.70	6 957.99
浙江	5.92	43.9	230 769	186 376	157 715	2	2	1 296.25	8 634.91
安徽	2.56	32.5	185 575	268 413	110 076	1	2	1 627.16	8 446.36
福建	4.72	39.2	79 549	75 191	94 331	3	8	534.85	3 396.78
江西	2.61	33.5	78 930	111 851	103 601	0	0	941.38	2 985.10
山东	4.71	38.3	251 187	318 407	232 501	9	9	1 740.41	12 684.26
河南	2.87	29.7	193 285	241 017	204 428	2	3	1 989.06	8 530.79
湖北	3.41	36.9	112 422	106 913	172 124	4	1	1 236.19	3 798.84
湖南	2.98	38.3	171 371	168 516	147 547	3	2	1 565.38	3 369.97
广东	5.07	45.3	510 653	224 394	309 083	7	19	2 600.23	6 904.99
广西	2.52	34.1	83 100	136 132	130 005	0	1	973.00	3 478.23
海南	2.88	45.5	46 224	25 115	22 676	0	0	170.92	1 368.48
重庆	3.43	36.2	140 398	96 771	99 919	4	2	536.00	2 528.71
四川	2.61	33.4	258 845	155 310	135 099	0	1	1 198.35	2 016.17
贵州	1.64	48.8	72 428	44 890	57 126	0	0	552.91	1 060.69
云南	1.92	41.6	44 963	60 170	84 198	0	0	521.99	1 024.40
西藏	2.00	53.2	3 769	1 028	2 423	0	0	32.89	40.02
陕西	3.34	34.8	107 032	120 908	148 554	0	0	868.80	2 824.67
甘肃	1.96	39.1	60 902	35 269	72 271	1	2	629.48	2 037.18
青海	2.94	32.3	11 870	125 856	24 956	0	0	105.44	486.38
宁夏	3.29	41.0	15 104	36 864	22 342	0	0	113.86	933.03
新疆	2.99	34.0	35 130	53 252	68 091	1	0	488.53	1 475.22

资料来源　中华人民共和国国家统计局.中国统计年鉴 2013［M］.北京：中国统计出版社，2013.

新疆维吾尔自治区统计局.新疆统计年鉴 2013［M］.北京：中国统计出版社，2013.

中国物流与采购联合会.中国物流年鉴 2013（上册）［M］.北京：中国物资出版社，2013.

中国物流与采购联合会.中国物流年鉴 2013（下册）［M］.北京：中国物资出版社，2013.

表 5-35   描述性统计量

指标	均值	标准差	统计数量
X_1	3.9245	1.85159	31
X_2	40.216	9.2482	31
X_3	112 806.55	106 302.278	31
X_4	120 793.58	79 900.063	31
X_5	126 189.87	69 992.341	31
X_6	2.48	3.129	31
X_7	3.23	5.340	31
X_8	853.1316	634.55562	31
X_9	4 792.5887	4 538.65092	31

2）求标准化指标变量的相关系数矩阵（见表 5-36），并进行 KMO 测度检验和 Bartlett's 球形检验（见表 5-37）

表 5-36   物流企业竞争力评价指标的相关系数矩阵

	X_1	X_2	X_3	X_4	X_5	X_6	X_7	X_8	X_9
X_1	1.000	0.547	0.133	0.080	0.311	0.688	0.639	−0.011	0.597
X_2	0.547	1.000	−0.019	−0.411	−0.060	0.499	0.652	−0.273	0.089
X_3	0.133	−0.019	1.000	0.656	0.735	0.274	0.503	0.881	0.227
X_4	0.080	−0.411	0.656	1.000	0.699	0.253	0.161	0.813	0.546
X_5	0.311	−0.060	0.735	0.699	1.000	0.475	0.523	0.782	0.454
X_6	0.688	0.499	0.274	0.253	0.475	1.000	0.781	0.190	0.651
X_7	0.639	0.652	0.503	0.161	0.523	0.781	1.000	0.291	0.383
X_8	−0.011	−0.273	0.881	0.813	0.782	0.190	0.291	1.000	0.341
X_9	0.597	0.089	0.227	0.546	0.454	0.651	0.383	0.341	1.000

表 5-37   KMO 测度检验和 Bartlett's 球形检验

KMO 测度检验		0.748
Bartlett's 球形检验	近似卡方	242.498
	df	36
	sig.	0.000

表 5-36 给出的是原始变量的相关系数矩阵，可以看出 9 个变量中的许多变量之间存在着较高的相关性，能够从中提取公共因子，因此进行因子分析是合适的。表 5-37 中 KMO 测度检验和 Bartlett's 球形检验的结果显示，KMO 值为 0.748，符合大于 0.5 的基本条件，说明所选变量适合进行因子分析。同时，Bartlett's 球形检验统计量的观测值为 242.498，相应的伴随概率 sig. 值为 0.000，小于显著性水平 0.05，因此拒绝 Bartlett's 球形检验零假设，认为相关系数矩阵与单位矩阵有显著差异，即原有变量适合进行因子分析。

3）求相关系数矩阵 R 的特征值、贡献率和累计贡献率（见表 5-38），并提取因子

表 5-38　　　　　　　　**特征值、贡献率及累计贡献率**

因子	初始取值			提取因子后取值			旋转平方和载入		
	特征值	贡献率	累计贡献率	特征值	贡献率	累计贡献率	特征值	贡献率	累计贡献率
1	4.339	48.212	48.212	4.339	48.212	48.212	3.387	37.633	37.633
2	2.625	29.167	77.379	2.625	29.167	77.379	2.495	27.718	65.351
3	1.016	11.284	88.663	1.016	11.284	88.663	1.872	20.801	86.152
4	0.309	3.437	92.100	0.309	3.437	92.100	0.535	5.948	92.100
5	0.278	3.093	95.193						
6	0.167	1.855	97.048						
7	0.122	1.351	98.399						
8	0.095	1.053	99.452						
9	0.049	0.548	100.000						

在表 5-38 中，特征值是对因子的方差贡献的表征，特征值越大，说明对因子的方差贡献越大；贡献率即方差贡献率，是每个因子的特征值占总特征值的百分比；累计贡献率表示累计的百分比；提取因子后取值是指提取公共因子后的特征值、贡献率和累计贡献率；旋转平方和载入是指提取公共因子后旋转得到的特征值、贡献率和累计贡献率。

因子载荷碎石图如图 5-7 所示。

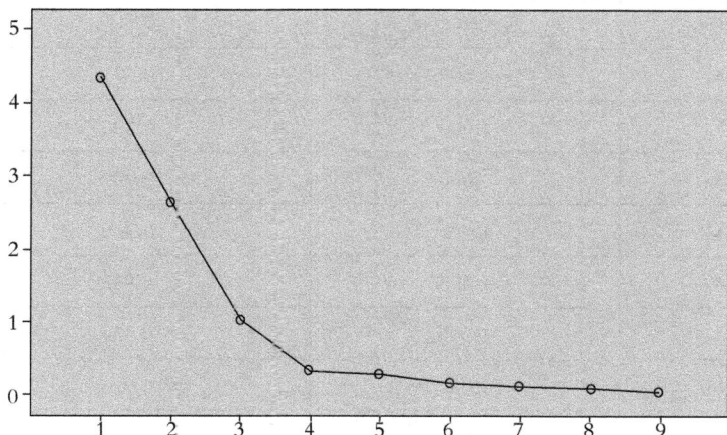

图 5-7　因子载荷碎石图

根据因子分析的原理，公共因子的特征值必须大于 1，所选因子的累计方差贡献率必须大于 85%。从表 5-38 中可以看到，大于 1 的特征值有 3 个，这 3 个特征值的累计方差贡献率为 88.663%，再结合图 5-7，在第 4 个特征值处是拐点。因此，我们可以提取 4 个特征值作为公共因子，这时候损失的信息较少，可以进行下一步分析。

4）因子载荷的初步分析

首先，对提取的公共因子进行共同度分析，各变量的共同度即公因子方差，表 5-39 显示了各个变量的共同度。在表 5-39 中，第一列是 9 个原始变量名；第二列是根据因子分析的初步解给出的变量共同度，表示对原始的 9 个变量采用主成分分析法提取所有的特征值（9 个），每个原始变量的方差均可以被因子变量所解释，因此得出的每个原始变量的共同度都是 1；第三列是根据指定提取条件（提取 4 个公共因子）提取特征值时的共同度，这时候因子变量的个数小于原始变量的个数，因此共同度必然小于 1，可以看到，该列第二行中的 0.971 表示 4 个公共因子变量解释了原始变量 X_1 的 97.1%，每个原始变量的共同度都在 80% 以上，说明提取的 4 个公共因子很好地解释了 9 个原始变量。

表 5-39   各变量的共同度

指标	初始信息量	提取值
X_1	1.000	0.971
X_2	1.000	0.893
X_3	1.000	0.939
X_4	1.000	0.909
X_5	1.000	0.823
X_6	1.000	0.954
X_7	1.000	0.936
X_8	1.000	0.946
X_9	1.000	0.918

其次，对初始因子载荷矩阵即原始指标变量与公共因子之间的因子载荷矩阵进行分析，见表 5-40。

表 5-40   初始因子载荷矩阵

指标	因子1	因子2	因子3	因子4
X_1	0.580	0.643	−0.234	0.409
X_2	0.205	0.849	0.360	0.022
X_3	0.764	−0.393	0.430	0.124
X_4	0.704	−0.590	−0.255	−0.021
X_5	0.857	−0.282	0.094	0.003
X_6	0.742	0.517	−0.143	−0.338
X_7	0.753	0.496	0.337	−0.105
X_8	0.735	−0.611	0.179	0.024
X_9	0.699	0.146	−0.638	−0.018

综合对初始因子载荷矩阵和因子模型的分析可知，各个因子的典型代表变量并不十分突出，各个因子对评价指标的解释作用也不是特别显著，这就需要对初始因子载荷矩阵进行旋转处理，以便进一步分析。

5）对初始因子载荷矩车进行旋转处理（见表5-41）

表5-41 方差最大化旋转后的因子载荷矩阵

指标	因子1	因子2	因子3	因子4
X_1	0.656	0.542	0.497	0.017
X_2	0.890	−0.233	−0.053	0.210
X_3	0.206	0.943	−0.058	0.064
X_4	−0.261	0.787	0.470	−0.038
X_5	0.194	0.830	0.309	0.035
X_6	0.169	0.600	0.656	−0.075
X_7	0.361	0.213	0.869	0.078
X_8	−0.055	−0.070	0.118	0.961
X_9	0.230	0.110	0.198	0.902

由表5-41可以看出，与旋转前相比，旋转后的因子载荷矩阵中载荷值向两极分化，因子的含义更为清晰，公共因子代表的变量差信息更显著。

6）各个公共因子的含义

（1）第一因子解释

第一因子主要由X_1人均GDP和X_2第三产业占GDP的比重2个指标变量来决定，它们作用于第一主因子的载荷值分别为0.656和0.890，这2个指标反映了物流企业服务环境发展的情况，定义为服务环境发展力因子。

（2）第二因子解释

第二因子主要由X_3客运量、X_4货运量、X_5从业人数3个指标变量来决定，它们作用于第二主因子的载荷值分别为0.943、0.787和0.830，这3个指标反映了物流企业服务规模扩张的情况，定义为服务规模扩张力因子。

（3）第三因子解释

第三因子主要由$X_6$5A级物流企业数和X_7百强物流企业数2个指标变量来决定，它们作用于第三主因子的载荷值分别为0.656和0.869，这2个指标反映了物流企业服务品牌塑造的情况，定义为服务品牌塑造力因子。

（4）第四因子解释

第四因子主要由 X_8 旅客周转量和 X_9 货物周转量 2 个指标变量决定，它们作用于第四主因子的载荷值分别为 0.961 和 0.902，这 2 个指标反映了物流企业服务质量盈利的情况，定义为服务质量盈利力因子。

7）计算各个公共因子的得分和综合得分，并排序

（1）计算各个公共因子的得分

采用回归法估计因子得分系数，得到因子得分系数矩阵，见表 5-42。

表 5-42　　　　　　　　　　　因子得分系数矩阵

指标	因子 1	因子 2	因子 3	因子 4
X_1	0.007	−0.117	−0.007	1.365
X_2	−0.038	0.416	−0.227	0.107
X_3	0.388	0.085	−0.373	0.310
X_4	0.168	−0.205	0.264	−0.064
X_5	0.239	0.044	0.004	−0.002
X_6	−0.136	0.361	0.484	−0.947
X_7	0.089	0.435	−0.073	−0.297
X_8	0.324	−0.036	−0.114	0.014
X_9	−0.115	−0.174	0.616	0.065

由此得到因子得分函数为：

$F_1 = 0.007X_1 - 0.038X_2 + 0.388X_3 + 0.168X_4 + 0.239X_5 - 0.136X_6 + 0.089X_7 + 0.324X_8 - 0.115X_9$

$F_2 = -0.117X_1 + 0.416X_2 + 0.085X_3 - 0.205X_4 + 0.044X_5 + 0.361X_6 + 0.435X_7 - 0.036X_8 - 0.174X_9$

$F_3 = -0.007X_1 - 0.227X_2 - 0.373X_3 + 0.264X_4 + 0.004X_5 + 0.484X_6 - 0.073X_7 - 0.114X_8 + 0.616X_9$

$F_4 = 1.365X_1 + 0.107X_2 + 0.310X_3 - 0.064X_4 - 0.002X_5 - 0.947X_6 - 0.297X_7 + 0.014X_8 + 0.065X_9$

由表 5-43 因子协方差矩阵可知，不同因子之间的协方差为 0，4 个因子变量之间是不相关的，说明因子分析的模型是有效的。

表 5-43   因子协方差矩阵

因子	1	2	3	4
1	1.000	0.000	0.000	0.000
2	0.000	1.000	0.000	0.000
3	0.000	0.000	1.000	0.000
4	0.000	0.000	0.000	1.000

（2）计算综合得分

进行综合评价时需要计算综合得分，将旋转后各个因子的方差贡献率占 4 个公共因子总方差贡献率的比重作为权数进行加权汇总，就可以得到全国 31 个省（自治区、直辖市）物流企业竞争力的综合得分 F，即：

$$F=（37.633×F_1+27.718×F_2+20.801×F_3+5.948×F_4）÷92.100$$

（3）4 个公共因子得分、综合得分及排序（见表 5-44 和图 5-6）

表 5-44   **4 个公共因子得分、综合得分及排序**

地区	服务环境发展力因子 1		服务规模扩张力因子 2		服务品牌塑造力因子 3		服务质量盈利力因子 4		综合	
	得分	排序	得分	排序	得分	排序	得分	排序	得分	排序
北京	−0.1981	15	4.0183	1	−0.9766	28	0.5849	5	0.95	3
天津	−1.1640	29	0.0167	11	0.8107	6	2.9985	1	−0.09	15
河北	0.2577	10	−0.3974	19	1.3990	3	−1.1694	30	0.23	9
山西	−0.2225	17	−0.7045	27	−0.0652	11	0.0263	13	−0.32	21
内蒙古	−0.5973	24	−0.5212	23	1.1843	4	0.4386	6	−0.11	16
辽宁	0.3879	9	−0.4790	22	0.9938	5	0.8377	4	0.29	8
吉林	−0.4919	20	−0.3945	18	−0.5329	22	0.3786	8	−0.42	23
黑龙江	−0.2317	18	−0.1152	14	−0.2393	16	−0.4359	21	−0.21	19
上海	−1.5085	31	1.7738	3	3.3986	1	−0.0989	14	0.68	4
江苏	1.3567	3	−0.4240	20	−0.3442	19	2.5524	2	0.51	5
浙江	0.7983	7	−0.3428	17	0.0913	10	2.0832	3	0.38	7
安徽	0.8938	6	−1.0461	31	0.5702	8	−0.4139	20	0.15	11
福建	−0.3889	19	0.4943	5	−0.1318	13	0.0666	11	−0.04	14
江西	−0.0523	14	−0.7220	28	−0.3440	18	−0.2298	16	−0.33	22
山东	1.3614	2	0.4039	6	2.0596	2	−1.3632	31	1.05	2
河南	1.3559	4	−0.8824	30	0.6130	7	−0.5251	22	0.39	6
湖北	0.2563	11	−0.0421	12	0.1027	9	−0.7497	27	0.07	12
湖南	0.7487	8	−0.1144	13	−0.2206	14	−0.6788	24	0.18	10
广东	3.1859	1	1.9502	2	−0.7163	25	−0.1996	15	1.71	1
广西	0.1217	13	−0.6710	25	−0.2437	17	−0.3453	18	−0.23	20
海南	−1.0314	27	0.0512	10	−0.8970	27	0.0442	12	−0.61	28
重庆	−0.2158	16	0.0975	8	−0.0761	12	−0.7405	26	−0.12	17
四川	0.9767	5	−0.5704	24	−1.0185	29	0.1946	9	0.01	13
贵州	−0.5916	23	0.2603	7	−1.1087	30	−0.7680	28	−0.46	25
云南	−0.5516	21	−0.1222	15	−0.7840	26	−0.7393	25	−0.49	26
西藏	−1.3781	30	0.5270	4	−1.1704	31	−0.6415	23	−0.71	31
陕西	0.1875	12	−0.6721	26	−0.4533	21	0.3927	7	−0.2	18
甘肃	−0.5568	22	0.0656	9	−0.6161	23	−1.0688	29	−0.42	24
青海	−0.8944	26	−0.7934	29	−0.2275	15	−0.2594	17	−0.67	30
宁夏	−1.1197	28	−0.2124	16	−0.6889	24	0.1867	10	−0.66	29
新疆	−0.6938	25	−0.4317	21	−0.3685	20	−0.3580	19	−0.52	27

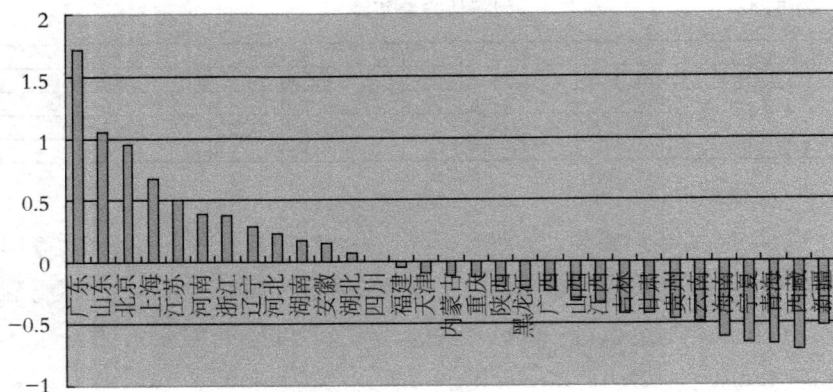

图 5-8　全国省（自治区、直辖市）物流企业竞争力综合排序

8）基本结论

按照综合因子得分排名，全国 31 个省（自治区、直辖市）物流企业可以分为三大集团军。1～10 名为第一集团军，物流企业竞争力最强，排名依次是：广东、山东、北京、上海、江苏、河南、浙江、辽宁、河北、湖南；11～20 名为第二集团军，物流企业竞争力较强，排名依次是：安徽、湖北、四川、福建、天津、内蒙古、重庆、陕西、黑龙江、广西；21～31 名为第三集团军，物流企业竞争力一般，排名依次是：山西、江西、吉林、甘肃、贵州、云南、新疆、海南、宁夏、青海、西藏。

然而，从对服务环境发展力、服务规模扩张力、服务品牌塑造力和服务质量盈利力 4 个因子的分析来看，有些省（自治区、直辖市）物流企业竞争力综合因子得分排名与各公共因子得分排名具有较强的一致性；有些省（自治区、直辖市）物流企业竞争力综合因子得分排名与各公共因子得分排名具有明显的不一致性。

新疆物流企业的综合因子得分排名第 27，在第三集团军 11 个省（自治区、直辖市）中排名第 7，物流企业竞争力一般。从服务环境发展力、服务规模扩张力、服务品牌塑造力和服务质量盈利力 4 个因子的得分排名分析来看：新疆物流企业的服务环境发展力排名第 25，服务规模扩张力排名第 21，服务品牌塑造力排名第 20，服务质量盈利力排名第 19，新疆物流企业竞争力不强，企业发展的软硬件环境亟待完善。新疆由于远离内陆发达省份，物流基础设施相对薄弱，因此新疆物流企业整体运行成本过高，高于全国平均水平近 1 倍；现行物流管理体制还存在弊病，不能够对社会化的物流企业统筹协调管理，无法发挥物流的综合效益；新疆物流企业大多是由传统的运输公司或储运公司改名而来的，规模小、管理不规范、专业化程度低，新疆没有一家本地物流企业进入全国百强物流企业行列；新疆物流企业多为地区性物流企业，辐射到全国的物流企业不足 15%，延伸到国外的物流企业不足 2%，缺乏参与国内和国际物流市场竞争的能力。

第6章 新疆服务企业的竞争战略

6.1 新疆服务企业的特点与竞争态势分析

6.1.1 新疆服务企业的特点

服务企业是指以顾客需求为中心，以提供服务活动为核心内容，具有全员服务链，进行全程化服务的企业。与生产企业相比，服务企业能够有效满足顾客的需求，提高顾客的满意度和忠诚度，增加服务企业的利润，提高服务企业的市场竞争力。因此，服务企业具有以下显著特点：

（1）服务企业始终以顾客需求为中心，以市场为导向。在服务企业中，从产品的设计、生产到最终销售，满足顾客需求始终占据首要位置，整个企业的运作都是围绕顾客需求这一中心而展开的；传统的生产企业往往属于任务主导型，尽管其也注重顾客需求，但在具体的生产和管理过程中，其更注重任务的完成情况。因此，是否以顾客需求为中心，是服务企业区别于生产企业的一个重要特征。

（2）服务企业以追求顾客满意为宗旨，形成了顾客服务与团队协作相结合的完整的服务链。传统的生产企业更注重产品的生产过程，较少与顾客直接发生关系；服务企业则将提高顾客满意度视为企业生存与发展的关键。

（3）服务企业的运营机制较灵活。现代企业的竞争主要是服务领域的竞争，对服务企业来说更是如此。顾客的需求经常会发生变化，因此企业必须有一套较为灵活的运营机制，这样才能更快适应这种变化。

（4）服务企业对顾客的服务不是短期的或有时间限定的，而是贯穿于产品的整个生命周期。由于服务具有无形性、并发性和易逝性，因此服务企业的产品即服务的生产与消费过程难以严格区分。

（5）服务企业没有统一的产品标准，这一点与生产企业不同。生产企业有国家标准、行业标准、企业标准等产品标准，对产品是否满足标准的要求很容易判定；对服务产品则缺乏较为统一的标准。

（6）人力资本在服务企业资本中的占比高，人力资本已经成为服务企业的"第一资源"。

6.1.2 新疆服务企业的竞争态势

1）新疆传统服务企业的竞争态势

新疆传统服务企业发展时间较长且较为成熟，但技术含量较低，竞争较为激烈。

新疆传统服务企业的竞争态势如下：

（1）传统服务企业提供的服务很容易被模仿，且进入该行业的门槛较低，政府也很少进行政策保护，因此传统服务企业的进入障碍较少，面临着较大的新进入者的威胁。

（2）传统服务企业面临的替代威胁较大，以零售企业为例，其面临着折扣店、网上购物等新兴业态的替代威胁。

（3）由于传统服务企业面临的竞争较为激烈，因此相对而言，买方具有较强的砍价能力。

（4）传统服务企业的营销策略同质性高，主要依靠价格策略和广告促销等方式，所以容易被竞争对手所模仿。

2）新疆现代服务企业的竞争态势

新疆现代服务企业的竞争态势如下：

（1）现代服务企业属于知识密集型产业，潜在进入者的威胁相对较小，但是随着国内市场的逐步开放，新疆现代服务企业面临的潜在进入者逐渐增多。

（2）现代服务企业面临的替代威胁相对较小。由于从事现代服务业的人员（如会计师、律师、咨询师等）必须受过一定程度的专业训练，因此与传统服务企业相比，现代服务企业受其他行业的替代威胁不大。

（3）由于现代服务企业之间的竞争程度相对较低，因此卖方占据了较为主动的地位，买方的砍价能力则相对较弱。

（4）现代服务企业之间的竞争手段较多，其所提供的服务主要取决于提供者个人的专业水平，因此现代服务企业之间的竞争相对而言不如传统服务企业之间的竞争那样激烈。

3）新疆新兴服务企业的竞争态势

新疆新兴服务企业主要是指由信息技术推动成长的知识密集型企业，包括从事综合物流、电子商务、互联网通信等业务的企业。该类企业的技术和知识含量非常高，且高度依赖于信息技术的发展，企业成功的关键在于保持技术上的优势。

新疆新兴服务企业的竞争态势如下：

（1）新兴服务企业的发展依赖于信息技术的发展，但是当今社会，信息技术发展迅速且传播速度较快，掌握信息技术的人才也越来越多，因此新兴服务企业面临的潜在进入者的威胁相对较大。

（2）新兴服务企业面临的替代威胁也相对较大，如能够对电子商务行业产生替代威胁的行业就较多。

（3）新兴服务企业的发展时间不长，消费者对新兴服务企业的认识仍然有限，因此卖方相对而言拥有更多的主动权。

（4）新兴服务企业之间的竞争主要是技术和服务的竞争，因此新兴服务企业之间的竞争程度相对较弱，市场被部分规模较大的企业所垄断。

6.1.3　新疆服务企业实施竞争战略的意义

1）打造竞争优势

随着市场经济的深入发展，产品供求关系发生了质的变化，即从卖方市场转变为买方市场，从企业主权转变为消费者主权，竞争优势成为服务企业制胜的关键。服务作为一种有效的市场竞争手段，既有利于赢得公众信赖，又有利于超越竞争对手，形成竞争优势。新疆服务企业通过制订综合性的服务开发计划，能够保障现有服务质量，改进服务水平，创新服务内容，达到改善服务、扩大服务宣传、形成竞争优势的目的，从而为新疆服务企业的发展和成功奠定坚实有力的基础。

2）培育忠诚顾客

忠诚的顾客是服务企业独有的优势，能够有效促进企业与顾客之间的互惠互利，最终实现企业的长远发展。顾客满意和顾客忠诚是两个层面的问题，可以说，顾客满意是一种价值判断，顾客忠诚则是顾客满意的行为化。一般而言，顾客满意是顾客对企业和员工提供的产品和服务的直接性综合评价，是顾客对企业、产品、服务和员工的认可。顾客忠诚则是指顾客在理性分析的基础上对某一企业、某一品牌的产品或服务的认同和信赖。对服务企业而言，顾客忠诚与获取高利润之间存在着明显的正比例关系。顾客忠诚能够带来重复购买，从而增加企业的收入；同时，老顾客保持的时间越长，购买量就越大，企业用于招揽顾客的费用就越少，从而大大降低了企业的成本。

3）满足服务需求

服务需求是一项随着社会进步不断扩大的需求，尽管产品趋于同质化，但顾客对服务的需求却大不相同。新疆服务企业在服务顾客的过程中，如果想让顾客感受到更大的价值，同时也为企业自身创造更多的价值，就要按照市场标准分析顾客的需求，确定顾客为获得服务而愿意付出的代价，提高顾客所拥有的价值，并将价值的内容通过服务概念的推广和对顾客的服务承诺表现出来，最终使顾客对服务的需求得到最大程度的满足，服务需求的满足又将刺激顾客消费更多的服务产品。这样，新疆服务企业的商业价值将会与日俱增，服务需求的满足将进一步推动社会进步。

4）提升经济效益

在服务经济时代，消费者购买商品实质上是在购买价值和服务。新疆服务企业可以发挥服务的专长，打造个性化、差异化服务，逐步加大服务收入在整个销售中的比例，推动企业整体效益的上升，从而为新疆服务企业的发展注入新的活力和动力；可以通过拓展服务的内涵和外延，打造出一个强大的资源平台，在实现顾客价值最大化的同时，为企业自身创造一个更大的生存空间。

5）提升管理水平

服务竞争战略和服务策略的具体实施，客观上要求新疆服务企业从以往粗放型的管理转向建立一个更加专业化、高效能的组织管理体系，在管理思想、职能规划、人力资本规划、内部流程等方面都要进行相应的调整，这可以看成新疆服务企业竞争能力综合提升的一个契机。

6.2 新疆服务企业的差异化战略

6.2.1 迈克尔·波特的竞争战略理论

企业竞争战略是指企业产品和服务参与市场竞争的方向、目标、方针及策略。其内容一般由竞争方向（市场及市场的细分）、竞争对象（竞争对手及其产品和服务）、竞争目标及其实现途径（如何获取竞争优势）等方面构成。竞争战略的中心内容是在某一特定产业或市场中建立竞争优势。有效的竞争战略是企业成功的关键，因此企业、学术界和政府经济管理部门对企业竞争战略的研究一直没有停止。在这些研究中，美国哈佛大学商学院的迈克尔·波特教授的竞争战略理论最具有代表性，该理论包括五力模型、一般性战略、价值链、钻石体系和产业集群等内容。迈克尔·波特认为，构成企业环境的关键部分是企业投入竞争的一个或几个产业，产业结构影响着企业竞争规则的确立以及竞争战略的选择。一个产业内部的竞争状态取决于五种基本竞争力的相互作用，即新进入者的威胁、顾客的议价能力、替代品的威胁、供应商的议价能力以及同业竞争者的竞争程度。其中，每种作用力又会受到诸多经济技术因素的影响。这五种竞争力共同决定了一个产业的竞争强度和最终利润潜力，也决定了产业结构。企业在明确了自己所具备的强项与弱项之后，就可以采取进攻性或防御性的行动，成功应对五种竞争力，从而为企业赢得超常的收益。在对五种竞争力进行分析的基础上，迈克尔·波特进一步提出了三种可供选择的竞争战略：差异化战略、总成本领先战略和目标集中战略。

1）差异化战略

差异化战略是指企业通过向顾客提供与众不同的产品和服务，以获取竞争优势的战略。这种战略要求企业在产品设计、品牌设计、生产技术、顾客服务、销售渠道等方面具有独特性，从而增加企业产品和服务的竞争优势。产品和服务的独特性增加了对顾客的吸引力，减少了顾客对价格的敏感性，因此，采用差异化战略不仅可以给企业带来高于竞争对手的利润，而且避开了激烈的价格竞争。

对服务企业而言，采用差异化战略主要应做到以下几点：

（1）为企业准确定位。差异化的主要途径是市场定位，即为企业确定一个不同于其他企业的市场地位或形象。为此，企业首先要进行深入细致的市场调研，为自己在市场上选择一个独特的位置，该位置一般应具备以下条件：一是能使自己明显区别于竞争对手；二是能提供相对的竞争优势；三是有进入障碍。

（2）随时掌握顾客需求。由于服务具有无形性，其质量优劣只能由服务接受者来体验，因此分析顾客需求就成为提供差异化服务必不可少的手段，也就是说，分析顾客需求是构建与实施差别化服务战略的逻辑起点。

（3）树立和经营企业品牌。服务企业的品牌主要包括商品品牌、服务品牌以及由此衍生出来的企业品牌。企业实施差异化战略，就是要根据自身的特点树立品牌形象，并在经营活动中体现这一品牌形象。

2）总成本领先战略

总成本领先战略是指企业在提供相同的产品或服务时，其成本或费用明显低于行业平均水平或主要竞争对手的水平，以争取最大市场份额的竞争战略。或者说，企业在一定时期内为顾客创造价值的全部活动的累计总成本低于行业平均水平或主要竞争对手的水平。实施总成本领先战略的意义是通过成本优势使企业在相同的规模经济下，获得更大的盈利或积累更多的发展基金，或在不利的经营环境中具有更强的生存能力。

成本领先战略可以通过以下几种方式实现：

（1）通过成本分析找出对企业经营成本影响最大的因素，进行成本控制。实施成本领先战略，首先要分析企业自身的成本现状，分析是否能够创造出成本优势，找出对企业成本影响最大的因素；然后，编制出成本控制的目标和计划，系统实施成本控制。

（2）改造企业的价值链，即通过纵向一体化或横向一体化的方式实现成本的降低。

（3）树立低成本经营的传统理念。"一粥一饭，当思来之不易；一丝一缕，恒念物力维艰。"如果企业低成本经营的传统理念能够成为员工的共享价值观，那么将会产生更多降低成本的途径，从而为企业带来更持久的成本优势。

3）目标集中战略

目标集中战略即集中化战略，是指企业的某一经营领域主攻某个狭窄的特殊顾客群、某一产品系列的一个细分范围或一个地区市场，在这个狭窄的领域内或者实施低成本战略，或者实施差异化战略，或者实施二者兼而有之的竞争战略。

实施目标集中战略，可以从以下几个方面着手：

（1）进行市场调研和市场细分。通过深入细致的市场调查，根据消费者需求特征的差异性对消费者进行分类，即将消费者分成不同的细分市场，每个细分市场都由需求特征大体相同的消费者构成，这样企业就可以更有效地满足消费者的需求。

（2）确定目标市场。并非所有细分市场对企业都有价值，服务企业应选择竞争程度相对较弱且没有实力强大竞争者的有潜力的细分市场作为自己的目标市场。一般而言，有潜力的细分市场应同时具备以下三个条件：一是有足够的尚未被满足的现实需求或潜在需求；二是企业有能力提供产品或服务满足这些需求，且有利可图；三是企业在这个细分市场上可以获得一定的竞争优势。

（3）针对目标市场的特点制定切实可行的销售策略等。

继产业结构分析之后，迈克尔·波特详细阐述了企业竞争战略理论的另一个重要组成方面——竞争对手理论分析模式。该模式主要包括以下内容：一是如何辨识竞争对手；二是如何分析竞争对手；三是如何把握竞争对手的市场行动信号。

战略制定与战略实施是战略管理过程中两个不可分割的主要环节。以竞争优势为中心将二者有机统一起来是迈克尔·波特竞争战略理论的又一大创新。迈克尔·波特认为，"竞争优势是任何战略的核心所在"，同时"每个基本战略都涉及通向竞争的迥然不同的途径，以及为建立竞争优势采用战略目标来框定竞争类型的选择"。因此，实施竞争战略的过程实质上就是企业寻求、维持、创造竞争优势的过程。为此，迈克尔·波特提出了"价值链"这个重要的理论概念，用于系统识别和分析企业竞争优势的来源。他认为，"每个企业的价值链都是由以独特方式连接在一起的九种基本活动类别构成的"，包括内部后勤、生产作业、外部后勤、市场和销售、服务五种基本活动，以及采购、技术开发、人力资源管理、企业基础设施建设四种辅助活动。一个企业与其竞争对手的价值链差异体现了竞争优势的一种潜在来源。对此，迈克尔·波特强调："企业正是通过比其竞争对手更廉价或更出色地开展这些重要的战略活动来赢得竞争优势的。"显而易见，迈克尔·波特的竞争战略理论对于全面加强新疆服务企业的营销管理、系统打造服务企业的竞争优势具有重要的指导意义和应用价值。

6.2.2 新疆服务企业差异化战略实施的思路

竞争战略是服务企业在其经营活动所处的行业与市场中所运用的战略。选择竞争战略是为了使企业在其所处的行业与市场中形成一定的竞争优势，从而获得超过竞争对手的利润。目前，新疆服务企业已形成两种基本的竞争优势：低成本竞争优势和差异化竞争优势。在未来的市场营销中，新疆服务企业究竟选择哪种竞争战略更为合适呢？哪种竞争战略才能真正体现新疆服务企业的竞争优势呢？新疆服务企业必须结合自身特点制定科学合理的竞争战略，形成独特的竞争优势，才能真正提升自己的竞争能力。

通过对差异化战略、总成本领先战略和目标集中战略的特点、选择条件以及收益与风险的比较和分析可知：新疆服务企业在制定竞争战略时，除了应遵循的共同路径外，不同行业和不同类型的服务企业还应根据自身特点有所侧重。有些企业可以采取总成本领先战略，有些企业可以采取差异化战略，还有些企业可以将总成本领先战略和目标集中战略结合起来运用，或将差异化战略和目标集中战略结合起来运用。

本书认为，新疆绝大多数服务企业采取差异化战略比较合适，差异化战略能够凸显新疆服务产品的竞争优势。新疆服务企业只有以国内外的消费需求为导向，基于不同市场的消费需求特征实施差异化战略，才能成功占领目标市场。这是因为服务（产品）作为人的活动是易变的，因此服务企业比制造企业更有一种"以变应变"的能力，而"应变"能力即适应市场营销环境和顾客需求变化的能力，正是市场营销所需要的。服务的变化，就是服务的差异；服务的易变性，也就是服务的差异性。为了更好地利用服务易变性有利的一面，服务企业应当尽量使服务差异化，即采取差异化战略。新疆服务企业差异化战略的实施，主要体现在服务变通化、服务多样化和服务特色化三个方面。

1）服务变通化

服务变通化是指服务企业针对不同的环境或根据营销环境的变化提供不同的服务。实行服务变通化的服务企业，一般会表现出较强的应变性、灵活性和创造性。例如，美国传统报业为了应对没有时间限制的网络媒体的挑战，打破了传统的截稿时限，增派采编人员，要求记者随时发稿，将报纸变成了"24小时新闻机器"，以吸引读者，这就体现了服务的应变性，属于服务变通化措施。又如，德国麦德龙公司进入中国后，根据中国的具体情况，把主要的服务对象（目标市场）从最终消费者转向了中小零售商等中间商，这体现了服务的灵活性，也属于服务变通化措施。再如，现在从新疆去香港、澳门旅游的游客越来越多，在组织旅游的过程中，昆仑旅行社发现，在这些旅游者中，工薪家庭多选择铁路出行。为了适应这个变化趋势，昆仑旅行社与多方合作，开辟了乌鲁木齐至香港、澳门的旅游专列，消息传出后，报名者蜂拥而至。旅游专列的开通使乌鲁木齐至香港、澳门双飞的价格便宜了 3 000 多元，中等收入的工薪家庭也能承受这个价位，从而扩大了游客群，带动了新疆旅游市场的发展。这里，昆仑旅行社善于观察市场的变化和机会，并及时采取有创造性的应变对策，表现出了较强的服务应变性和创造性。

服务变通化对于提升新疆服务企业的竞争力具有显著作用。第一，有利于更好地满足顾客需要，能够给顾客带来超值的享受。第二，只有更多地进行服务创新，才能灵好地应对营销环境的变化。第三，有利于提高服务人员的服务技能。交际能力是体现服务技能的一个重要方面。实行服务变通化的服务企业必然重视对服务人员交际能力的培养。试想一个呆板的、不善于变通的服务人员，是很难为顾客提供满意的服务的。

新疆服务企业在实施服务变通化时要注意以下几个问题：一是各个服务环节之间的协调。如果将服务变通化作为服务企业的一项营销策略，那么各个服务环节（包括与其他服务企业合作的服务环节）之间应当在服务变通化的过程中保持协调一致。否则，如果个别服务环节缺乏应变能力，就会影响服务企业的整体竞争力。二是与社会规范的矛盾。服务变通化有时会"突破"社会的某些规范，从而引起某些矛盾。例如，乌鲁木齐市有一家书店叫"考试书店"，该书店专门出售各类考试辅导书，由于服务内容顺应了现在的各类考试热，因此变通化服务非常成功，但部分人认为这家书店的店名不符合"提倡素质教育，反对应试教育"的社会共识。三是服务人员的权限。在实行服务变通化的服务企业中，服务人员必须拥有服务处置权，如果服务人员缺乏处置权，则很难提供灵活、变通的服务。

2）服务多样化

服务多样化是指服务企业针对不同的顾客或不同的需要提供不同的服务。首先，不同的顾客或不同的顾客群对服务的需要是不同的。其次，同一顾客对一家服务企业的服务也有多种不同层次的需要。例如，乌鲁木齐市丹璐洗衣连锁有限公司除了提供洗涤服务外，还专治皮革服装的各种毛病，包括：皮衣破洞、划破可开刀、配皮、配色；下摆松紧无弹性可修换；领面油污严重可换领；夹里坏了可换新；衣服大了可改小，小了可改大；猎装可改成马甲、皮裤、皮裙等。此外，该公司还提供缝线、配扣、换拉链和保养等服务。该公司服务的多样化体现在两个方面：一方面，不仅提供洗涤服务，还提供修补服务；另一方面，修补服务非常个性，顾客各种不同的需求都可以满足。再如，新疆胡杨旅行社在旅游市场的激烈竞争中，重视市场细分，并针对不同的细分市场设计和提供灵活多样的服务。近几年，该旅行社发现了一个特殊的细分市场，即有一些特别的游客，他们的文化层次与收入水平都比较高，对旅游产品和旅游服务的要求也与众不同：一是旅游产品要有丰富的文化内涵；二是要有一个较为宽松的游程安排；三是在吃、住、行方面要有比较好的条件，如坐空调车、自己点菜等；四是要三五人独立成团，不参加大规模的旅游团。胡杨旅行社为了满足这个特殊的细分市场的需求，打破了 10 人以上组团的常规，推出了三五个人"小包价"的组团方式，这就是一种典型的多样化服务。

服务多样化在服务企业实施差异化竞争战略的过程中，具有独特的作用：第一，有利于市场细分化。服务多样化与市场细分化往往是相互促进的。服务多样化来自市场细分化，但反过来也促进了市场细分化。第二，有利于服务创新。实行服务多样化的服务企业必然重视服务创新，因为服务创新是服务多样化的必要条件。第三，有利于服务的技巧化。实行服务多样化的服务企业必然重视服务的技巧化，因为服务技巧也是服务多样化的必要条件。第四，有利于关系营销。实行服务多样化的服务企业必然会关注顾客特殊的、个性化的需要，而这十分有利于建立和发展顾客关系。

3）服务特色化

服务特色化是指服务企业向顾客提供独特的、体现自己个性的服务。服务特色化应在以下几个方面形成着力点：

（1）专业特色。专业特色的优点主要是能更好地发挥服务企业在服务技巧化或专业化方面的优势。

（2）交叉特色。不同行业的交叉，可以形成服务特色。例如，新疆八一钢铁有限公司的工业旅游，将旅游与实地参观钢铁公司相结合，也颇具特色。新疆八一钢铁有限公司有雄伟的厂房设备和壮观的生产场面，参观者在这里能够感受到新疆工业化建设的伟大成就，因此对于想了解钢铁生产的人来说具有很大的吸引力。

（3）传统特色。新疆的特色餐饮就体现了服务的传统特色。在新疆，具有地域特色、民族特色的餐馆、饭店都很有吸引力。例如，乌鲁木齐五月花餐饮文化连锁有限公司在经营上很有特色，主食有抓饭、香妃粥、清炖野鸽汤、烤包子等，烧烤有烤乳鸽、烤羊肉串、烤羊排、烤羊腰等，小吃有喀仁凉粉、维吾尔烤馕等，饮品有卡瓦斯、伯爵茶、立顿茶、玫瑰花茶、石榴汁等，这些食品无论是食材方面还是制造过程，都具有浓郁的地域特色和民族风情。

（4）环境特色。环境特色的优点是能让顾客形象地感知到和识别出。例如，乌鲁木齐五月花餐饮文化连锁有限公司的整个餐厅民族风格突出、中庭挑空，十分大气。

（5）时间特色。服务时间的安排也可以形成特色。例如，某餐馆是按顾客（主要是组团形式的游客）要求的时间安排营业的，旅游团什么时候来，就什么时候提供服务。又如，24小时全天候服务已经成了许多便利店的服务特色。

服务特色化的作用包括：第一，有利于服务的有形化。服务特色一般都通过服务的有形线索表现出来，以方便顾客识别。尤其是环境特色、人员特色、活动特色等，本身就是服务特色的有形化。第二，有利于服务品牌的创建。服务有了特色，服务品牌就比较容易创建。事实上，服务特色是创建服务品牌的要素之一。现在国内外有名的服务品牌几乎都有自己的特色，特色或个性是服务品牌生命力的源泉。第三，有利于服务的技巧化。服务特色的背后是服务技巧，服务技巧是服务特色的支撑。第四，有利于服务的关系化。服务特色能够使服务人员和服务企业给顾客留下深刻的印象，有利于服务企业保持顾客关系和增加回头客，有助于顾客之间的口碑宣传，从而吸引新顾客。

新疆服务企业在实施服务特色化时要注意以下几个问题：一是服务特色要到位。例如，新疆特色餐饮菜品将新疆丰富的物产资源与新疆各民族的饮食习俗相结合，给来自国内外的人们带来了惊喜与新奇的感觉。二是服务特色与服务标准的矛盾。服务企业的服务特色有时会与所在行业的服务标准或规范相矛盾，其中关键的问题是二者如何融合。三是服务特色的成本。形成服务特色需要花费一定的成本，但总体原则是不能因为过于强调服务特色而影响了企业的经济效益。

6.3 新疆服务企业的顾客价值战略

新疆的社会经济正处在跨越式发展的关键时期，服务业将成为发展最快的产业，服务企业也将面临新的机遇和挑战。由于顾客对产品和服务的期望越来越高，因此服务企业在设计、生产和提供服务产品时必须以顾客为导向，为顾客提供超越竞争对手的价值。

6.3.1 顾客价值战略的内涵及特性

1）顾客价值战略的内涵

近年来，人们在关注经济全球化、战略联盟和互联网络的同时，也在关注顾客群体发生的巨大变化，以及由此对服务企业战略选择产生的深刻影响。当今的顾客已不再是产品与服务的被动接受者，他们比以往掌握了更多的知识、信息与技能，更热衷于学习与实践，在产品选择中享有主动权。因此，谁能争取到顾客、维系顾客，谁就能获得持久的竞争优势，从而在激烈的市场竞争中立于不败之地。

顾客价值战略的创新之处是企业站在顾客的角度来看待产品和服务的价值，这种价值不是由企业决定的，而是由顾客实际感知的。从这个意义上说，顾客价值包括顾客感知利得和顾客感知利失两部分。

顾客感知利得是指顾客因接受服务而给自己带来的收益，具体包括功能价值、品牌价值、情感价值和社会价值4个关键驱动因素。功能价值是指顾客在接受服务的过程中感知到的质量，以及由此带来的效用和需求的满足，这里主要指服务质量；品牌价值是指顾客对服务提供商的品牌形象与声誉超越其客观价值的主观和无形的评价，它代表着赋予企业服务的附加价值；情感价值是指顾客从服务消费的感觉和情感状态中得到的效用；社会价值是指顾客因接受某企业的服务可以提高社会自我概念和社会地位而产生的效用和社会需求的满足。

顾客感知利失是指顾客因接受服务而给自己带来的损失，包括货币成本和非货币成本。货币成本又称支付成本或价格成本；非货币成本则可能包括时间、精力、方便性、机会和风险等要素，具体来说包括顾客由于时间、空间和交易的方便与否而带来的方便成本和顾客由于接受某企业的服务从而无法同时接受其他企业的同类服务而造成的最大损失的机会成本等。

如果用函数表达顾客价值，则有：

顾客价值=f（顾客感知利得，顾客感知利失）

2）顾客价值战略的特性

（1）主观性。顾客价值是顾客对价值的感知，由顾客主观判断决定，与每个顾客的个人特征、心理、生活方式、所处环境等因素密切相关，因此顾客与企业对服务价值的认知可能是不一致的。

（2）多维性。顾客价值是顾客在使用或消费产品的过程中产生的一种感知，包括顾客感知利得和顾客感知利失，具体包括功能价值、品牌价值、情感价值、社会价值、货币成本、方便成本和机会成本等诸多维度。

（3）层次性。一方面，顾客价值是顾客期望和感知的价值，购买前的期望价值和购买后的感知价值是两个不同的层次；另一方面，顾客感知利得中的功能价值、品牌价值、情感价值和社会价值由低到高形成了一个阶梯，只有当低层次的价值得到满足后，高层次的价值才会出现。

（4）动态性。顾客价值是顾客在特定情景下的感知，不是独立的交易过程的要素，而且价值创造需要一定的时间，顾客价值会不断变化并受外部因素的影响。因此，不同的顾客从同一服务中感知到的价值不同，即使是同一顾客，其对某一服务的感知价值也会随着时间、环境、购买次数的不同而有所区别。

（5）比较性。一方面，顾客价值是顾客得到的收益与付出的成本之间比较和权衡的结果；另一方面，顾客价值是在与竞争企业进行比较的基础上得出的结果，这正是顾客价值的形成机理。

6.3.2　顾客价值战略对提升服务企业竞争力的作用机理

服务企业竞争力取决于顾客对服务产品或服务价值的认可程度，顾客感知价值决定了服务企业的竞争优势。顾客价值理论关注的是顾客对服务企业所提供价值的主观判断，当顾客获得了较大的感知利得，并且其获得的价值超过了服务企业竞争对手提供的价值时，顾客获益并感到满意，顾客很可能会由满意的初次购买转变为重复购买并积极进行推荐，从而促进了顾客关系维系和顾客忠诚。忠诚的顾客越多，服务企业的盈利能力越强。若顾客与服务企业发展成永久伙伴关系，则顾客的忠诚意味着服务企业获得了顾客生涯价值，从而也获得了长期的盈利能力。

随着技术发展的日新月异和新产品的不断涌现，顾客对服务产品的期望越来越高，同时顾客群体也正在发生着巨大的变化。新疆服务企业只有为顾客提供超越竞争对手的价值，才能够获得持久的竞争优势，进而在激烈的市场竞争中立于不败之地。所以，新疆服务企业为顾客提供卓越价值的能力既是一种重要的差异化手段，也是服务企业竞争力的源泉所在。

6.3.3　新疆服务企业顾客价值战略实施的思路

1）科学进行服务价值定位

企业的核心能力不能直接创造利润，只有将其转变为满足顾客需要的产品和服务，才真正有意义。顾客的价值战略定位应与企业的竞争力相匹配。企业需要通过从事价值链中的每一项价值创造活动将最终产品和服务提供给顾客，活动的绩效构成了竞争优势的基本要素，而对不同价值定位的企业来说，其活动的侧重点也有所不同：产品领先的企业注重创新活动；追求运营卓越的企业注重在供应链和内部运作的过程中降低成本；追求顾客亲密度的企业则注重满足顾客的需求。顾客价值战略的核心是树立顾客至上的服务理念，站在顾客的角度看待顾客实际感知的由服务企业提供但不是由服务企业决定的服务价值，确定与企业核心竞争力相匹配的价值定位，从而向顾客提供独特的、竞争对手难以模仿的价值。所以，新疆服务企业在战略管理过程中，形成鲜明的价值主张就显得尤为重要。价值主张是企业价值定位或者服务定位的具体体现，也就是指服务能够为顾客带来什么样的独特利益和效用。

服务价值定位要与顾客需求结合起来。一般来说，顾客需求分为显性需求和隐性需求两种。新疆服务企业尤其要重视发掘顾客的隐性需求，这是因为目前大多数企业的服务都包含了显性需求，众多服务企业在满足顾客的显性需求方面容易呈现出同质化的倾向。隐性需求往往是顾客自己都无法意识到但潜意识中存在的那种需求，如受尊重或提高社会地位的需求。很显然，在服务中，顾客对功能价值和品牌价值的需求较为显性化，而对情感价值和社会价值的需求则相对隐性化。所以，新疆服务企业要根据自身的资源、能力及竞争状况，在顾客服务感知价值定位中找到一个有利的竞争位置，尤其要体现顾客的情感价值和社会价值需求，形成企业鲜明而有吸引力的价值主张，并以此为中心对内构建有效的支持系统，对外作为服务企业对顾客的价值承诺。

2）有效获取顾客知识

顾客知识是指顾客感知到的服务企业提供的产品或者服务符合他们需要和期望的程度，以及同服务企业进行沟通的难易程度等。顾客知识具体可以包括服务企业背景知识、服务项目或产品知识、交易过程知识、服务企业促销知识、顾客偏好知识和对服务企业提供的服务感知等。

新疆服务企业若想增加顾客价值，就有必要更好地获取顾客知识，这是企业进行战略管理的根本前提与基础。从战术层面上说，服务企业只有拥有系统的顾客知识，才能够识别潜在顾客，进行顾客筛选，衡量并且提升顾客能够带给企业的现在和未来的价值，从而做好提高顾客价值的工作。从战略层面上说，服务企业只有拥有系统的顾客知识，才能进行顾客知识管理，科学制定和实施企业的服务竞争战略，从而更好地提升服务企业的竞争力，真正满足顾客的现实需求和潜在需求，实现顾客的期望，为顾客提供超越竞争对手的顾客价值。

新疆服务企业获取顾客知识的途径主要有：一是了解顾客的交易历史。顾客的交易历史可以通过以往的交易数据获得。在大数据技术迅速发展的今天，服务企业获得这些数据已成为可能。二是开展市场调研活动。市场调研的目的主要是了解顾客的偏好和特征，服务企业可以通过焦点小组、深度访谈和问卷调查等方法，发现顾客的内在心理需求，测评服务质量，估测顾客的心理价格和服务期望。三是及时与顾客保持沟通。如果顾客能够更好地理解与企业保持关系所能增加的功能价值、品牌价值、社会价值、情感价值等和所能节约的货币、时间、精力等成本，那么他们流失的可能性会更小。所以，新疆服务企业应该有针对性地进行系列的战略性宣传和公关活动，及时与顾客进行沟通。四是接受顾客的意见和投诉。顾客的意见和期望蕴含着无限的商机，是非常有价值的市场资源，是新疆服务企业发现自身不足、提高竞争能力最直接有效的方法之一。

3）加强顾客期望管理

服务企业提供的服务具有无形性和异质性，因此顾客很难对服务结果做出准确判断，也很难与其他顾客进行相互比较。顾客对服务的评价取决于其购买后实际感受到的绩效与期望（顾客认为应当达到的绩效）的比较，它们都体现为顾客的心理认知。一般来说，顾客在购买、接受服务之前，会根据自己过去的经验、媒体宣传、企业形象、其他顾客的口碑等信息来源，对服务的功能价值、感知利失、品牌价值、情感价值和社会价值等形成一种心理期望，并将其作为进行服务感知价值判断的重要标准。如果实际感受到的绩效超出期望，顾客将会产生惊喜性评价；如果实际感受的绩效达不到期望，顾客将会产生不满。因此，顾客期望对顾客感知价值的形成能够产生积极的影响，企业必须对顾客期望进行有效管理。

新疆服务企业可以从以下方面加强顾客期望管理：

（1）识别顾客的不同期望层次。顾客期望可以分为理想服务水平期望和适当服务水平期望两个层次。前者是指顾客希望接受的服务水平，后者是指顾客认为可接受的最低服务水平。只有当顾客感知不低于最低期望水平时，顾客才会认可企业的服务。

（2）通过营销策略有效影响顾客期望。新疆服务企业可以通过营销活动向顾客做出明确的有关功能、情感、品牌、社会价值和感知利失的承诺，还可以通过服务人员、服务设施的设计和布置以及服务过程本身来影响顾客期望，但服务企业要避免过度宣传，以免使顾客产生超过企业能力的心理预期，从而适得其反。

（3）对顾客服务容忍区域进行有效管理。在顾客的理想服务水平期望和适当服务水平期望之间的区域，就是顾客服务容忍区域。理想服务水平期望是顾客想得到的服务水平，或希望服务企业提供的服务水平，但是由于现实条件的限制，顾客承认自己的理想服务水平期望常常是不可能达到的。因此，顾客有了另一个低水平的服务期望，即适当服务水平期望。适当服务水平期望是顾客可以接受的服务企业提供的最低水平的服务，如果服务企业提供的服务低于适当服务水平期望，顾客就会产生怨言。不同的顾客具有不同的服务容忍区域：一些顾客的服务容忍区域较窄，对服务企业提供的服务比较挑剔；一些顾客的服务容忍区域较宽，对服务企业偶然出现的服务差错也能接受。因此，新疆服务企业不仅要清楚顾客的服务期望，还要清楚顾客的服务容忍区域。在设计服务项目、服务质量水平和服务价格时，新疆服务企业要充分考虑理想服务水平期望和适当服务水平期望之间的距离，让顾客承认并愿意接受容忍区域范围的服务水平。

4）设计完善的服务流程

顾客对服务的感知不仅包括服务结果，而且包括服务过程。服务企业应设计流畅的、让顾客一目了然的服务流程，包括服务的传递顺序和内容，以及整个体系的运作方法。在服务流程中，顾客主要接触的是前台的人员和设施，但是有些服务流程是在后台进行的，而且后台的工作量往往比前台大，技术性也更强，是保证服务质量必不可少的环节。服务流程设计和管理的好坏，会直接影响服务的质量，进而影响服务企业的竞争力。所以，为了使本企业的服务区别于其他竞争者，新疆服务企业必须在服务流程上下功夫，按照最有利于顾客价值创造的运作流程进行重新整合，建立"顾客中心型"服务流程，从而有效满足顾客的需求，提高顾客的服务感知能力。

设计完善的服务流程应包括以下步骤：

（1）运用蓝图技巧。蓝图技巧，又称服务过程分析，是指通过分解组织系统和架构，鉴别顾客同服务人员的接触点，然后从这些接触点出发来提高服务质量。在服务蓝图中，企业可以直观看到服务的实施过程、接待顾客的地点、顾客与员工的角色以及服务中的其他可见要素。新疆服务企业若想提高服务质量和顾客满意度，就必须理解影响顾客认知服务产品的各种因素，蓝图技巧则为企业有效分析这些因素提供了便利，使管理人员有机会鉴别潜在的失误点和瓶颈，并采取预防措施来防止失误的产生，以此保证有效传递服务。新疆服务企业要善于运用蓝图技术勾画出服务企业的每个服务步骤并进行分析研究，进而设计出以顾客为导向的服务流程，以提高服务效率，满足顾客的需求和期望。

（2）确定标准跟进。标准跟进是指将服务产品和市场营销过程同竞争对手尤其是最具优势的竞争对手进行对比，在服务过程中使用流水线作业法，以使服务结果标准化、服务过程程序化、服务行为规范化。采用标准化的服务方式，不仅可以提高服务企业的内部运作效率，而且能为顾客提供快速、可靠、方便、一致的服务，使不同的顾客享受到平等的待遇。所以，新疆服务企业应在比较、检验和学习的过程中逐步提高自己的服务标准和服务质量。

（3）开展定制化服务。定制化服务是指服务企业根据顾客的具体需要，由服务技能较高、服务知识较丰富的服务人员为每一位顾客提供个性化的服务，以满足顾客独特的需求偏好。与标准化服务相比，定制化服务可以更好满足顾客的特殊要求，提升顾客的服务感知水平和满意程度。但是我们也应看到，服务定制化在一定程度上会降低企业的服务效率，并且高素质的员工及先进技术的获得会导致服务成本的大幅增长。因此，新疆服务企业应根据自己的实力，有选择地进行服务定制化。一般来说，当顾客在服务过程中与服务人员的互动程度较高、服务过程质量在服务质量中所占比重较大时，宜采用定制化程度较高的服务方式。

5）建立和实施服务补救机制

服务补救是服务企业针对服务失误而采取的行动。即使服务最好的服务企业，即具有最明确的服务目标并且清楚地理解顾客期望的服务企业，有时也会出现失误。出现失误并不可怕，可怕的是失误之后，企业不知道如何去弥补。所有的服务失误都会引起顾客的消极情绪和反应。经验表明，当企业出现服务失误导致顾客不满后，如果企业努力进行服务补救并最终使问题得以解决，那么这些顾客会比从未产生不满意的顾客更加忠实于该企业。

新疆服务企业可从以下方面进行服务补救：

（1）欢迎并鼓励顾客投诉。企业不仅要被动听取顾客的抱怨，还要主动查找那些潜在的服务失误，并提供各种奖励措施，鼓励顾客进行投诉。比较常见的方式是开通免费投诉热线、安放意见箱等。

（2）重视顾客提出的问题。顾客一旦进行了投诉，服务企业就必须高度重视，最好由企业高层管理者进行解决，以表明企业非常重视顾客提出的问题。千万不能把顾客的投诉束之高阁，或轻率了结此事，这样会给顾客留下受到企业轻视的印象。

（3）尽快解决问题。顾客认为，最有效的解决问题的方法就是企业的服务人员能主动出现在现场，承认问题的存在，并向顾客道歉和解释，将问题当面解决。一旦发现失误，服务人员必须迅速进行处理，没有得到妥善解决的失误会很快扩大并升级。同时，服务人员要在问题出现前预见到问题即将发生，并予以杜绝。

（4）授予员工解决问题的权力。员工必须被授予使用补救技巧的权力，在一定范围内，用于解决各种意外情况。

（5）从补救中吸取经验教训。服务补救不仅可以弥补服务失误，增强企业与顾客之间的联系，而且可以提高企业的服务质量。通过对整个服务补救过程的跟踪，企业可以发现服务系统中一系列亟待解决的问题，并及时修正某些环节，进而使服务失误不再发生。

6）构建有效的支持体系

（1）加强核心能力的培育与管理。顾客价值的战略定位是以企业的资源和核心能力为基础的。认知和把握企业的技术、市场的核心能力，可以为企业的规模扩张提供支持。核心能力的培育与管理是确保战略目标得以实现的首要前提，企业应强化对核心能力的动态管理。

（2）建立基于顾客价值的企业文化。企业创造和让渡顾客价值的所有活动归根结底是依靠员工来完成的。员工的满意程度与顾客感知到的服务质量之间有很强的正相关关系。满意的员工会和顾客建立起积极的关系，而不满意的员工会直接或间接将负面的情绪传递给顾客。同时，满意的员工乐于提出革新和改进组织的建议，而不满意的员工通常会抵制变化和学习。因此，新疆服务企业为实现竞争战略目标，必须开发基于顾客价值的企业文化，将顾客价值的理念深深植入每一个员工的心中，激励员工的创新行为。一方面，将员工视为企业的"内部顾客"，建立有利于实现员工个人价值和发挥其潜能的机制；另一方面，建立切实有效的激励机制，将员工的利益与企业的利益、顾客的利益紧密结合起来。

（3）建立高度整合的价值系统。价值系统的高度整合是指将企业的各项活动整合成一个自我加强的系统。由于任何一个企图模仿的竞争者都不得不复制整个价值系统，因此企业有了这个系统，在让渡顾客价值的同时，也能够有效抵御来自竞争对手的模仿。

（4）建立和完善绩效衡量系统。在战略实施的过程中，企业应不断将行为绩效与既定目标进行衡量，当出现偏差时，认真分析原因，并根据内外部环境的变化，及时修正行为或调整目标。一个有效的绩效衡量系统应包括目标的确立、目标的量化、绩效的测度指标、信息反馈的途径、分析评价方法以及纠偏措施等内容。

（5）建立网络营销系统。随着以电子商务为核心的网络经济的日益壮大和发展，网络营销观念应运而生。网络营销系统消除了时间和空间的壁垒，可以加强企业与顾客的沟通，使企业更加了解顾客的需求，从而增加反应的灵敏度，减少顾客交易成本。

6.4 新疆服务企业竞争战略模式选择

按照现代营销理论，在市场竞争中，根据竞争力的强弱和占有优势资源的多寡，竞争者可以分为市场主导者、市场挑战者、市场追随者和市场利基者。一般来说，掌握了 40%左右市场份额的竞争者为市场主导者，掌握了 30%左右市场份额的竞争者为市场挑战者，掌握了 20%左右市场份额的竞争者为市场追随者，掌握了 10%左右市场份额的竞争者为市场利基者。处于不同市场地位的新疆服务企业，应根据自身的竞争环境，在竞争战略模式的选择上做出恰当的取舍，从而提高企业的竞争力。

6.4.1　新疆服务企业市场主导者战略模式

1）市场主导者的行动目标

市场主导者也称市场领先者，是指在相关产品的市场上占有率最高的企业。一般说来，大多数服务行业都有少数几家服务企业被认为是市场主导者，其在价格变动、新产品的开发、营销渠道的设计与管理、促销与沟通等方面处于主宰地位，并为同业者所公认。

身处市场主导者地位的新疆服务企业日子并不好过，由于占有市场份额大、获利颇丰，因此必然成为众矢之的，不断面临着竞争者的挑战。竞争者密切关注着市场主导者的一举一动，觊觎市场主导者的地位，处心积虑地研究、分析市场主导者的各种缺陷，希望有朝一日能取而代之。

市场主导者的行动目标是使市场竞争结构处于平衡稳定的状态。它所采取的对策是尽量不使行业内在价格、市场占有率、技术、销售等方面发生激烈的竞争，使市场的发展和变化以自身为中心，从而获得稳定的市场竞争环境，保持自身已经取得的市场竞争优势地位，提高自身对市场变化的控制能力。在稳定市场的同时，市场主导者还要和市场挑战者保持差距，因为市场挑战者的发展目标是实现行业中的主导地位，在市场竞争的过程中，市场挑战者会采取各种竞争手段与市场主导者抗衡。对于市场追随者，市场主导者应采取宽容的政策，不与其进行正面竞争，可利用市场追随者来牵制市场挑战者，因为市场追随者的目标是取代市场挑战者。对于市场追随者，市场主导者应注意以下两个方面的问题：一是通过差别化战略，将一部分市场让给市场追随者，但不能影响市场主导者的竞争地位；二是注意防止市场追随者与市场挑战者形成联盟，如果它们形成联盟，市场挑战者对市场主导者的威胁就会大大提高。

2）市场主导者的战略重点

对于市场主导者来说，其首要关心的是如何维护自己的领导地位或上升为主要领导者，其次是如何占有更大的市场份额，因为这有利于增强其竞争优势。《孙子兵法》中说："故善战者，求之于势，不责于人。"这是说，善于指挥作战的人，总是希望通过造成有利态势去夺取胜利，而不去苛求部众。因此，市场主导者在任何时候都不能满足于现状，必须在产品的创新、服务水平的提高、分销渠道的畅通和降低成本等方面，始终保持行业领先地位。

市场主导者的战略重点：一是继续保持进攻态势，肩负行业使命；二是设置障碍进行防守；三是迫使追随者服从。

首先，"最好的防御就是进攻"，因此作为市场主导者的服务企业应保持进攻态势。富有进攻意识的市场主导者大都期望从战略行动中获取竞争优势和声誉，而保持进攻态势的关键则是不断进行产品改进和创新。其次，作为市场主导者的服务企业应想方设法扩大整个行业的需求，包括发现产品的新用途、吸引新顾客，以及更加频繁地进行促销等。最后，精明的进攻型市场主导者还会时时注意运用某些方式，使得一部分市场追随者的顾客转向购买自己的产品。通过上述途径，市场主导者可以使其增长速度超过整个行业并将竞争者的一部分市场份额纳入自己的势力范围。反之，如果一个市场主导者的销售额增长状况低于行业平均水平，它就失去了维持其竞争地位的基础。

市场主导者设置障碍进行防守的基本意图就是设法使新企业难以进入，并防止市场挑战者可能发动的攻击，以维持自己现有的市场份额，增强自己的竞争优势。实行防守战略时，市场主导者必须使自己的销售额增长与整个行业保持同等速度，同时还必须投入足够的资金，以保持自己的竞争能力。防守战略的具体措施包括：一是在挑战者发动进攻和新竞争者到来之前，设法提高行业的竞争程度，如增加广告宣传、对客服务、产品研制等方面的活动与费用；二是投入更多的品牌同市场挑战者现有或将有的产品进行比较和竞争；三是采取一定的行动，使得某些顾客购买竞争对手的产品更加困难或费用更高；四是拓宽产品线，堵塞竞争者可能经营的空隙；五是使自己产品的价格较为合理，但质量更加诱人；六是形成部分超过市场需求的生产能力，防止竞争者进行市场扩张；七是增加足够的投资，用以支持自己进行成本竞争和技术革新；八是通过购买专利来获取必需的技术和技能；九是同合作伙伴签订排他性合同。

市场主导者采用迫使追随者服从这一战略的目的是推动行业内的所有企业都遵守一种不成文的传统，即在制定价格或其他方面，较小的企业应当追随市场主导者行事；同时，市场主导者可运用自己的竞争实力向那些可能成为挑战者的企业示威，向那些企业表明这种挑战将会受到强有力的回击。

3）新疆服务企业市场主导者战略模式的实施

处于市场主导者地位的新疆服务企业面临着激烈的市场竞争，为了保持自己的竞争优势或领先地位，企业必须保持高度警惕并采取适当的战略战术，否则就可能失去领先地位。在新疆境内，属于市场主导者的服务企业主要有：一是中央企业，如三大电信运营商、四大保险公司、五大国有商业银行、铁路和民航等；二是上市公司，如新疆友好（天山百货大楼、友好商场、美美友好等）、美克美家、渤海租赁、新疆广汇、汇嘉时代等；三是已进入新疆的国内外企业，如零售企业的家乐福、世纪金花、太平洋百货、西单商场、苏宁电器、国美电器等，餐饮企业的肯德基、德克士、全聚德等；四是在行业中影响最大的企业，如新疆五星级酒店中的乌鲁木齐银都酒店、新疆海德酒店、新疆鸿福大饭店、乌鲁木齐美丽华酒店、新疆银星大酒店、乌鲁木齐华凌大饭店、新疆瑞豪国际大酒店、喜来登乌鲁木齐酒店、南航明珠国际饭店、新疆海大酒店、新疆世纪百盛大酒店、新疆海天大酒店、新疆大酒店等。目前对处于市场主导者地位的新疆服务企业来说，其竞争的重点问题包括：一是坚守行业使命；二是继续保持行业领先优势；三是防御其他行业的企业进入。

市场主导者战略模式实施的主要思路如下：

（1）扩大市场需求总量

作为市场主导者的新疆服务企业的销售额与行业整体市场的现状密切相关，当整个市场需求扩大时，其受益最多。因此，作为市场主导者的新疆服务企业在扩大市场整体需求规模方面也肩负着较大的责任。一般说来，市场主导者可从三个方面扩大市场需求量：一是发现新顾客。因为每种产品都有吸引新顾客的潜力。二是开辟新用途。为产品开辟新的用途，可以扩大需求量，并使产品畅销不衰。三是增加使用量。促进顾客增加使用量也是扩大市场需求量的一种重要手段。

（2）保持市场占有率

作为市场主导者的新疆服务企业总是面临着一个或几个实力雄厚的竞争者，甚至是替代产品行业的竞争者的激烈竞争。所以，作为市场主导者的新疆服务企业必须有效防御自己的阵地，保持自己已经取得的市场占有率。可供选择的防御战略有以下几种：一是阵地防御，就是在现有阵地周围建立防线。这是一种静态的防御，是防御的基本形式。二是侧翼防御，是指市场主导者除了应保卫自己的阵地外，还应建立某些辅助性的基地作为防御阵地，必要时还可将其作为反攻基地。市场主导者应特别注意保护自己较弱的侧翼，防止对手乘虚而入。三是以攻为守，即在竞争者尚未进攻之前，先主动攻击它。这是一种先发制人式的战略，这种战略主张的做法是：当竞争者的市场占有率达到某一危险的高度时，就对竞争者发动攻击；或者是对市场上的所有竞争者全面攻击，使人人自危。四是反击防御。当市场主导者遭到竞争者发动的降价或促销攻势，或改进产品、占领市场阵地等进攻时，市场主导者不能只是被动应战，还应主动反攻入侵者的主要市场阵地。市场主导者可实行正面反攻、侧翼反攻，或发动钳形攻势，以切断进攻者的后路。五是运动防御。这种战略是指不仅要防御目前的阵地，而且要将新的市场阵地作为未来防御和进攻的中心。六是收缩防御。在所有市场阵地上进行全面防御有时会得不偿失，在这种情况下，最好实行战略收缩，即放弃某些疲软的市场阵地，把力量集中到主要的市场阵地上去。

（3）提高市场占有率

设法提高市场占有率，也是增加收益、保持市场主导者地位的一个重要途径。作为市场主导者的新疆服务企业也可以通过进一步扩大市场占有率来增加销售。尤其是在一些规模较大的市场上，每提高 1 个百分点的市场占有率，就意味着增加大笔的利润。一般来说，市场占有率越高，投资收益率越大。要提高市场占有率，通常应考虑以下三个因素：第一，引起反垄断活动的可能性。许多国家有反垄断法，当企业的市场占有率超过一定限度时，有可能会受到指控和制裁。第二，为提高市场占有率所付出的成本。当市场占有率已达到一定水平时，再进一步提高市场占有率就要付出很大代价，结果可能会得不偿失。美国的一项研究表明，企业的最佳市场占有率是 50%。第三，有些营销手段对于提高市场占有率很有效，却不一定能增加收益。只有在以下两种情况下，市场占有率才同投资收益率成正比：一是随着市场占有率的提高，单位成本保持不变；二是在提供优质产品时，销售价格的提高大大超过为提高质量所投入的成本。

6.4.2 新疆服务企业市场挑战者战略模式

1）市场挑战者的战略目标和攻击对象

市场挑战者是指那些相对于市场领先者来说在行业中处于第二、三位次的企业。处于次要地位的企业如果向市场领先者发起挑战，首先必须确定自己的战略目标和攻击对象，然后选择适当的进攻策略。

大多数市场挑战者的战略目标是提高市场占有率，进而达到提高投资收益率和利润率的目标。市场挑战者在明确战略目标以后，就应确定谁是主要竞争对手。

一般说来，市场挑战者可以选择以下几种类型的攻击对象：

（1）攻击市场领先者

这是一种既有风险又具有潜在价值的战略。一旦成功，市场挑战者的地位就会发生根本性的改变。企业采用这一战略时，应十分谨慎，进行周密策划，以提高成功的可能性。

（2）攻击与自身实力相当的企业

这是指抓住有利时机，向那些势均力敌的企业发起进攻，把竞争对手的顾客吸引过来，夺取它们的市场份额，提高自己的市场份额。这种战略风险小，若胜多败少的话，可以对市场主导者造成威胁，甚至有可能改变企业的市场地位。

（3）攻击实力较弱的企业

这是指当某些中、小企业出现经营困难时，可以通过兼并、收购等方式，夺取这些企业的市场份额，以壮大自身的实力和扩大市场占有率。

2）新疆服务企业市场挑战者战略模式的实施

在新疆境内，属于市场挑战者的服务企业主要有新疆本地的服务企业或者区外服务企业在新疆的分支机构，它们都有一定的经营规模和品牌影响力。例如，物流企业有阿凡提物流、天地华宇物流、凯源物流、鹏顺物流、鑫航运物流等；金融企业有招商银行、兴业银行、华夏银行、浦发银行等；零售企业有好家乡超市、爱家超市、阿尔曼超市、每日每夜超市等；餐饮企业有五月花、苏式牛肉面、新疆第一盘、柴窝堡玉兰大盘鸡、回家食府、回府家宴、老孙家、七百碗等；旅行社有新疆大西北国际旅行社、阿凡提旅行社、康辉国际旅行社、中青旅新疆国际旅行社、大自然国际旅行社、新疆海外国际旅行社、港中旅国际旅行社、新疆观光国际旅行社、中旅假日旅行社等；宾馆酒店有鸿鑫酒店、东方王朝大酒店、友好大酒店、格兰德酒店、伊犁大酒店、城市大酒店、鑫都酒店、屯河华美达大酒店、新疆国际大巴扎等。

各行业中都有一个或几个企业被公认为市场主导者，作为市场挑战者的服务企业都密切注视着市场主导者，希望通过对市场主导者战略的模仿实现自身目标。然而在现实中，复制往往不能达到理想的市场效果。要想成功地与市场主导者展开竞争，一个可取的做法就是采取与市场主导者不同的战略，满足顾客的需要。

处于市场挑战者地位的新疆服务企业必须采用进攻性竞争策略。在发动实际进攻之前，市场挑战者必须广泛收集资料，分析竞争情况，确定挑战目标和进攻对象，选择竞争战略。常用的进攻战略主要有：

（1）正面进攻

正面进攻是指市场挑战者集中兵力，正面向对手发起攻击，而不是向对手的弱点进行攻击，其结果取决于谁有更长的持久力。在纯粹的正面进攻中，市场挑战者可以针对对手的产品、广告、价格等发起攻击。为了使纯粹的正面进攻能够成功，市场挑战者需要具有超过竞争者的实力。如果市场挑战者的实力比防守者弱很多，则正面进攻等于"自杀"。

（2）侧翼进攻

侧翼进攻是指集中优势力量，攻击竞争对手的弱点。市场挑战者可以采取"声东击西"的做法，佯攻正面，实际攻击侧面或背面，从而使竞争对手措手不及。具体可以采取两种策略：一是地理性侧翼进攻，即在某一地理范围内针对竞争者力量薄弱的市场发动进攻；二是细分性侧翼进攻，即寻找还未被市场主导者覆盖的产品和服务的细分市场，迅速填空补缺。

（3）围堵进攻

围堵进攻是一种全方位、大规模的进攻策略。市场挑战者只有拥有优于竞争对手的资源，能向市场提供比竞争对手更多的质量更优、价格更廉的产品，才可采用围堵进攻策略。

（4）迂回进攻

迂回进攻是指市场挑战者完全避开竞争对手现有的市场阵地，而是采用迂回的办法进攻的策略。具体做法有三种：一是实行产品多角化经营，发展某些与现有产品具有不同关联度的产品；二是实行市场多角化经营，将现有产品打入新市场；三是发展新技术产品，取代技术落后产品。

（5）游击进攻

游击进攻是指以小型的、间断性的进攻干扰竞争对手，使竞争对手的士气低落，不断削弱其力量的策略。例如，市场挑战者可以向竞争对手市场的某些角落发动游击式的促销或价格攻势，逐渐削弱竞争对手的实力。

3）新疆服务企业市场挑战者的定位策略

面对消费者对市场主导者的种种赞誉，市场挑战者要不卑不亢，冷静分析自身的优势和劣势，明确所处市场环境中的机会和挑战，把握前进的方向，利用竞争参照系校准自己的位置，制定行之有效的定位策略，这样才能取得竞争的胜利。

竞争参照系是指市场成员在参与竞争的过程中自发形成的市场竞争格局。在不同的竞争参照系中，因市场环境和竞争状况的不同，市场挑战者可以采取的定位策略有很大差异，竞争的结果更是迥然不同。市场挑战者不能选择自己的出身，但是可以选择竞争对手，选择进入不同的竞争参照系参与竞争，从而在竞争排序中为自己争取最佳位置。具体做法是：

（1）建立全新的竞争参照系，成为新的市场主导者

如果市场挑战者以同类产品在原有竞争参照系中参与竞争不具备市场优势，则可以考虑推出新的产品品类，建立全新的竞争参照系，从而使自己成为新品类的领导者，如招商银行的"一卡通"。

（2）在竞争参照系中进行比附定位

比附定位的原理就是在竞争参照系中将自己紧挨着市场主导者排列，以借势成名，这是市场挑战者明智的战略选择。市场主导者在竞争参照系中是当之无愧的第一、众人瞩目的对象，而谁是市场第二人们往往意见不一，市场第二也不像市场第一那样要承受超乎寻常的压力。然而，市场第二是紧随着市场第一的，很容易跑马圈地。例如，史上最经典的比附定位案例当属美国艾维斯汽车租赁公司。20世纪60年代，赫尔茨公司占据了美国汽车租赁市场份额的55%，为了避免与之正面交锋，艾维斯汽车租赁公司在其广告中发出了著名的"老二宣言"，由于其巧妙地与市场主导者建立了联系，因此艾维斯汽车租赁公司的市场份额大幅上升。

（3）针对竞争参照系中市场主导者的弱点来定位

市场主导者往往具有突出的、他人无法获得的优势，因此市场挑战者要善于在市场主导者的盛名之下发现其潜在的劣势或弱点，将自身定位于市场主导者劣势的一面，从而有效地营销自我。

6.4.3　新疆服务企业市场追随者战略模式

1）市场追随者的竞争地位及战略要求

市场追随者是指处于次要地位、不热衷于挑战的企业。在大多数情

况下，企业更愿意采用市场追随者战略。其主要特征包括：一是产品的同质程度高，产品差异化和形象差异化的机会较低；二是服务质量和服务标准趋同；三是消费者对价格的敏感程度高；四是行业中的任何价格挑衅都可能引发价格大战；五是大多数企业准备在此行业中长期经营下去。

市场追随者不是盲目、被动地单纯追随市场主导者，其任务是确定一个不致引起竞争性报复的追随战略，在不同的情形下有不同的策略组合和实施方案。其战略要求包括：一是必须懂得如何稳定自己的目标市场，保持现有顾客，并努力争取新的顾客；二是必须设法创造独有的优势，给自己的目标市场带来如地点、服务、融资等某些特有的利益；三是必须尽力降低成本，并提供具有较高质量的产品和保证较高的服务质量，防备市场挑战者的攻击，因为市场追随者是市场挑战者首选的攻击目标。

2）新疆服务企业市场追随者战略模式的实施

在新疆境内，属于市场追随者的服务企业主要是竞争地位与市场挑战者相当或者仅次于市场挑战者的各类服务企业。它们当中既有传统服务企业，也有现代服务企业，并且绝大多数由新疆本地成长的中小服务企业构成。例如，金融企业有乌鲁木齐银行、昆仑银行、哈密银行、天山农村商业银行等；旅行社有西域国际旅行社、航空国际旅行社、大地国际旅行社、新铁国际旅行社、邮政旅行社、石油旅行社、丝路晨光旅行社等；酒店有皓天国泰大饭店、亚欧大陆桥酒店、东方龙酒店、开源酒店等；特色餐饮企业有图玛热斯大酒店、伊合拉斯餐厅、胡子王面旗子店、刀郎连锁饭庄、火焰山饭店、库尔汗大餐厅、巴格瓦大饭店、帕尔拉克大饭店等；物流企业有凯诺物流公司、亿联达物流公司、诚远信通物流公司等。另外，近几年在新疆快速发展起来的各类信息服务企业、科技服务企业和商务服务企业等，也属于市场追随者。

上述新疆中小服务企业由于在实力上、技术上、人员素质上与市场主导者、市场挑战者相比明显处于劣势，因此适合采用以下市场追随者战略：

（1）紧密追随

战略上突出"仿效"和"低调"。市场追随者在各个细分市场和市场营销组合上尽可能仿效市场主导者，以至于有时会使人感到这种市场追随者好像是市场挑战者，但是它从不激进地冒犯市场主导者的领地，在刺激市场方面保持"低调"，避免与市场主导者或市场挑战者发生直接冲突。

（2）距离追随

战略上突出"保持合适的距离"。市场追随者在目标市场、产品创新与开发、价格水平和分销渠道等主要方面都追随市场主导者，但仍与市场主导者保持若干差异，以形成明显的距离。市场追随者对市场主导者既不构成威胁，又因占有很小的市场份额而使市场主导者免受独占之责。采取距离追随策略的服务企业，可以通过兼并同行业中的一些小企业逐步提高自己的实力。

（3）选择追随

战略上突出"追随和创新并举"。市场追随者在某些方面紧跟市场主导者，而在另一些方面别出心裁。这类企业不是盲目追随，而是择优追随，在对自己明显有利时追随市场主导者，在追随的同时还不断发挥自己的创造性，但一般不与市场主导者展开直接竞争。采取这种战略的市场追随者有可能发展成为市场挑战者。

3）新疆服务企业市场追随者的品牌策略

对于市场追随者来说，它们在市场上处于弱势，无法拿出很多资源来打造品牌，所以它们应集中有限力量，实施品牌策略。

（1）全体员工的积极参与

强大的品牌来源于忠诚的顾客，而没有忠诚的员工也很难有忠诚的顾客。无论企业打造品牌的规划有多完整、方法有多科学，员工的言谈举止等对于品牌来说都是最有说服力的，是最好的品牌识别，是打造品牌的有效手段之一。尤其是在信息纷杂、受众分化、广告等打造品牌的手段费用上涨而效率下降的传播环境中，企业更应该重视全体员工的参与对于打造品牌的意义。全体员工参与，就是要求员工做到思想上认同品牌价值、工作中发扬品牌精神、行为上注意品牌规范、细节上为品牌增砖添瓦。

（2）明确的品牌核心价值

品牌的核心价值如同一个团队的旗帜，是整个团队的中心所在，团队的所有成员都必须围绕着这面旗帜来展开行动。既然是旗帜，那么它首先要体现团队的性质，然后要区别于其他团队，这样才不会引起混乱。品牌的核心价值也是一样，它首先要体现品牌的性质，然后要明显区别于竞争对手。

（3）超越期望的顾客服务

服务是维系品牌与顾客关系的纽带，超越期望的顾客服务是形成顾客忠诚的关键。提供超越期望的顾客服务所付出的成本是非常低的，对于实力不强的公司而言，这是一把克敌制胜的利器，关键是要用心去做，设身处地为顾客考虑。例如，麦当劳之所以受到全球各地许多消费者的喜爱，就是因为其设身处地为顾客考虑，不断提供超越期望的顾客服务。麦当劳通过口感调查发现，保持在 4℃时的可乐喝起来最爽口，于是就开发出了使可乐温度保持在 4℃的方法，并在其全球的加盟店严格执行，从而使顾客喝到了口感最好的可乐。麦当劳餐厅还设置了面对墙壁的就餐台，这是为了避免当顾客一个人前来用餐时与素不相识的陌生人面对面就餐的尴尬。这些所谓的"额外"服务，其实成本并不高，却是麦当劳取得竞争优势的关键，麦当劳的品牌就在这种不经意的服务中形成了。

（4）前瞻的品牌规划

打造品牌是一种长期的行为，是有规律可循的。品牌规划首先就是确定品牌的发展模式（如单一品牌、多品牌、主副品牌及品牌延伸等），在确定了品牌的发展模式后，还要确定打造这些品牌需要哪些资源和能力、现在有没有、如何培育等。例如，多品牌模式对企业的管理水平、市场研究水平、规模实力等都有比较高的要求，而采用主副品牌模式的条件就是有一个强势的品牌可以作为主品牌。

（5）细致的品牌管理

无论品牌规划多么科学，品牌的核心价值多么明确，如果没有细致的品牌管理来支持，一切都只是空中楼阁。品牌管理就是对品牌的创建、维持以及巩固等全过程实施科学的监控，并不断根据顾客的反馈进行调整的过程。顾客与品牌的沟通是通过一个个接触点来进行的，这些接触点如品牌的陈列、销售人员的推销、顾客的投诉、售后服务人员的表现、电话咨询等，看上去都不起眼，但积少成多、量变引起质变，品牌整体的形象正是通过这些接触点形成的。这些接触点是一个系统，顾客对品牌的印象来自不同接触点的综合影响，许多企业往往注重那些能看到的、重要的接触点，而忽视了那些不易被发现的接触点，结果常常是一边做加法，另一边却在做减法，品牌资源就这样不知不觉地被消耗着。所以，细致的品牌管理是降低成本、打造品牌的有效途径。

6.4.4 新疆服务企业市场利基者战略模式

1）市场利基者战略的内涵

"利基"一词是英文"niche"的音译，是指悬崖上的石缝，登山时人们以这些微小的缝隙作为支点向上攀登，有拾遗补阙或见缝插针的意思。20世纪80年代，美国学者将"利基"一词引入市场营销领域。营销大师菲利普·科特勒给"利基"下的定义为："利基是更窄地确定某些群体，这是一个小市场，并且它的需要没有被服务好，或者说有获取利益的基础。"营销者确定利基市场的方法通常是把细分市场再细分，或确定一组有区别的为特定的利益组合在一起的少数人。如果细分市场相当大，则会吸引许多重量级的竞争者，而利基市场相当小，因此只会吸引少数竞争者。小企业如果把自己放在市场利基者的位子来考虑竞争战略问题，则更符合实际情况。由上述可知，市场利基者战略是指企业为了避免在市场上与强大的竞争对手产生正面冲突而受其攻击，选取被大企业忽略的、需求尚未得到满足的、力量薄弱的、有利益基础的小市场作为目标市场的竞争战略。

在现代市场经济条件下，在服务业的各个行业，小微（弱势）企业占绝大多数，它们经营规模小、市场影响力弱、资源能力有限，一般只能占有很小的市场份额。在竞争中，尤其是在同行业主导者的竞争中，小微企业往往处于不利的境地，但是它们也有自身的优点：由于规模小，行业退出壁垒低，因此易于转产；由于组织结构简单，管理人员少，易于协调，可以在短期内迅速做出决策，因此能够比大中型企业更快地根据市场需求的变化调节经营活动，能够更快地采用适当的技术，推出新的服务（产品）开拓市场。

2）新疆服务企业市场利基者战略模式实施的必要性

从目前来看，新疆95%以上的服务企业都属于小微企业，这些小微服务企业在激烈的市场竞争中都有自己的特点，因此采取市场利基者战略模式很有必要。

（1）适应外部环境变化，求得生存和发展

环境是企业进行战略选择首先应考虑的因素，绝大多数服务企业都是随着环境的变化而变化的，新疆小微服务企业更应随着环境的变化来调整自己的战略思维。近年来，新疆小微服务企业面临的市场营销环境发生了巨变，这给小微服务企业的生存和发展带来了极大的风险。在此背景下，小微服务企业已不可能再像我国改革开放之初那样拥有众多的外部市场机会了。现在，几乎所有领域或服务行业都面临着激烈的市场竞争，服务企业惯用的多元化战略已经难以为继了。小微服务企业必须进行战略转型，以专业化为主导战略，在更加细分的利基市场上集中资源，形成有优势的攻击力量，阻止竞争对手的进攻，从而为企业赢得生存和发展的空间。

（2）实施后发战略，改变竞争地位

在激烈的市场竞争中，参与竞争的不仅有新疆本地服务企业，而且有大量的区内外的服务企业。小微服务企业不管是与本地的大中型服务企业相比，还是与区内外的服务企业相比，都处于后发者的位置。对于新疆小微服务企业而言，如何利用自己的后发战略是至关重要的。后发战略的核心是集中有限的资源专门攻击强大竞争对手的薄弱环节，在不引起强大竞争对手注意的情况下，占据某个服务市场的领先位置，将服务（产品）从新疆推向全国乃至全球；同时，尽快建立防御壁垒，阻止竞争对手跟进或者削弱其进入后的优势，逐渐形成自己的后发优势。在需求多样化的市场环境中，新疆小微服务企业通过实施后发战略，可以避开与实力强大的服务企业的正面冲突，有效规避竞争带来的风险和压力，还可以借助更专业、更细微的服务来赢得有利的市场地位，形成独具特色的经营方式和经营行为，最终形成差别化的优势，从而为企业的生存和发展提供持久的动力。

（3）提供个性化需求，带来附加利润

市场竞争的不断加剧，导致各类新产品不断出现，该类产品在增加消费者的选择空间的同时，也刺激了消费者对新产品的不断追求。另外，在买方市场条件下，大众主流产品已不能满足消费者的个性化需求。因此，新疆小微服务企业能够比其他企业更好地满足消费者的个性化需求，在给消费者带来更多附加价值的同时，自身也可以获得更多的利润。

3）新疆服务企业市场利基者战略模式的实施

新疆小微服务企业总数多，涉及行业广，影响面大。它们既包括传统的服务企业，如物流企业等，也包括新兴的服务企业，如家政公司等；既包括生活性服务企业，如零售企业、餐饮企业等，也包括生产性服务企业，如咨询策划公司等。它们在市场竞争中既面临着发展问题，更面临着生存问题。

（1）寻找利基市场

寻找利基市场是实施市场利基者战略模式的关键环节。寻找利基市场主要有三种思路：一是填补市场空白。索尼公司董事长盛田昭夫在20世纪60年代指出：在无数的大圆圈与小圆圈之间，必然存在一些空隙，即仍有一部分尚未被占领的市场。"空隙"市场的产品服务面比较窄、市场容量不大，大中型服务企业因不能形成规模生产而不愿插足该领域，对小微服务企业而言则可以扩大市场占有率，从而形成独特的竞争优势。二是开辟全新的市场。并非所有的利基市场都在大圆圈和小圆圈之间。人的欲望是无限的，一个成功的企业不仅能够识别消费者的现实需求，而且能够发现消费者潜在或深层的欲望，从而开辟出全新的市场。小微服务企业必须努力去挖掘，凭借自己的资源优势，通过提供特定的产品（服务），使消费者的这种需求由潜在走向现实。三是避实击虚，取而代之。在大企业的高压竞争态势下，小微服务企业应避开大中型服务企业的锋芒，寻找竞争对手的弱点，这种弱点很可能就是小微服务企业的利基，是小微服务企业可取而代之的市场机会。正如迈克尔·

波特所说:"最好的战场是那些竞争对手尚未准备充分、尚未适应、竞争力较弱的市场。"

（2）占领利基市场

找到利基市场后，小微服务企业可采用以下方式进入利基市场：一是采用渗透战略。渗透战略是指通过缓慢但不断增长的销售量来逐渐扩大市场份额，从而构筑有利的市场地位的策略。一旦构筑了利基市场的领导地位，利基者的市场表现就会呈现出良好的发展态势。当企业在无声无息中成为利基市场领导者的时候，由于局部市场的绝对市场份额建立起了强大的壁垒，因此竞争对手难以对小微服务企业构成威胁。二是进行有效的营销组合。在产品策略方面，根据利基市场特殊的顾客需求，开发具有独特性能或专门化的产品满足顾客需求，不断进行技术创新，满足利基市场发展的需要；在定价策略方面，可以采用高价策略，这是因为小微服务企业作为利基者，提供的产品和服务专业性很强，比其他企业提供的产品和服务更符合顾客的需要，而且其目标市场较窄，产品和服务的价格交叉弹性和价格需求弹性较小；在分销渠道策略方面，小微服务企业应选择"扁、平、快"的专门化分销渠道，这样有利于小微服务企业集中企业资源，与顾客充分沟通，从而保证渠道畅通，提高渠道效率；在促销策略方面，小微服务企业可以抓住利基市场的特征，将促销和沟通活动设定在特定的消费者身上，制造差异化，这样既可以降低促销成本，又能减少与其他企业的竞争，更有利于将产品和服务的信息传递给目标消费者。

（3）扩大利基市场

由于利基市场比较狭小，因此当利基市场上的需求受到某种影响而改变，或面临竞争对手的强烈正面攻击时，就会导致企业利润突然下滑。小微服务企业为了增加生存机会，进入利基市场后就应致力于扩大利基市场。其基本思路如下：一是从广度上扩大利基市场，当企业在一个利基市场找到了立足点以后，就可以继续利用现有的能力和资源，开发新的类似的利基市场。这需要企业进行持续的技术创新，保持对市场敏锐的观察力，以确保对利基市场选择的正确性。二是从深度上扩大利基市场，就是要提供有附加价值的产品和服务，努力增加新的服务项目，实施交叉销售，以迎合更多具有特殊需要的顾客的偏好，扩大顾客资源，提高顾客忠诚度和市场占有率，从而获得较高的边际收益。

（4）捍卫利基市场

捍卫利基市场可以采取以下措施：第一，保持并加大差异化优势。市场利基者战略的实质是差异化战略，因此利基企业可以在以下四个方面保持并提高这种优势：一是降低顾客的使用成本，而不是仅降低服务产品的价格；二是提升产品和服务的性能；三是为顾客带来持续的精神上的愉悦或满足，包括安全感、时尚感、尊贵感等；四是真正做到我所有的别人没有，我所能的别人不能。第二，用创新捍卫利基市场。对于利基企业来说，创新几乎就是生存之本。在这里，创新首先是一种态度、一种生存方式，其次才是技术（组织、文化、知识产权等）的创新，这种创新所带来的竞争优势能够持续更长的时间。第三，采用垂直一体化战略捍卫利基市场。竞争的日益加剧使得利基企业与对手之间的较量延伸到了价值链的各个环节，因此一部分小微服务企业采用垂直一体化战略来增强竞争优势。垂直一体化战略可以增加企业的差别化能力，建立或加强企业的核心能力，但是只有当利基市场达到一定规模时采用垂直一体化战略才是必要的，否则将增加小微服务企业的行业风险和资金风险。

第 7 章　新疆服务企业竞争战略的实现路径

　　竞争战略以及相应的竞争战略模式为今后新疆服务企业的发展提出了战略目标，而要实现这个战略目标，必须脚踏实地地将竞争战略落在实处，这就要依赖竞争战略的实现路径。新疆服务企业竞争战略的实现路径主要是指科学地运用服务营销组合策略工具。传统的营销组合策略工具是指 4Ps 营销组合策略，即产品（Product）、价格（Price）、渠道（Place）和促销（Promotion），这主要适合制造企业。然而，服务企业在进行市场营销的过程中，发现 4Ps 营销组合策略很难完全体现服务企业的特点。正如格鲁诺斯所说："最近，人们发现传统营销组合中的要素有很大的局限性。"美国服务营销学家布姆斯和比特纳提出了 7Ps 服务营销组合策略，即在传统的 4Ps 营销组合策略的基础上，加上服务人员（Service People）、有形展示（Physical Evidence）和服务过程（Service Process）。因此，新疆服务企业竞争战略的实现路径就是要设计和运用好 7Ps 服务营销组合策略。

7.1　服务产品策略

　　服务产品策略是指有关服务及其设计和生产的策略。

7.1.1 服务品牌化的价值

服务品牌是指服务企业、服务岗位、服务人员、服务生产线、服务活动、服务环境、服务设施、服务工具乃至服务对象的名称或其他标识符号，这是一个很广的概念。例如，中国人民解放军第四七四医院的眼科很有名，这里的服务品牌只是服务机构的一个服务部门的名称；新疆建设银行"向党工作站"既是服务部门的名称，又是服务人员的名字（李向党是中国建设银行新疆区分行营业部职员，他于2001年荣获中国建设银行"十大杰出青年"和"优秀共产党员"称号，2002年获得全国五一劳动奖章，并光荣当选为党的十六大代表）。

服务品牌化给顾客带来的价值主要有：

（1）有利于顾客对服务特色的识别。由于服务的无形性，因此服务企业的服务特色比较难以识别，而服务品牌作为服务的一种有形线索，能向市场提示服务特色，有利于顾客识别服务特色。

（2）有利于保护服务知识产权和促进服务创新。有品牌的服务创新，一旦注册以后就拥有了受法律保护的知识产权，因此服务品牌化有利于促进服务企业的创新。例如，"柴窝堡辣子鸡"以当地的土鸡为原料，具有独特的风味（也是一种专有技术诀窍），在新疆很受欢迎，于是冒出了不少假冒者，后来正宗的"柴窝堡辣子鸡"店进行了商标注册，开始保护自己的知识产权。

（3）有利于服务企业的内部营销。服务品牌可以起到传达企业服务理念的作用，服务"人员品牌"同样可以起到服务榜样的作用，而这些正是促进服务企业内部营销的有利因素。

（4）有利于服务企业的关系营销。服务企业一旦树立了自己的品牌，尤其是成了名牌，那么无论对企业保持老客户、争取新客户，还是发展社会关系，都十分有利。这是因为品牌尤其是名牌或"老字号"店铺，可以不断提醒老顾客保持对服务企业的忠诚，可以让老顾客进行口碑"宣传"，还可以传播服务企业的良好形象。

（5）有利于拓展服务渠道和服务市场。服务渠道和服务市场的拓展往往涉及服务品牌的有偿或无偿转让，而服务企业一旦拥有著名品牌，这种转让就会比较顺利。

7.1.2 服务品牌化策略

1）服务的个性化和特色化

要树立和发展服务品牌，就要打造和发展服务的个性和特色。提供个性化服务是新疆服务企业塑造核心竞争力的一个出发点。一方面，只有研究顾客的消费需求，满足顾客需要，推出特色服务，企业才能在市场上立足；另一方面，深入了解每位顾客的偏好，根据不同顾客的不同需求，提供个性化、柔性化的服务。例如，在酒店建立顾客档案，对顾客的住址、生日、口味、最喜爱的菜以及宗教信仰等方面的资料进行电脑存档，等到春节、古尔邦节或顾客生日时给顾客发一封由总经理签名的电子邮件。服务企业要从竞争对手和市场空缺中寻找机会，建立自己的比较竞争优势，以差异化的市场竞争战略作为表现形式，构建支撑这种优势的核心能力。例如，阿尔曼超市经营的食品以及食品的包装都具有浓郁的民族特色和风格，很受顾客尤其是少数民族顾客的欢迎。服务的个性化和特色化还可以体现在服务品牌的视觉形象上。服务品牌的视觉形象主要是指企业或店铺的标准字体以及相关的标志、标准图形、标准色彩等。例如，乌鲁木齐五月花餐饮文化连锁有限公司在进行视觉形象的设计时，主要围绕"华贵""民族""地域""传统"这四个要素，效果很好。

2）创造强烈的组织联想

拥有良好品牌的企业要为顾客开发出重要并具有价值的服务。仅仅将自己的服务和竞争者区别开来是不够的，企业提供给市场的服务还必须是有价值的，这种企业的服务业绩将比竞争者好，在此过程中也会获得较好的口碑。由于服务产品极易被模仿，在一些情况下，提供什么样的服务往往不重要，对于顾客来说，重要的是谁在提供服务、如何提供服务，因此具有良好声誉的企业必须使顾客能够产生强烈的组织联想。通过创造组织联想，企业还可以增进品牌与顾客之间的感情，扩大品牌的传播范围，增强品牌的影响力。

3）建立与顾客的情感联系

服务通常是和情感联系在一起的，因此拥有良好品牌的企业总是试图超越服务的逻辑和经济层面，从而给顾客带来信任感、热情和亲切感。消费者生活在一个情感的世界里，他们的感受影响着他们的决定，而伟大的品牌能够超越特定的产品和利益的概念，深入消费者的情感世界。例如，新疆男篮是 CBA 的一支球队，新疆男篮在与球迷建立情感联系上下功夫，为很多球迷提供了娱乐享受，并深受球迷的喜爱，以至于对多数球迷来说，新疆男篮的含义远超过一支球队，其品牌内涵也超越了篮球甚至输赢的界限，新疆男篮意味着欢乐，是新疆区域文化的一部分。

4）将服务品牌内在化

服务品牌是在服务接触中产生的，顾客在评价一个品牌的好坏时，他的实际经历起着关键作用。服务企业的员工是向顾客传递品牌的重要媒介，因此与顾客接触的员工具有非常重要的作用，在服务过程中，员工把一个市场宣传的品牌变成了消费者经历过的品牌，员工的行为可以支持或者破坏品牌塑造的过程。拥有良好服务品牌的企业往往会将品牌内在化。品牌内在化是一个持续的过程，企业应强化员工与品牌宗旨一致的行为，鼓励并奖励员工为品牌发展做出贡献，与员工共享品牌推广后的成果，最重要的是让员工关心和培育品牌，使员工感觉到自己是品牌的一部分。

5）保持服务品牌的活力

企业只有建立服务信息系统，形成技术与管理的创新机制，及时了解消费者的服务需求，通过营销创新、技术创新、服务创新、管理创新等手段，设计更加合理、人性化的新产品和服务，更好地满足消费者的服务需求，才能提高自身对市场的应变和适应能力，保持旺盛的生命力和品牌活力，使服务品牌的生命周期乃至企业的生命周期得以延长。

6）提高服务品牌的知名度和美誉度

在当今这个"酒香也怕巷子深"的时代，加强宣传、扩大品牌效应非常重要。因此，企业可以通过广告、公共关系等方法传播服务品牌，让消费者知道、赞同、欢迎并踊跃体验品牌服务提供的实惠，以扩大服务品牌的知名度和美誉度，努力使品牌效应最大化。

7.1.3　服务新产品开发策略

顾客的需求是不断变化的，企业的服务产品也经历着从成长到衰亡的发展过程。因此，新疆服务企业要想在激烈的市场竞争中获得成功，就必须以顾客为导向，不断开发出新的服务产品，以适应不断变化的市场需求。

服务新产品是指首次在市场上出现或企业首次开发出的，可以给顾客带来某种新的满足或新的利益的服务产品。服务新产品与因科技发展所开发出的"全新产品"的概念并不完全相同，服务新产品的内容更加广泛，全新产品只是服务新产品的一小部分。

新疆服务企业开发服务新产品的策略包括：

1）开发完全创新型服务新产品

这类新产品是指运用全新的原理、技术推出的，用全新的方式来满足顾客现有的需求，给顾客更多选择的服务产品。这类新产品在服务方式、服务理念、服务技术和服务内容等方面与原有服务产品完全不同，它往往具有革命性，会给顾客的生活方式带来巨大的改变。开发这类新产品往往风险较大、投资成本较高，但回报也会很高。

2）开发替代型服务新产品

这类新产品是指利用新的技术或服务手段来实现原有服务的服务产品。替代型服务新产品与原有服务产品在内容上是一致的，只是服务的方式发生了变化。虽然替代型服务新产品的创新程度不如原有服务产品高，但它的出现会加剧原有产品市场的竞争程度。

3）开发扩展型服务新产品

这类新产品是指对原有的产品线进行扩展，在现有服务产品线中开发出的新的服务产品。例如，新疆某旅行社原来只开展国内旅游业务，现在也开展出境旅游业务。再如，新疆某保险公司以前只有寿险业务，现在还经营财险业务和理财业务。

4）开发延伸型服务新产品

这类新产品是指在原有服务种类的基础上开发出的新的服务产品，这是服务范围向其他相关领域的延伸。例如，会计师事务所提供的代理记账服务、银行推出的个人理财资讯服务等，都属于延伸型服务新产品。

扩展型服务新产品与延伸型服务新产品的区别在于：扩展型服务新产品是增加了服务产品线中的产品项目，即增加了服务产品线的宽度；延伸型服务新产品则是增加了服务种类，即增加了新的服务产品线。

5）开发改进型服务新产品

利用新技术对现有服务产品的服务程序、方式、时间、地点、服务人员进行改进，可以开发出改进型服务新产品。这类新产品可以提高产品的便利性，达到刺激消费的目的。这类新产品实质上是对原有服务产品核心层以外的各层次进行改善，能够增加服务的附加值。

6）开发风格变化型服务新产品

通过改变服务环境、服务辅助设施、服务有形展示、包装等来改变现有服务产品，可以开发出风格变化型服务新产品。实际上，这类新产品已经不属于创新的范畴了，但在某些情况下却能带动消费需求。

7.2　服务产品定价策略

从产品定价策略的角度来看，尽管各种有关有形产品定价的概念和方法基本上都适用于服务产品定价，但由于服务产品具有差异性和无形性，因此服务产品定价策略的灵活性要大得多。

7.2.1　影响服务产品定价的因素

与有形产品的定价相比，服务营销中的产品定价问题始终是一个复杂的问题。随着科学技术的飞速发展和市场竞争的日益激烈，新疆服务企业只有洞察定价的战略意义，把服务产品价格作为资源配置的调节器，提供高满意度和高忠诚度的服务，才能占领市场并获得发展机会。

在确定服务产品价格时，新疆服务企业必须对影响服务产品定价的各种因素进行全面把握。影响服务产品定价的因素主要有服务成本、顾客感知价值和市场竞争。

1）服务成本

经济理论认为，顾客心中对于获得这些利益需要付出的成本具有一个预期的价格。对顾客而言，只要总价格低于预期价格，他们就会购买。服务成本是服务产品价值的基础部分，它决定了产品价格的最低界限。如果产品价格低于服务成本，服务企业便无利可图。在服务产出一定的情况下，服务产品总成本包括固定成本、变动成本和准变动成本。固定成本是指服务企业即使不提供服务也要继续承受的那部分成本，这种成本并不是由使用中的消耗和损坏引起的。变动成本是指随服务产出的变化而变化的成本。准变动成本是指介于固定成本和变动成本之间的那部分成本，它与顾客数量和服务产出数量密切相关。

服务企业在制定产品定价策略时需要考虑不同成本的经验曲线。经验曲线是指在一种产品的生产过程中，产品的单位成本随服务企业经验的积累而不断下降的趋势。

2）顾客感知价值

服务产品定价在很大程度上会受到顾客对服务感知价值水平的影响。顾客感知价值的大小决定了服务产品价格的最高界限，而顾客感知价值又会受到感知质量和感知付出的影响。感知质量包括技术质量和功能质量。顾客感知价值又被定义为服务质量和付出的函数，即顾客感知价值=f（服务质量，付出）。

3）市场竞争

市场竞争状况调节着价格在上限和下限之间不断波动的幅度，最终影响着产品的市场价格。在服务成本和顾客感知价值决定的可能价格范围内，竞争者的成本、价格和对价格的反应也会影响服务产品的价格。服务企业必须设法获得同类服务提供者的价格信息，以了解竞争者的价格水平和策略，同时通过增强与顾客的沟通了解顾客对自己和竞争者服务的态度、认识和感知，并以此作为制定价格的参考。

如果企业提供的服务与竞争者相似，并且顾客感知价值也相近，那么企业需要制定与竞争者相当的价格；如果企业提供的服务有别于竞争者，并且顾客感知价值很高，那么企业可以制定一个较高的价格，以体现自己的独特性；如果企业提供的服务不如竞争者，并且顾客感知价值一般，那么企业需要制定一个较低的价格。

7.2.2 服务产品定价策略

综合考虑上述影响服务产品定价的因素之后，新疆服务企业可采取以下定价策略：

1）捆绑定价策略

捆绑定价策略是指对连接在一起的几种服务或服务特征制定一个有吸引力的价格。这种定价策略会使顾客相信，一起购买这些服务要比分别购买这些服务便宜。捆绑定价策略有助于服务产品的交叉互补销售，不仅能够降低成本，而且能够增加服务企业与顾客的联系，掌握顾客更多的信息，发掘顾客的需求。捆绑定价策略适用于银行、通信公司、旅行社、酒店、保健中心、汽车清洗公司等。

2）价格歧视定价策略

服务企业通常会运用顾客对价格的敏感度，即价格歧视来管理顾客对服务的需求。例如，航空公司、酒店、旅游景点、电影院等服务企业，其服务设施经常面临着季节性、周期性的需求变化的挑战，有时需求超过供给能力，有时需求低于供给能力。新疆服务企业可以在稳定需求以及使需求和供给同步发展的基础上，将时间、地点、数量、顾客等差别诱因作为实施价格歧视定价策略的依据。

时间差别定价策略是指在不同的时间收取不同的服务费，尤其是在服务淡季，通过为使用不足的时间段制定较低的价格，以稳定需求并增加收入。例如，淡季旅游景点的门票、酒店的住宿服务等，都可以采用时间差别定价策略，制定较低的价格。地点差别定价策略是指对不同地理区域的服务制定不同的价格，这种方法适用于顾客对于地点敏感的服务。例如，演唱会的前排、观看比赛时位于场馆中央的位置、旅游胜地的酒店中最佳观景的房间等，都可以采用地点差别定价策略，制定较高的价格。数量差别定价策略是指批量购买服务时给予的优惠。例如，购买美容优惠套券就是通过购买未来服务享受相应的价格优惠。顾客差别定价策略是指根据顾客的付款能力来定价。一般来说，收入水平、年龄、职业、性别等不同的消费者对价格的接受程度存在较大的差异，因此对于低收入者、弱势群体定价要低，对于高收入者定价要高。

3）声望定价策略

当顾客首先考虑的是从服务中得到象征意义时，服务价格便不是顾客主要关心的对象，这时企业可以采用声望定价策略。声望定价策略通常被提供高质量或高档次服务的企业所采用。例如，健身俱乐部、航空公司、酒店等对经营中提供的高端产品定高价，因为顾客可能确实认为高价代表着服务产品声望高或质量高。

4）尾数定价策略

这种定价策略在确定服务产品价格时保留价格尾数，这样可以对顾客产生以下心理效果：首先，可以使顾客产生便宜的心理错觉，如9.9元的产品比10元的产品更便宜；其次，可以使顾客相信企业在科学定价、认真定价，制定的价格合理而精确；最后，可以给顾客一种寓意吉祥的感觉，如8代表"发"，9代表"最高、最好"等。

5）满意定价策略

这种定价策略又称"君子定价策略"或"温和定价策略"，是指在服务新产品上市后，按照企业的正常成本和一般利润水平制定出中等价格的策略。采用这种定价策略，由于价格比较稳定，因此一般会使服务企业实现预期盈利目标，并且还能着眼于服务企业的长远发展。这种价格策略避免了因高价而带来的风险，以及因低价而带来的困难，能够使经营者和顾客都比较满意。

6）低廉定价策略

当货币价格对顾客来说是重要的价值决定因素时，服务企业会重点关注价格，但这并不意味着服务质量水平和本质特征不重要，只是此时货币价格最重要。这时，服务企业需要理解价格差异以及价格为多少时顾客会感受到有损失。

7）折扣定价策略

大多数服务企业都可以采用折扣定价策略。折扣定价策略是指对基本价格做出一定让步，将一部分利润转让给顾客，以此来促进服务产品销售的定价策略。一般而言，服务企业采取折扣定价策略是为了达到两个目标：一是吸引中间商，折扣能鼓励中间商承揽服务；二是吸引顾客，折扣能鼓励顾客大量购买、提早付款或增加高峰期以外的消费。

8）互补定价策略

互补定价策略的主要思想是服务企业先向顾客提供一项低价格、高质量的服务产品来吸引顾客消费，然后继续向顾客提供或展示其他服务产品，从而赢得顾客的信任。

7.3 服务渠道或网点策略

服务渠道或网点策略是指服务企业为目标顾客提供服务时对所使用的位置和渠道所做的决策，具体包括如何把服务交付给顾客和应该在什么地方服务等内容。

7.3.1 服务营销渠道设计与管理的特点

与有形产品相比，服务产品具有无形性、不可分割性、易逝性、可变性、不可储存性等一系列特性，服务产品的这些特性对服务企业的分销活动产生了深刻的影响。因此，新疆服务企业需要针对服务产品的这些特点，在营销渠道设计与管理方面做出相应调整。

针对服务产品的无形性，服务企业应尝试把服务产品与一些影像或实物联系起来，使服务产品具有更多的确定性，从而显示出本企业服务产品的特点，而不仅仅依赖于顾客的主观评判。针对服务产品的不可分割性，服务企业在提供服务产品时，必须充分考虑企业员工的行为因素。针对服务产品的易逝性，服务企业应尽可能扩大服务产品的使用范围，并形成一种机制，从而使高品质服务能够经常出现。针对服务产品的可变性，服务企业在进行渠道设计与管理时可以采取稳定员工队伍或者稳定渠道成员的做法。针对服务产品的不可储存性，服务企业应控制渠道成员的数量，将服务产品通过畅通的渠道尽快送到最终顾客手中。

7.3.2 影响服务营销渠道设计与管理的因素

影响新疆服务企业营销渠道设计与管理的因素既有企业内部因素，也有企业外部因素。

1）产品因素

产品因素包括产品的性质、种类、等级。例如，餐饮企业、出租汽车公司等多采用直接营销渠道，而航空公司、旅行社多采用间接营销渠道。对于档次较高的服务产品，企业多采用直接销售方式，即使采用间接销售方式，也尽可能选择较短的渠道。

2）企业自身因素

企业自身因素主要体现在企业的营销预算以及员工管理的水平和经验上。例如，实力雄厚的服务企业能够自己设立销售网点，或者根据意愿自主选择理想的营销渠道；预算有限、营销队伍实力不足的服务企业可利用中间商的销售网点实现销售目的。

3）市场因素

市场因素主要涉及两个方面：一是目标市场规模。目标市场规模越大，所需要的销售网点就越多，这时服务企业可以借助中间商组织客源和扩大销售；如果目标市场规模较小，则适合采用直接销售方式或较短的营销渠道。二是市场集中度。市场集中度主要是指市场区域的大小及分布状况，特别是指某一市场中顾客的集中程度。在集中度较高的市场，营销渠道可以较短，不需要太多批发商参加；对于较分散的市场，由于需要较多的零售网点，因此可以与该地区的批发商进行合作，这样既可以节约成本，也可以降低管理难度。

4）宏观政策因素

服务企业在选择营销渠道时，要考虑有关的宏观政策因素，如消费者市场所在国是否允许外国服务企业在该国设立网点，是否有相关限制政策。

7.3.3　服务营销渠道设计与管理的原则

1）实现营销渠道的高效畅通

服务营销渠道的设计要保证服务信息、资金、使用权等的畅通，并且能够提高销售效率，即保证在流通时间、速度、费用等方面达到最优。

2）保证一定的市场覆盖面

在设计与管理营销渠道时，服务企业还要考虑产品是否有销路，并保证一定的市场占有率。因市场覆盖面过小导致企业利润下降，或因营销渠道过宽导致管理和控制上出现困难，都是不可取的。

3）保证渠道稳定可控

服务企业的营销渠道一旦确定，就应当具有一定的稳定性，以节约成本；当外部环境发生变化后，营销渠道还应具有一定的灵活性，以适应市场变化。

4）综合协调

营销渠道的设计与管理是服务企业竞争战略中的一个组成部分，营销渠道策略需要与其他策略形成一个有机整体，这样才能形成企业的竞争力，各个策略如产品策略、价格策略、促销策略等才能发挥最大的合力；同时，渠道各成员之间的分工应当明确，这样才能减少渠道摩擦，形成良好合作，最终实现企业的目标。

7.3.4　服务营销渠道策略

1）直接营销渠道策略

直接营销渠道是指服务产品从服务企业向顾客转移的过程中不经过任何一个中间商，而是由服务企业直接把产品销售给顾客的营销渠道。例如，上门推销、邮购销售、设立直销门市部等，都属于直接营销渠道。这类渠道没有介入其他成分，也无层次多少之分，是一个结构单一的营销通道。

直接营销渠道策略的优点是：服务企业与顾客直接接触，有利于及时、准确、全面地了解顾客的意见和要求，有利于提高服务产品的质量；由于没有中间商插手，因此能够减少服务产品在流通领域里的时间，从而使产品及时进入消费领域；服务企业可以省去中间商的营销费用，以较少的成本获取较多的收益。直接营销渠道策略的缺点是：服务企业需要建立自身的销售机构，聘用销售人员和购买设施，从而增加了管理难度。

采用直接营销渠道策略的新疆服务企业必须具备一定的规模，服务产品品类多，有充足的人力、物力和财力。旅游景点、旅行社、餐饮企业、商务性酒店、物流公司等服务企业主要采用直接营销渠道策略。

2）间接营销渠道策略

间接营销渠道是指服务产品从服务企业向顾客转移的过程中经过若干中间商的营销渠道。间接营销渠道是传统营销中主要采用的渠道。

间接营销渠道策略的优点是：专业化的中间商具有丰富的营销知识和经验，从而增强了服务企业的销售能力；渠道越长，服务产品市场扩张的可能性就越大。间接营销渠道策略的缺点是：中间商介入过多，会减缓服务产品流通的速度，延缓服务产品上市的时间；每经过一道中间商，就要分割一部分利润，从而会抬高服务产品的价格，降低企业的竞争优势。

采用间接营销渠道策略时，新疆服务企业必须考虑欲开拓的市场空间是否广阔、服务代理人是否成熟、渠道冲突是否能得到有效解决等问题。

3）网络营销策略

服务产品的网络营销策略兼具直接营销渠道策略和间接营销渠道策略的优点。与传统营销渠道策略相比，网络营销渠道策略的优点有：一是跨越时空。顾客可以随时随地利用互联网购买服务产品，如机票、电影票等。网络渠道跨越了时空限制，不论顾客身在何处，只要能上网，顾客就能与之沟通。二是渠道费用低廉。以网络作为渠道开展营销，可以减少传统营销中的店面、场地和人员等费用，降低了交易费用和销售成本，提高了营销活动的效率。三是双向互动。以互联网为营销渠道既是服务企业发布信息的渠道，又是服务企业与顾客交互沟通的渠道。通过这个渠道，服务企业可以了解更多的顾客个性化需求方面的信息，顾客可以获得有助于自身做出准确消费决策的大量信息。最重要的是，新疆服务企业无论规模大小、实力强弱，都可以方便地利用网络开展服务营销活动。

7.4 服务沟通或促销策略

7.4.1 服务沟通或促销是一种重要的顾客接触活动

服务的重要特征之一就是顾客参与服务的生产过程,因此服务的过程实质上是一个服务提供者生产服务和顾客消费服务的交互过程。服务企业更多地强调运作效率以提高边际利润水平,顾客则希望获得超过预期的价值;员工希望通过控制顾客的行为使服务顺利进行并便于管理,顾客则希望控制服务接触的进程以获得更多的利益。

顾客接触是指服务企业员工与潜在顾客在消费服务的过程中形成的关系和关系的演变。接触并不一定是面对面接触,也不一定是供需双方关系的确定。顾客接触可以分为交易接触和信息接触两大类。交易接触是指供需双方关系的确定至少应当有一次交易;信息接触是指供需双方并没有真正实现交易,而是服务企业员工通过一定的渠道传播信息给潜在的顾客,从而形成的一种潜在的供需关系。因此可以说,交易接触是实质性接触,这时顾客与服务企业之间由潜在的交易关系发展为现实的交易关系;信息接触并非实质性接触,但信息接触是交易接触的前提和必要条件,如果没有一定的信息接触作为基础,可能就不会产生交易接触。因为顾客在没有足够的服务企业质量保证信息和相关经验的情况下与该服务企业交易,必然存在着较大的风险,这种风险在服务进行的过程中是很难避免的,服务过程一旦结束,虽然风险得到释放,但这种不满意的结果会使顾客感到十分懊悔,而避免风险的关键就是事先进行必要的信息沟通。所以,新疆服务企业一定要在信息接触方面下功夫,以加深潜在顾客的认知程度,减少服务交易过程中可能出现的服务风险。

7.4.2 服务沟通或促销策略的实施

1) 广告策略

广告是一种付费的大众传播行为,是有计划地通过媒体向所选定的对象宣传有关商品或服务的优点和特色,以唤起消费者注意、说服消费者购买的宣传方式。许多服务企业通过广告宣传企业的产品信息和销售政策，从而影响潜在顾客的购买心理和行为，促成交易。在广告策略的制定方面有一个 AIDA 模式，该模式较好地解释了广告影响顾客购买的过程。A（Attention）指的是引起目标的注意；I（Interest）指的是诱发受众产生兴趣；D（Desire）指的是刺激受众的购买欲望；A（Action）指的是促成顾客购买广告传播的商品或服务。由于广告信息的传播主要借助于大众传媒，因此广告信息具有相当大的接触面，尤其是在收视率较高的电视台等媒体上发布的广告信息。近几年，国内外服务企业的广告量大幅增长，随处可见银行、保险、咨询以及旅游等服务企业的广告。因此，新疆服务企业利用广告策略来提升服务的信息接触水平是一种非常有效的手段。

2）公共关系策略

公共关系策略的实质是"内求团结，外谋发展"。在服务信息接触方面，公共关系策略可以表现为各种公关活动，如公益性的赞助活动，为公司的某项政策或服务项目召开新闻发布会，因某一特定事件与政府、媒体、公众进行沟通以维护或提升企业形象等，它的效果并不亚于付费的广告。

新疆服务企业可以采用的公共关系策略主要包括：

（1）发现和制造新闻。这包括形象提升策划和危机化解策划。新疆服务企业的公关人员要善于发现和制造对组织及其产品有利的新闻，以吸引新闻界和公众的注意，增加新闻报道的频率，扩大企业和产品的影响力和知名度。

（2）加强信息沟通。新疆服务企业的营销人员要利用各种场合和机会，介绍企业和产品，或发表演讲、回答问题，以提高企业的知名度，增加社会公众对企业的了解。

（3）参与社会活动。新疆服务企业应积极参与赞助活动、捐赠活动、救灾扶贫活动，以树立企业关心社会公益事业、承担社会责任和义务的良好形象。

（4）策划专门性公关活动。新疆服务企业应通过新闻发布会、研讨会、展览会、庆典活动等，与公众沟通信息、交流感情；与新闻界保持良好的关系，使有价值的信息通过新闻媒介传播出去，以引起社会公众对本企业的新产品或服务项目的注意，甚至产生兴趣。例如，新疆大自然国际旅行社举办了旅游新产品的发布会和产品演示会，并邀请名人到场，从而收到了较好的营销效果。

（5）散发宣传材料。新疆服务企业应通过制作各种宣传材料，向公众传递有关企业及产品的信息。

（6）导入 CIS。新疆服务企业可以综合运用现代企业管理的理论和方法，将企业的经营理念、行为方式及个性特征等信息加以系统化、规范化和视觉化，从而塑造出具体的、可接受的企业形象。

3）营业推广策略

营业推广也是一种十分有效的顾客接触活动。营业推广策略是指服务企业通过样品试用、送赠品、特价包装、使用者奖励、现场辅导等各种推广手段，首先吸引一部分消费者的注意，然后通过消费者的试用及口碑宣传打开产品市场的策略。营业推广与顾客接触活动贯穿于售前、售中、售后整个服务过程中。售前服务的主要目的是尽量将服务信息迅速、准确、有效地传递给目标客户，诱使其做出购买决定。售前服务的主要内容有免费培训、导购咨询、免费试用、参观服务生产过程、上门展示、调查顾客需求情况和使用条件等。售中服务的主要目的是进一步使顾客了解服务的特点、功能以及使用方法，并通过服务展示对顾客的热情、真诚、尊重、关心、情感及向顾客提供额外利益。售中服务的主要内容有提供舒适的服务环境、现场宣传、现场演示、现场试用、现场培训、回答疑问、协助选择、帮忙调试和安装等。售后服务的主要目的是增加服务的附加价值，解决顾客由于购买服务而带来的一些问题或麻烦，降低顾客的使用成本和风险，增加使用效益。售后服务的主要内容有技术培训、送货上门、安装、调试、维修、包退包换、顾客免费热线电话、质量保修、与顾客之间的信息交流活动等。良好的售前、售中、售后服务不仅有利于服务企业对产品整体概念的传播，而且有利于传播良好的企业形象。

7.5 服务人员策略

7.5.1 高素质的员工是新疆服务企业竞争力提升的保证

1）员工满意度决定了顾客满意度

服务企业的顾客满意度与员工满意度是紧密相关的，没有满意的员工，就没有满意的顾客。满意的员工会和顾客建立起积极的关系，而不满意的员工会直接或间接地将负面的情绪传递给顾客。服务营销"铁三角"理论认为，服务企业的营销实际上由三部分组成：一是外部营销，即服务企业提供的服务准备、定价、促销和分销等内容；二是内部营销，即服务企业培训员工以及为促使员工更好地向顾客提供服务所进行的其他各项工作；三是互动营销，即服务企业主要强调员工向顾客提供服务的技能。所以，企业如何对待自己的员工，员工就会如何对待企业的顾客。同时，满意的员工乐于提出革新和改进组织的建议，而不满意的员工通常会抵制变化和学习。服务利润链理论认为，企业利润、收入增长、顾客忠诚度、顾客满意度、服务价值、员工生产率、员工保留率、员工满意度、内部服务质量之间存在着直接的关系。所以，顾客满意度的高低取决于服务企业员工的工作质量及效率，员工的工作质量及效率取决于员工对企业的满意度，员工对企业的满意度又依赖于内部服务质量的高低，其中内部服务质量包括对培训的投资、有效的激励约束机制以及员工授权的政策，这些又有助于员工提高对客服务的能力。许多优秀服务企业的实践表明，员工关系反映顾客关系，使员工满意是使顾客满意的前提。所以，新疆服务企业要想提高顾客的满意度与忠诚度，关键在于使员工满意，特别是直接与顾客接触的一线员工。

2）员工是服务营销的人格化

员工是服务营销的人格化，这是因为：第一，许多服务主要靠员工直接向顾客提供，如保洁、美容美发等。这些服务机构的业绩在很大程度上取决于员工。即使在员工不直接提供服务的机构，员工因素也是主要的，如银行的自动取款机要正常工作，必须有人加以维护。二是制造企业提供的是实物产品，而服务企业提供的主要是无形产品，从服务过程上看，服务产品具有不可分割性，在顾客眼中，员工就是服务企业本身，员工代表着服务企业，员工的言谈举止、仪容仪表都会影响到服务企业的形象。

3）员工直接影响服务质量

在服务企业，员工的素质起着核心作用，其重要性远远超过生产制造企业。因为服务人员，尤其是一线服务人员，不仅是服务企业向顾客提供服务的载体，而且代表着企业的形象，服务人员的一言一行都会对顾客产生直接的影响。同时，服务又是一种情绪劳动式的辛苦工作，服务过程复杂，对于许多细微的环节，服务人员需要较长时间才能把握好。对一个服务企业来说，员工与顾客接触的每个时刻都是企业服务过程中的关键时刻，每个员工的行为都可能会直接影响到企业的服务质量，进而影响到顾客感知的价值。因此，最大限度地提高那些能够不断培育和形成新的顾客群的一线服务人员的能力和素质，是新疆服务企业营销管理中的关键。

7.5.2 新疆服务企业内部营销的重要性

新疆服务企业不仅要积极开展外部营销活动，而且要特别关注如何将营销原理运用到企业内部，即积极开展内部营销，以获得市场竞争优势。从时间和逻辑顺序上看，服务企业服务于员工的行为，发生在员工为外部顾客服务之前，也就是说，内部营销先于外部营销，并且内部营销的效果决定了外部营销的效果。所以，内部营销是建立在这样的假设下的：满意的员工能够产生满意的顾客，要想赢得顾客的满意，首先要让员工满意。

1）内部营销的内涵

内部营销是一种把员工当成顾客的哲学，是一种从营销的角度进行人力资源管理的哲学。内部营销是指通过营造适宜的环境，来吸引、发展、激励、保留能够胜任的员工。服务企业自身的特性决定了其提供的核心产品为服务，消费者购买的是经历或体验，是一种无形产品。服务的过程是服务产品的中心内容，服务产品的其他内容则通过一定的硬件标准和有形物质来展现。这些硬件标准和有形物质不具有绝对的竞争力，因为其他竞争者都可以模仿或拥有，服务企业区别于其他竞争者的关键正是企业员工的服务，因为员工提供服务的水平不同，给消费者带来的感受就会不同。所以，在服务企业，员工的行为更为重要。

2）内部营销的特点

内部营销虽然涉及员工管理，但它并非人力资源管理的代名词，它也有自身的特点。

（1）内部营销的系统性。内部营销涉及组织结构、人员管理、顾客服务、企业文化等许多方面，包含员工满意度与员工忠诚度、顾客满意度与顾客忠诚度、企业成长与盈利等多重目标。

（2）内部营销的沟通性。内部营销理论强调沟通在服务企业内部运作中的重要作用，这个沟通不是单方面的信息传递，也不是简单的信息报告，而是双向的信息传递，它能够使服务企业内部增进理解并达成共识。

（3）内部营销的渐进性。内部营销对服务企业运营的平衡具有重要作用，但内部营销具有渐进性，因此其作用的发挥相对缓慢。

（4）内部营销中包含非正式内容。内部营销中包含许多特殊倡议，虽然这些倡议不像企业的规章制度那样正式，但作为企业文化的一部分，它们也是不可缺少的。

7.5.3　新疆服务企业内部营销策略实施的思路

1）准确把握员工的各和需求

员工在内部营销中具有双重身份，他们既是内部营销的对象，也是内部营销的实施者，因此了解他们的需求和愿望是开展内部营销的第一步。心理学家马斯洛把人的需要分为生理需要、安全需要、情感需要、尊重需要、自我实现需要五个层级，这也是新疆服务企业分析员工需求的一个框架。一般来说，员工对企业的需求有基本的物质需求（包括工资、福利、劳动保护等）、工作安全感（包括岗位的稳定、工作环境的安全等）、受尊重感（包括工作成绩得到认可、对轻微工作失误和创新失败的宽容、赏罚公平、个人意见受到重视、接受职业培训、疾病和生活困难受到关怀等)、个人成就感(包括被授予与能力相当的权力、晋升、内部荣誉、社会荣誉等)。不同类型、不同层级的员工对各种需求的侧重点不同,新疆服务企业如果不了解员工需求的重点,就无法使员工满意。如果员工需求长期不能得到满足或无希望得到满足,员工就会产生不良情绪、失去工作热情,甚至跳槽。

2)招聘合适的优秀员工

招聘合适的优秀员工是服务企业开展营销活动成败的关键。新疆服务企业在招聘服务人员时应当做到以下几点:

(1)清醒地认识到现在面临的是一个复杂的人才市场。这使得招募优秀员工的工作很富有挑战性,这也是服务企业之间竞争的一个重要层面。

(2)对员工进行细分。一般来说,员工可以分为三类:一是主要为经济利益而工作的人;二是看重工作稳定性和持久性的人;三是看重职业特点和个人发展前景的人。

(3)注意改进招聘员工的方法。首先,在顾客预期的基础上为每个职位树立一个理想的候选人形象,并把这个候选人作为招聘工作的参考标准,使企业的招聘工作朝着高目标方向前进;其次,设置合理的招聘程序,太简单或烦琐都不好;再次,扩大招聘范围;最后,采用多种渠道和方法招募员工,如在高等院校设置奖学金、为在校学生提供实习机会等。

3)进行必要的员工培训

新疆服务企业的每一个员工都担当了营销的角色,然而大多数员工都没有意识到这一点,或者缺乏服务技巧,从而不能很好地传递企业形象。员工培训的目的就是要让新疆服务企业的员工深刻理解企业服务战略的内容和实施的意义,加强员工对自己工作岗位的角色认知,使员工掌握有关沟通、销售和服务的技术、技能与知识,实现个人价值。

在培训方面,新疆服务企业除了要向员工传授服务技能外,更重要的是进行职业道德教育,向员工灌输企业所倡导的核心价值观念,不仅要使员工有"提供优质服务"的意识,而且要保证员工提供的服务与企业的目标相一致,与顾客的期望相吻合。需要指出的是,在员工掌握了本岗位知识技能的前提下，新疆服务企业还应鼓励并引导员工了解其他部门所提供的各种服务以及各部门之间是如何相互协调的，以使员工在与顾客接触时，能够将相关的、必要的信息提供给顾客，从而维护企业统一的服务形象。

新疆服务企业在进行员工培训时，要特别注意以下四点：一是培训应该是持续的，要建立学习型组织，不断提高企业的服务能力和企业文化的凝聚力；二是培训应避免官僚性；三是培训方法应该是多种多样的；四是应该对每次培训的效果进行评估，以便今后调整。

4）对员工适当授权

在管理学中，一个十分经典的原则就是"权责对等原则"。既然员工对满足顾客需求和提高顾客满意度承担着重要的责任，企业就应该赋予员工相应的权限。顾客真正需要的是员工能够提供创造性的服务，太严格的规则和程序可能会束缚员工的创造性。员工不应当只是企业制度的执行者，还应当是灵活运用制度和弥补制度不足的实践者。新疆服务企业要想对顾客需求做出快速反应或进行及时的服务补救，就必须授权给员工。授权不仅能够增加员工的自由决策权，而且可以提高员工的工作热情，进而使员工将工作热情投到对客服务中去。

新疆服务企业在对员工授权时应注意：一是要修改和放弃一些过时的制度条款，用服务价值观念取代死板的规章制度；二是尽可能让员工多提建议，让员工参与到制定服务标准的过程中去；三是在员工中成立自主管理工作小组，减少中层管理人员；四是让员工获得有关信息，从而有效完成工作。

5）构建畅通无阻的内部营销渠道

内部营销的沟通可以是服务企业的管理层与普通员工之间的信息交流，可以是各个不同岗位、部门之间的交流，也可以是同部门同事之间的交流，沟通的目的是在企业内部形成信息共享的环境和良好的人际氛围。

管理层与普通员工之间的沟通可以让员工及时了解企业的服务战略、服务规范、经营思想和企业价值观等多方面的信息，也可以让管理者清楚了解员工的感受和需要，从而在全体员工中形成共同的价值观和共同的目标。部门之间的沟通也很重要，因为服务对顾客来说是一个整体概念，不同部门、不同员工为顾客提供的服务都是企业服务的组成部分，任何环节的缺失都会破坏企业服务的整体效果。消除部门之间由于沟通问题而产生的企业承诺与兑现的差距，有利于树立服务企业的统一服务形象，从而提高企业的服务质量。同事之间的沟通有利于减少误会，消除摩擦，形成良好的人际关系和团结互助的团队精神。企业的管理者要设计好纵向、横向沟通的渠道，以保证内部营销渠道的畅通。

6）科学客观的绩效管理

新疆服务企业在开展内部营销时，必须对员工的绩效进行管理，以确保员工发挥全部能力，实现企业的战略目标。

（1）加强员工绩效管理的着眼点。首先，把绩效管理作为企业的一种管理哲学。新疆服务企业要让绩效管理作为一种观念深入员工的心中，以便员工能够科学规划工作，高效完成绩效目标，与企业同进步、共成长。其次，绩效管理应着眼于前瞻性，即前瞻性地规划员工的工作，对可能出现的问题和障碍进行有效的预期，帮助员工主动完成工作，取得更好的业绩。最后，绩效管理要求管理人员把员工的绩效发展当作自己的一项职责。许多管理人员现有的知识和技能并不足以支持他们承担更重要的责任，除了完成上级领导安排的任务和对员工下命令之外，不少管理人员很少对自己所管辖的工作做前瞻性的规划，很少对员工进行有效的辅导和帮助，他们忽略了员工的能力开发与职业发展，与员工一起制造平庸而不是追求卓越。所以，管理人员必须把员工的发展纳入管理工作的日程表。

（2）设计有效的激励系统。员工的能力和天赋并不能直接决定员工对服务企业的价值，员工能力和天赋的发挥在很大程度上取决于员工的工作动机。因此，激发员工的工作动机是管理者的首要任务之一。行为科学认为，动机是指人们从事某种活动，并为某一目标付出努力的意愿。管理者激发员工的工作动机就是要设法使员工看到员工的需要与企业目标之间的联系，使员工处于一种驱动状态，员工在这种状态下通过付出努力不仅能够满足个人需要，而且能够实现企业的目标。

新疆服务企业的激励系统应包括以下内容：一是为员工创造一种集

体荣誉感；二是使员工清楚自己的任务、重要性、业绩衡量标准，并持续追踪结果；三是给员工提供赚钱的机会，同时要求员工承担很大的风险；四是对个人成就表示尊重并承认质量业绩。

（3）营造良好的服务文化环境。服务文化是指服务企业在对客服务的过程中形成的服务理念、职业观念等服务价值取向的总和。服务文化不仅是一种经济文化、管理文化、组织文化，更是一种关系文化。这种关系文化表现在服务企业内部关系上，主要是在企业内部形成一种团结和谐的气氛；表现在服务企业外部关系上，则是企业应尽可能为顾客提供力所能及的服务，提倡真诚服务的精神。

服务企业在开展业务活动时，由于存在"人"的因素，服务生产通常不能像装配流水线一样完全实现标准化生产，顾客及其行为也无法事先决定或者完全标准化，因此需要一种新的服务导向文化。服务企业如果能够成功塑造为全体员工衷心认同的企业核心价值理念——服务文化，就能将组织的目标和要求根植于员工的基本思维模式和行为模式之中，这样不仅会增强企业的凝聚力、提高员工的忠诚度，而且会大大促进组织目标的实现。因此，新疆服务企业要塑造一种能够使企业全体员工认同的核心价值理念、一种能够促进员工奋发向上的心理环境、一种能够积极推动组织变革和发展的企业文化环境。其基本点是：对内要以人为本，对外要以顾客为中心。

新疆服务企业服务文化环境的营造应着重从以下方面考虑：一是制定服务战略。只有制定了服务战略，优质的服务文化才可能实现。制定服务战略要求服务企业必须首先确定与业务使命和战略紧密相连的服务概念，如果不能清晰界定服务概念，那么服务企业对目标的讨论、资源的使用和业绩的考核就会缺少稳固的基础。服务概念表明了企业应该做什么、为谁而做、如何去做、使用哪些资源以及向顾客提供什么利益等一系列问题。二是调整组织结构。要想取得和永久保持高质量的服务，组织结构设计和调整的所有方面都要配合服务的创造和生产。正式组织结构越臃肿复杂，提供优质服务时出现的问题就越多，这样的组织结构对营造服务文化环境是一个很大的障碍。所以，服务企业要根据实际情况，对组织结构及时做出调整；同时，要特别关注非正式组织的存在，非正式组织能够对正式组织结构产生很大的影响。三是强化领导。假如没有来自企业领导的积极支持，具有服务文化特点的价值观念就不可能渗透到企业的各个角落，即使这种价值观念已经定型，也不可能长期保持下来，因此强化领导是非常重要的。企业领导必须长期重视服务战略并给予积极支持，时常鼓励员工，强化员工提供服务的主动性。四是建立人性化的管理制度。如果说优秀的服务文化是内部营销系统的灵魂的话，那么科学的管理制度则是内部营销系统的骨骼。因此，服务企业应形成一种制度化管理或者程序化管理，但制度不应当是冷漠无情的，制度应当体现人性化，在制度的制定和执行过程中都必须重视员工的参与。例如，在工作流程岗位标准的制定过程中鼓励员工参与，一方面有利于员工进行自我控制并改进工作方法，另一方面使企业的管理制度代表了员工的共同利益，员工执行制度是主动的而不是被动的。此外，建立人性化的管理制度可以提高员工的主人翁责任感和对企业的忠诚度，能够将员工的个人目标和企业的经营目标完美统一起来，从而激发出员工更大的工作热情，最终实现内部营销的目标。

7.6　服务有形展示策略

服务有形展示是指服务企业借助服务过程中的各种有形要素，把看不见、摸不着的服务产品尽可能地实体化、有形化，让顾客感知到服务产品的存在，增强顾客对服务产品的价值感知。在服务营销中，一切可以传达服务产品特色及优点的有形组成部分都可以被看成有形展示。有形展示包含的要素主要有实体环境、信息沟通、价格、设备设施、服务人员、宣传资料等。

7.6.1　实施服务有形展示策略的重要性

服务是无形的，顾客在服务市场消费时，最先看到的不是服务本身，而是服务的工具、设备、服务人员、服务环境、价目表等，所有这些都是有形的服务线索。对这些有形的服务线索的管理和展示对于提高顾客对服务的理解和认知、帮助顾客做出购买决策具有重要作用。具体来说，服务有形展示策略的作用包括以下几个方面：

1）有利于刺激顾客的感官，激发顾客对服务的需求

在产品整体概念理论中，形式产品的外观是否能够满足顾客的感官需求将直接影响到顾客是否能够真正形成购买行为。同样，对于无形产品，顾客也同样希望从感官刺激中寻找到自己想要的产品。服务企业应通过对有形展示要素的合理运用，充分调动顾客的视、听、嗅觉等功能，努力在顾客的消费过程中注入新颖的、令顾客激动的、去除厌倦情绪的因素，使顾客更加了解企业的服务产品，进而影响顾客对服务产品的需求。例如，新疆有些餐饮企业将一部分后台操作改为前台操作，做拉面或印度飞饼的师傅在顾客面前展示制作技术，以刺激顾客做出购买决定。

2）能够使顾客形成正确的消费预期

服务产品的无形性使得顾客在消费时，尤其是在初次消费时，往往会因为种种不确定因素而产生顾虑，进而影响顾客的消费决策。有形展示能有效帮助顾客树立起消费信心，消除顾客的不确定感和风险感，传达正确的消费心理预期。例如，如家酒店的外墙用黄色粉刷，能够加深顾客对品牌的印象，使顾客产生专业的感觉；大堂的设计只预留出必需的周转空间，一来可以尽量减少不产生效益的空间，提高酒店的经济效益，二来可以与其经济型酒店的定位保持一致。

3）有利于提高企业的知名度和顾客的满意度

一个企业要被人们所熟知和牢记，仅仅靠口头宣传是不行的，还必须存在有形实体让顾客去记忆，使顾客形成一个整体印象。对于新疆服务企业来说，良好的有形展示可以起到宣传企业、树立品牌形象、提高企业知名度的作用，进而使顾客产生一种归属感，提高顾客的满意度。例如，新疆国际大巴扎是一座具有浓郁的伊斯兰建筑风格的标志性建筑，它采用传统磨砖对缝与现代饰面工艺相结合的处理手法，体现了空间和光影的变化，在涵盖了现代建筑的功能性和时代感的基础上，重现了古丝绸之路的商业繁华。新疆国际大巴扎总面积达100 000平方米，包括6 100平方米的大巴扎宴会厅、8 000平方米的大巴扎美食广场、3 000平方米的大巴扎欢乐广场、600平方米的大巴扎室外表演广场，以

及一座 80 米高的新疆第一观光塔、一座观光伊斯兰清真寺、一个露天大型舞台，游客可以在这里尽情感受西域文化，体验美妙生活，新疆国际大巴扎因此名扬国内外。

4) 能够使顾客得到美的享受

服务产品虽然不如有形产品那样能够给顾客以具体的感知，但同样可以通过有形展示，为顾客带来美的享受。服务企业的建筑物能够向顾客传递服务产品的初步信息，这是一个值得挖掘的资源，但是建筑物只能给顾客留下第一印象，服务企业要做到"表里如一"，还应重视服务的内容、顾客体验、服务技能、服务态度以及内部环境等因素。例如，新疆国际大巴扎的大型宴会厅将民族歌舞表演、新疆特色餐饮融为一体，改变了传统的围餐制，采用了欧美国家的分餐形式，演员会邀请游客一同跳民族舞蹈，因此具有很强的参与性、文化性和观赏性，很受中外游客欢迎。

5) 有利于服务人员提供高质量的服务

做好服务有形展示工作，不仅可以为顾客创造享用服务的良好环境，而且可以为服务人员创造良好的工作环境，促进服务人员为顾客提供更好的服务。比如顾客在进入五星级酒店时，都会自觉放低音量，举止也会相对优雅，这就是环境的作用，或者说这就是服务有形展示所营造出来的氛围的作用。对于服务人员也是如此，同一个服务人员在不同的环境中所提供的服务是截然不同的。

6) 有利于树立服务企业优质服务的市场形象

顾客会根据可感知的有形线索判断服务企业服务质量的高低，服务企业只有将服务质量表现在可感知的有形展示的要素中，生动、具体地宣传自己的市场形象，才会得到顾客的信赖，这要比单纯靠文字宣传有力得多。同时，服务企业若想改变自身的市场形象，更需要提供各种有形展示，以使顾客相信本企业的各种变化。通过有形展示提高服务质量，意味着企业能够对微小细节加以注意，能够向顾客传递企业的服务能力以及企业对顾客的关心。与服务过程有关的每一个有形展示，如服务设施、服务设备、服务人员的仪态仪表等，都会影响服务企业的市场形象。

7.6.2　新疆服务企业有形展示策略的实施

1）服务环境展示策略

服务环境是指服务企业向顾客提供服务的场所，它不仅包括影响服务过程的各种工具、设施，而且包括很多看不见、摸不着的无形要素。因此，凡是能够影响服务质量和企业信誉的任何要素都可以称为服务环境，如酒店的建筑物、招牌提示、门窗设计、停车场、内部装潢、家具摆放、服务人员的仪态仪表等。

服务环境的展示是实施服务有形展示策略的重中之重，因为顾客在购买服务之前，最先感受到的就是服务环境，对于那些容易先入为主的顾客而言，服务环境的影响更为重要。一般来说，良好的服务环境并不会让顾客感到特别高兴和惊喜，也不一定能促使顾客使用服务。然而，较差的服务环境会立即引起顾客的注意，使顾客望而却步。

服务环境的展示主要涉及两个方面：一是实物环境的展示；二是氛围环境的展示。

（1）实物环境的展示。实物环境主要指：第一，服务企业的建筑物，包括建筑物的规模、造型、使用材料、所在位置以及与邻近建筑物的比较等。第二，服务企业内部的陈列布局、装饰装修、家具摆设、色调搭配、记事纸、说明小册子、展示空间、货架、通风、照明、气味、声音、整洁度等。第三，其他相关因素，如停车的便利性、橱窗门面设计、招牌标示等。所有这些集合起来，就会给顾客创造出一个"印象"或"形象"。因此，新疆服务企业要想给顾客留下一个美好的印象，就必须在服务环境设计方面多努力，尽可能形成自己的"卖点"。

例如，新疆广汇房地产开发有限公司在实物环境展示方面就有许多可取之处：

一是工地展示。工地是购房者到达现场感觉到的第一要素。工地展示包括围板、LOGO墙装饰、引导旗、横幅、标语等；此外，工程的施工进度和施工状况也是工地展示的重要组成部分。

二是售楼处。售楼处是购房者进行楼盘咨询的主要地方，它最能体现开发商的专业水准及品牌形象。具有良好形象的售楼处可以充分激发消费者的购买欲望，因此售楼处的位置、建筑外观、功能分区、装修格调是开发商应该重点考虑的展示因素。

三是销售资料。销售资料也是充分展示楼盘形象、带给购房者有形体验的一种工具。售楼书、置业指南、户型汇编、POP 海报、DM单、购房预订卡、客户问候卡、办公用品等都是有效展示楼盘形象的载体。

四是样板房。样板房能够将平面的户型设计图纸直观化、立体化，使购房者对所要购买的房子形成一个直观的感受，从而激发购房者的购买欲望。总之，样板房应该契合楼盘的主要风格，符合目标消费者的喜好。

五是其他展示。开发商的实物环境展示还包括沙盘、户型模型、效果图、展板、礼品指示牌等。这些展示物都能给购房者留下具体的印象，从而影响购房者对房地产产品的印象。

（2）氛围环境的展示。氛围环境是指能够影响顾客的背景条件，如灯光、温度、光线、色彩、声音和气味等"有意的空间设计"。氛围环境不仅直接影响服务的气氛，而且影响顾客对服务环境的接受程度。宜人的温度、柔和的灯光和舒缓的音乐能够传递浪漫、温暖而细腻的服务，强烈的灯光和欢快的音乐能够传递热情、豪爽的服务，不同的氛围环境可以满足不同顾客的需求。因此，氛围环境会影响人的感官，好的氛围环境会使顾客逗留更长的时间，进行更多的消费。氛围环境展示主要包括以下因素：

一是视觉因素。这是构成服务企业氛围的重要因素，也是影响顾客对服务企业观感的主要方面。新疆许多服务企业为了达到树立美好形象和实现销售目标的目的，都推行"视觉商品化"，照明、布局、颜色显然都是"视觉商品化"的一部分。总之，视觉呈现是顾客惠顾服务产品的一个重要原因。

二是气味因素。气味的好坏也会影响企业形象。例如，面包房可以巧妙使用风扇将刚出炉面包的香味吹到街道上，以吸引顾客购买；咖啡店可以将浓郁的咖啡香味散布整个咖啡屋，使顾客在不经意中受到咖啡香味的吸引，喝上一杯；花店、化妆品柜台等也可以利用独特的气味来吸引顾客。

三是声音因素。声音往往作为背景音乐来烘托氛围环境。不同类型的服务企业，使用的背景音乐是不一样的。例如，商场的背景音乐不能太过激烈，应采用舒缓的音乐来营造气氛，从而使顾客放慢脚步，尽可能走遍商场的每一个地方，这样购物的成交率就会上升；迪厅营造的氛围是热烈的、奔放的，因此采用的背景音乐应该是节奏感强的、欢快的，使人们一听到音乐就能够充分释放压抑和烦恼，从而起到烘托氛围的作用；休闲吧需要一种安静的氛围，适宜采用低沉而婉转的轻音乐作为背景音乐。

四是触觉因素。服务场所的产品使用的材料质地不同，营造的氛围也不同，从而会给顾客带来不同的感觉。例如，酒店客房窗帘的材质、地毯的厚度、壁纸的花纹不同，会使房间呈现出不同的氛围；酒店大堂的大理石地面、吊灯的材质不同，也会营造出与众不同的氛围。

2）信息沟通展示策略

信息沟通是通过多种渠道传播服务企业及其服务产品的一种服务展示方式。服务企业总是希望与周围的环境进行有效的信息沟通，从而展示企业美好的一面。新疆服务企业要做到这一点，可以采用服务有形化策略。

服务的无形性使得服务不能进行自我展示，但这也赋予了企业一个机会，即企业可以将服务有形化，在信息沟通的过程中强调与服务相关的有形物，并将这些有形物摆至信息展示的最前沿，让顾客感觉服务更真实、更具体。例如，新疆华源集团将开发商信息、楼盘信息通过各种媒体进行传播，使住宅房地产的无形因素转向有形化，它主要采用的方式如下：

一是广告。广告可以向消费者提供有关商品房的充分信息，从而使消费者和开发商进行有效的信息沟通。在进行广告宣传时，楼盘的小区规划、工程结构、建材标准等方面应实事求是，否则在销售中后期，客户一旦发现实际情形与广告宣传差距太大，就会产生较大的心理落差，导致高退房率，进而会影响楼盘及开发商的形象。

二是口碑。在房地产信息的传播过程中，口碑是非常重要的信息传播渠道。消费者在购房过程中会多方面收集楼盘的信息，亲朋好友以自己的经历提供的信息可以打消消费者的疑虑，这是消费者最信赖的信息获取途径。因此，新疆华源集团非常重视消费者在购买和使用商品房过程中的种种意见，并尽力加以解决。

此外，新疆服务企业还可以通过提供服务保证，使服务更容易被把握和感知。企业对顾客做出的服务承诺和保证应该是直接而具体的。例如，新疆广汇房地产开发有限公司充分利用"五证二书"（《国有土地使用证》《建设用地规划许可证》《建设工程规划许可证》《建设工程施工许可证》《商品房销售（预售）许可证》《住宅质量保证书》《住宅使用说明书》）对购房者做出了关于楼盘质量、合法性等问题的具体承诺和保证，大大地消除了顾客因认知风险而产生的心理压力。

3）价格展示策略

价格可以为消费者提供有关服务或服务质量的信息，增强或降低消费者对服务或服务质量的信任感。由于价格是对服务水平和服务质量的可见性展示，因此消费者往往会依据价格判断服务档次和服务质量。对服务企业来说，制定合理的价格非常重要。价格过低，会使消费者怀疑服务企业的专业知识和技能，降低消费者感觉中的服务价值；价格过高，会使消费者怀疑服务的价值，认为服务企业有意敲诈。价格能展示"空洞"的服务，也能展示"饱满"的服务；能表达企业对消费者利益的关心，也能表达企业对消费者利益的漠不关心。因此，合理的价格不仅能让服务企业获得稳定的收益，而且能够向消费者和社会传达关于服务和企业的适当信息。

7.6.3　新疆服务企业有形展示策略实施应注意的问题

1）树立服务有形化理念

如今，多数新疆服务企业都接受了服务营销的理念，但是在实施的过程中由于缺乏科学性，因此效果不佳。所谓服务的有形化，说到底就是使服务的内涵尽可能地附着在某些有形的物体上，将抽象转换成具体，将不可感知变成可感知。这就要借助很多理论，如人体工程学。例如，在设计酒吧的吧台时，什么样的高度使顾客感觉最舒适，这就需要以人体工程学作为理论依据。再如，人们通常不能轻易看到美容院服务人员给顾客服务的全过程，美容院可以通过视频准确揭示服务的全过程，或准确列举消费者将获得的具体利益及注意事项。

2）凸显顾客至上的理念

新疆服务企业在进行有形展示的过程中，应当始终贯彻以顾客为本的理念，要真正了解顾客的需要，要把服务同容易被顾客接受的有形物体联系起来。有形展示越容易被顾客理解，企业的服务就越容易被顾客接受。例如，早期的饭店或宾馆多采用标准化的装修风格，与我们的家居环境明显不同，但是随着服务业的发展，企业意识到顾客在饭店或宾馆消费时，更希望得到家一般的感觉，于是出现了一个趋势——饭店设计家居化、人性化。因此，为了更好地满足顾客的个性化需求，新疆服务企业的有形展示要凸显顾客至上的理念。

3）体现鲜明的文化特色

当今的服务市场竞争激烈，如何在众多竞争者中脱颖而出，就需要新疆服务企业独辟蹊径，以体现自己鲜明的文化特色。例如，服务企业的装修装饰应让异地客人领略到新疆独特的地域文化和风土人情，而且这种装修装饰应发挥广告宣传作用，以提高服务企业的知名度。新疆的音乐以其独特的魅力、鲜明的个性早已深入人心，在饭店、宾馆、商场、旅游景点等服务场所利用新疆音乐进行有形展示，也是新疆服务企业标新立异、提升企业竞争力的一个重要手段。

7.7 服务过程策略

服务过程是指服务企业提供服务产品的程序及其他日常工作的机制和作业流，即服务提供和运作系统。

7.7.1 新疆服务企业实施服务过程策略的重要性

服务过程是服务营销中非常重要的一个元素，把服务过程管理当成一项独立活动是提高服务质量的必然要求。服务不同于一般产品，它本身是无形的，无法储藏也无法搬运，但顾客对服务过程的体验是直观的。实施服务过程策略，可以使新疆服务企业明白自己在给顾客服务的过程中扮演什么样的角色、顾客的参与程度如何、服务流程是否顺畅、服务的效率是否可以继续提高。

7.7.2　新疆服务企业实施服务过程策略的关注点

1）减少复杂性策略

减少复杂性策略即通过省略服务过程中的某些步骤和活动，使服务的配送和控制更容易。省略服务过程中的某些环节、步骤，可以节省时间、降低成本，进而提高效率。此外，服务环节、步骤的减少也意味着管理环节的减少，有利于增强服务企业的控制能力和管理能力。对于没有特殊要求或者对服务要求不高的顾客来说，服务环节越少，服务效率越高，顾客满意度也就越高。例如，乌鲁木齐银行原来将营业场所分为对公业务区和储蓄业务区，对公业务区又分为记账、现金收款、现金付款等窗口，个人办理储蓄业务要到储蓄窗口，单位财务人员要办理现金业务，既要同银行记账员接触，也要同银行出纳员接触。为了减少一线人员，提高工作效率，同时也为了方便顾客，乌鲁木齐银行改变了工作流程，减少了服务环节，将对公业务区与储蓄业务区合并，设立若干综合柜员岗，同时办理居民储蓄业务与对公业务，这样不仅减少了一线人力资源的占用，而且大大方便了顾客。

2）增加复杂性策略

增加复杂性策略是指通过增加服务环节、步骤，达到提供高层次服务的目标。例如，新疆四星级和五星级大酒店比普通酒店增加了迎宾服务和停车位引导服务，从而满足了顾客的高端需求，这就是为了提高服务层次而增加了服务的复杂性。

3）减少歧视性策略

减少歧视性策略是指通过生产更一致的服务，提高服务的可行性。服务企业实施减少歧视性策略可以降低成本，提高工作效率，使服务配送更简单。对于想要节省时间而且不太在意服务多样化的顾客来讲，减少歧视性的服务可以提高其对服务的满意度。例如，乌鲁木齐市天之娇文具专卖店的服务人员不仅负责文具的摆放，而且承担商品销售的职责，服务人员会主动为顾客提供商品推介服务。在服务过程中，服务人员面对的不是购买一件文具的顾客，而是购买若干件文具的顾客，他们会将铅笔、橡皮、尺子等几种需求量大的文具用包装盒包装成一套文具组合，遇到不愿意浪费时间挑选文具的顾客，就会把几种文具一次性推荐给顾客。事实证明，这种减少歧视性策略的实施得到了部分顾客的认可，收到了很好的效果。

4）增加歧视性策略

增加歧视性策略最难控制，也最能体现特色服务。增加歧视性策略可以使服务企业为顾客提供更加多样化、个性化的服务，适合对服务要求较高或有特殊服务需求的顾客。例如，新疆国际大巴扎有一家干果专卖店，很多外地游客想买些新疆干果馈赠亲朋好友，但该专卖店没有精美的包装，游客感到很失望。后来，为了满足游客的需求，该专卖店提供了多种精美的包装，因此很受外地游客欢迎。然而，增加歧视性可能会使顾客面临太多的选择，从而使顾客感到困惑。

5）开展互动性策略

服务营销专家格鲁诺斯指出，服务互动性策略的核心就是员工与顾客在真实瞬间的互动。员工在与顾客互动的真实瞬间，交付了服务，为顾客创造了价值。如果在真实瞬间，顾客的服务感知是不愉快的，那么服务就是失败的。所以，新疆服务企业要积极与顾客进行友好互动。

第8章 提升新疆服务企业竞争力的保障措施

提升新疆服务企业竞争力的根本途径在于苦练内功，加强企业营销管理；同时，各级政府的作用也不可或缺，应及时出台和落实一系列相关政策措施，营造宽松的经营环境。

8.1 提升新疆服务企业竞争力要树立新观念、实施新机制和健全新体制

8.1.1 树立新观念

由于新疆长期重视工业和农业的发展而忽视服务业的发展，因此政府在管理体制上也普遍存在着重视工业企业管理而忽视服务企业管理的倾向。在新形势下，新疆各级政府要充分认识到服务企业的重要地位，改变长期以来重视工业企业而轻视服务企业的观念，突破传统思想的束缚，彻底摒弃对服务企业的偏见，把服务企业与工业企业、农业企业放在同等重要的战略地位来抓；要充分认识到促进服务企业的快速发展是新疆实现经济可持续发展的重要举措，是新疆实现经济结构和产业结构转型升级的基本内容，是新疆实现社会稳定和长治久安的战略目标的主

要途径。

现代产品不仅包括实物产品，而且包括信息、旅游、教育、法律、文化、体育等服务产品，服务产品是现代社会重要的消费品和生产资料。现代财富不但包括工业企业、农业企业创造的实物财富，也包括服务企业创造的非实物财富。因此，新疆各级政府必须在理论和观念上彻底摒弃过去对服务企业的偏见，树立新产业观、产品观和财富观，认识到发展服务企业是新疆提高经济发展水平与竞争力的必要途径。

8.1.2　实施新机制

新疆各级政府要建立适应市场经济的工作机制，简化审批手续，形成简明、快捷、高效的工作程序，当各方利益发生冲突时，政府部门应主动介入，加强协调与引导，促使服务企业健康发展。

1）加强对服务企业发展的顶层设计和统筹规划

服务企业涉及的行业多，涵盖的领域广，加快新疆服务企业的发展既要坚持市场在资源配置中的决定性作用，又要加强政府统筹规划和政策引导的作用。首先，政府要加强顶层设计，统筹规划与服务企业发展相关的基础设施建设、关键技术开发与应用、企业区域布局、优先进入领域以及主要扶持政策等重大问题，注重技术引领支撑与服务模式创新的有机结合。其次，改府要做好服务企业的总体规划，合理布局服务企业的层次、类别和领域，出台相应的扶持政策，引导生产要素流向急需的服务企业。最后，改府要把握新疆区域经济的特点和丝绸之路经济带核心区建设的任务，准确选定服务企业发展的重点行业和重点项目，突出对竞争力强、技术含量高、市场需求大以及发展潜力大的服务企业的引导和扶持。

2）积极推动对与服务企业相关的基础性、战略性问题的研究

政府应针对新疆服务企业的科技创新理论、创新服务模式、标准体系、核心竞争力以及相关政策等重大问题展开持续研究，建立起较为全面的理论研究体系，从而为新疆服务企业的发展和竞争力的提升提供理论支撑。

3）积极探索促进新疆服务企业竞争力有效提升的切入点和突破口

政府应不断完善工作手段和工作方法，加强各有关部门之间的合作，加强对产业政策、行业管理政策和企业发展政策的梳理，使各级政府管理职能的转变紧跟服务企业发展的进程。

4）建立科学、统一、全面、协调的服务企业信息管理制度

政府应完善服务企业的统计调查方法和指标体系，彻底摸清新疆服务企业发展的基本情况，为制定促进服务企业发展的规划和政策提供依据；同时，针对不同地区、不同行业、不同类别的服务企业的具体情况，实行分类考核，确保责任到位。

8.1.3　健全新体制

由于服务产品具有高度的信息不对称性和事后评价性，因此体制环境对工业企业的影响与服务企业有所不同。工业企业能在一个不健全的市场经济体制下获得发展，服务企业的发展则更依赖于分工深化、自由竞争和创新等因素，而这些因素的形成又取决于体制环境。因此，对于服务企业而言，自由竞争是基础，分工深化是动因，创新创业是途径。从发达国家的实践经验来看，服务企业的发展对体制环境的总体要求包括良好的法律环境、自由有序的竞争秩序、有利于创新创业的制度环境，以及政府的引导及政策扶持。

新疆服务企业在发展的过程中，如果市场对资源配置发挥的作用不大，市场准入障碍较多，则必然导致服务效率低下，资源浪费严重。服务企业的发展在很大程度上取决于市场化程度，市场化程度越高，服务企业的发展越好，市场化过程也是服务企业在空间上扩展、延伸的过程。目前在新疆，市场机制尚未真正发挥配置要素和服务产品的决定性作用，各级政府在土地、资本、人力资源、创新、信息等要素资源的配置上仍具有很大的控制权和主导权。相对于市场化程度较高的商品市场而言，要素市场的改革发展滞后，尚未形成多层次、多元化、一体化的要素市场发展格局。因此，市场体制健全与否决定着新疆服务企业的发展水平和竞争力的高低。

总体来看，"十三五"时期乃至未来10年，新疆服务企业将迎来大

有作为的机遇期，因此政府必须加快体制创新和深化改革，以解决制约新疆服务企业发展的体制性、机制性障碍。健全新体制的新思路如下：

1）加大对外开放力度，促进国内外各类服务企业进入新疆市场

随着"一带一路"战略向纵深推进，新疆服务市场应加大对外开放力度，促进国内外各类服务企业进入新疆市场。可以预见，未来新疆服务市场的竞争将空前激烈。面对如此严峻的经营环境，新疆各级政府必须打破本地区服务企业的垄断经营，消除服务企业发展的体制性障碍，建立一个有利于市场公平竞争和实现资源优化配置的运行机制，要按照公平、公正、公开的原则，放宽准入领域，降低准入条件，引入竞争机制，从而培养出多元化的竞争主体。除了个别涉及国家安全和必须由国家垄断经营的服务领域外，其他服务领域必须进一步改革完善，使服务企业之间展开充分竞争。政府要加强对服务企业市场的整顿，加快服务产品标准化体系的建设，形成有利于服务企业发展的消费环境，为服务企业的健康发展创造一个公平、规范、开放的市场环境。

2）以发展混合所有制经济为突破口，构建新疆服务企业发展的新格局

"积极发展混合所有制经济"是党的十八届三中全会做出的重大改革部署，发展混合所有制经济对于新疆服务企业的健康发展具有特别重要的意义。一方面，发展混合所有制经济有利于加快招商引资、激活民间资本、放大国有资本的功能，从资本投入上促进新疆服务企业的发展；另一方面，发展混合所有制经济有利于构建新疆服务企业"融合型"发展的新格局。可以肯定地说，以发展混合所有制经济为突破口，构建新疆服务企业发展的新格局，既是新疆各级政府促进服务企业发展和提升竞争力的一个主要抓手，也是实现新疆区域经济又好又快发展的基本途径。

具体做法如下：一是积极推进国有大型服务企业股份制改革；二是支持国有重点服务企业带动多种所有制产业集群的发展；三是国有资本投资项目除法律另有规定外，应积极吸引非国有资本参股；四是非上市国有服务企业尤其是竞争性领域的优势服务企业，应通过增资扩股、并购重组等形式引入非公有资本；五是国有服务企业应以多种形式吸纳非

公有资本进入；六是鼓励非公有制服务企业参与国有服务企业改革；七是鼓励发展非公有资本控股的混合所有制服务企业；八是支持非公有制服务企业利用产权市场开展跨地区、跨行业兼并重组；九是引导非公有制服务企业通过市场直接融资；十是鼓励混合制服务企业实行全体员工持股；十一是充分发挥援疆省（直辖市）的作用，积极引进内地服务企业参加改革；十二是大力推动地方各类服务企业参股中央企业等。

3）加快政府职能转变，创新监管方式，提高工作效率，改善对企业的服务

在提升新疆服务企业竞争力的过程中，新疆各级政府应加快推进政企分开、政资分开、政事分开、政府与市场中介组织分开，努力解决政府干预过多的问题，把不该由政府管理的事项转移出去，把该由政府管理的事项切实管好，从制度上更好地发挥市场在资源配置中的决定作用，坚持"以市场为导向，以企业为主体"，促进服务企业的发展。同时，新疆各级政府更要着力解决市场体系不完善和政府职能转变慢、监管不到位、工作效率低等问题，要放管结合，营造公平竞争的市场环境，创新监管方式，建立一套科学监管的规则和方法，用"看得见的手"促进新疆服务企业的发展。

各级政府在职能转变、创新监管方式、提高效率、改善服务方面的基本任务有：一是加快推进服务领域的行政管理体制改革，推进市场化发展，切实把新疆建成审批事项最少、效率最高、服务最优的省区之一。一方面，要进一步清理服务企业进入市场的政策规定，减少行政性审批，废除不合理的审批和审核事项；另一方面，要深化行政管理体制改革，建立部门间协调配合和信息共享的机制，解决政出多门、多头管理和部门分割的问题。二是强化政府的公共服务职能，提升服务能力。推进网上办公，加大政府信息公开力度，在具备条件的服务产业集聚区设立审批、工商登记、税务、补助申报等"一站式"服务窗口，以减少审批环节，提高办事效率和服务质量，降低服务企业的成本和负担。三是降低市场准入门槛，制定合理的市场主体资质和服务质量标准，建立公开透明、管理规范和全行业统一的市场准入制度，废除不合理的、带歧视性的有关规定，鼓励和引导外资、民营资本投资服务领域，以实现

投资主体多元化。降低对外资、民营资本在业务规模、注册资金方面的要求，放宽对其业务品种、业务对象和经营区域的限制，在相关政策上贯彻国民待遇原则。四是加快各服务行业协会、商会的转型步伐，充分发挥产业联盟的作用。积极发挥协会、商会和产业联盟在开拓市场、行业自律、服务品牌整合、标准制定、信息服务以及对服务产品技术创新的研究、交流和推广等方面的作用，倡导诚信经营，反映服务诉求，维护行业竞争秩序，为行业内的企业提供更好的服务，推动行业"民间化"和多样化，改进和规范管理方式。政府要减少对行业协会的行政干预，逐步实现由以摊派任务为主的垂直管理关系向以服务采购为主的平行协调关系转变。五是强化服务领域征信体系的建设。加快社会信用体系建设，规范信用从业机构的行为，形成完备的个人信用查询体系和信用评估体系，为各类服务企业提供及时、可靠的信用信息。六是在维护好市场秩序和保护各类服务企业权益上做实实在在的工作，着力解决"政府单位拖欠企业款项""经济合同执行难""企业诉求成本高、时间长，胜诉后执行难"等服务企业普遍面临的"老大难"问题。全面清理整顿涉及服务企业的行政事业性收费，完善对服务产品的定价办法。对相关行政性收费，以及各种资格认证、考试、培训等收费价格进行统一清理和审计，重新确定标准，并向社会公示，接受社会监督。

8.2　提升新疆服务企业竞争力的政策保障

提升新疆服务企业竞争力，必须统筹制定和全面落实加快新疆服务企业发展的各类优惠政策，发挥好政策"四两拨千斤"的作用。

8.2.1　投融资政策保障

新疆服务企业的发展和竞争力的提升必须积极拓展投融资渠道，建立多元化的投融资机制，具体体现在以下几个方面：

一是加大国家、自治区财政和科技资金对服务企业发展的支持力度，设立服务企业发展基金和科技促进专项基金，支持服务企业重点领域的发展和重大科技项目的开发。加大招商引资力度，对不同领域、不同所有制可采取不同的方式，如补助、贴息或参股，从而有效吸引社会资金，扩大非国有资本的准入范围。

二是进一步扩大对外开放，放宽对外资进入领域的限制，坚持"谁投资、谁拥有、谁受益"的原则，积极探索服务企业利用外资的新方式，鼓励跨国公司参与国有服务企业的改组改造，引导国外资本加大对新疆服务企业的投资力度。

三是探索新疆服务企业以无形资产如专有知识技术、许可专利、版权等作为抵押品的融资方式创新，解决服务企业的融资难题，加大对有发展潜力、符合条件的服务企业和项目的信贷支持力度。

四是落实对中小微服务企业的融资担保、贴息等扶持政策，通过资本注入、风险补偿等多种方式，增加对信用担保公司的支持。

五是支持服务企业利用资本市场直接融资，加大利用债务融资和股权融资工具的力度，积极推动中小微服务企业开展债券发行工作，多渠道筹措发展资金。鼓励、支持、帮助市场潜力大的现代服务业企业进入资本市场融资，通过股票上市、企业债券、项目融资、资产重组、股权置换等方式筹措资金。

六是支持设立专门的支持服务企业的小额贷款公司，扩大小额贷款公司的资金来源，提高小额担保贷款单笔额度，完善监管制度，在风险可控的前提下发挥应有的作用。

8.2.2 税收政策保障

结合新疆服务企业发展的实际，调整和完善服务企业的税收制度。

一是对新疆各个服务行业的征税对象进行全面摸底，研究制定具体办法，消除对服务外包、科研服务、商务服务、第三方物流服务、人力资源服务等服务中间环节的重复征税，实行差额征税，降低企业的税收负担。

二是对研发、设计、创意、咨询等科技服务企业可以认定为高新技术企业的，享受相应的高新技术企业优惠政策。鼓励服务企业进行技术改造，使用国产设备的，经主管税务机关审核后，按规定抵免企业所得税。

三是对新创办的服务企业在工商注册登记、土地、财政、税收等方面进行扶持。

四是充分发挥税收政策的杠杆作用和政策引导作用，鼓励制造企业在生产的上游、下游环节剥离出生产性的服务企业，实现生产性服务企业的独立发展。深入调研企业反映的有关税收政策问题，提出有利于企业分离发展服务企业、实现主辅分离的解决办法。

8.2.3 人才政策保障

服务企业的性质和服务产品的特点决定了人力资本在服务企业发展过程中的重要性。现代物流服务、信息服务、商务服务、科技服务、金融服务等服务行业的知识密集程度高，因此对从业人员的素质提出了较高的要求，就连传统的服务企业对人才也有了新的要求。所以说，高素质的人才是新疆服务企业实现快速发展和竞争力不断提升的必备条件。人才政策保障体现在以下方面：

一是建立人才引进机制。鼓励用人单位建立人才引进机制，采用多种方式引进区内外的高素质、高层次人才，除正式调动外，企事业单位还可以采取兼职、短期聘用、技术合作、技术入股、合作经营、聘请顾问或与区内外高校、科研院所合作等方式培养各类紧缺人才。人事部门应积极做好牵线搭桥工作，主动做好各项服务，确保急需人才及时到位。

二是建立绿色通道。对高层次人才实行一人一策、特事特办；不受编制限制，专业技术职务可直接聘任；在工资、住房、福利待遇以及配偶工作、子女入学等方面给予照顾，开辟高层次人才来新疆创业的绿色通道。

三是鼓励柔性引进。坚持引人与引智并举，对高层次人才"不求所有，但求所用"，可以"关系不转、户口不迁、来去自由"，不苛求"人事档案"一定到位，变"刚性流动"为"柔性流动"。

四是加大对新疆服务企业员工的劳动技能培训、职业上岗培训的力度，采取多种形式，积极开展在职培训。根据新疆经济社会发展的需要，充分发挥院校作用，加快培养一批具有现代营销理念和经营管理知识的职业经理和专业技术人才。鼓励新疆服务企业与新疆高等院校、科研院所开展多种形式的合作，促进产学研的有机结合，实现技术、市场、人才的优势互补，培养实用型人才。

8.2.4　土地管理政策保障

新疆在制定城市规划时要考虑服务企业发展的需要，中心城市要逐步迁出或关闭对市区污染大、占地面积大等不符合城市功能定位的工业企业，退出的土地优先用于发展各类服务企业。城市新居住区内应规划确定服务企业设施用地，不得改为他用。国土资源管理部门应加强和改进土地计划管理，年度土地供应要适当增加服务企业发展用地。加强对服务企业用地出让合同或划拨决定书的履约管理，保证政府供应的土地能够及时转化为服务企业项目用地。积极支持以划拨方式取得土地的服务企业利用原有工业企业的存量房产、土地资源兴办信息服务、研发设计、文化创意等现代服务业。

8.2.5　价格政策保障

依据国家的产业政策，从价格、收费等方面进一步完善新疆服务企业发展的政策体系。为此，价格管理部门要进一步减少服务价格政府定价和指导价，完善价格形成机制。按照市场经济体制的要求，服务产品的定价应逐步放开，实行市场定价。对列入国家鼓励类的服务业，逐步实现与工业用电、用水、用气、用热基本同价。清理各类收费，取消和制止不合理的收费项目。加强对行政事业性收费、政府性基金的管理，建立公开、透明的定价制度。

8.3　加强提升新疆服务企业竞争力的科技支撑工作

8.3.1　科技支撑工作对服务企业的重要性

新疆服务企业竞争力的形成和提升是科技进步的结果。随着科技的发展，服务企业将从传统的以劳动密集型企业为主转向以资本密集型企业为主，并进一步向技术、知识密集型企业转型。科学技术的应用，不仅可以为改造传统服务企业提供支撑，还可以引领新的服务需求，成为各类服务企业发展的动力。新疆现代服务企业之所以尚未做大做强，一个重要原因就是在科技上缺乏创新意识和创新能力，科技水平及技术含量不高直接影响了服务企业的劳动生产率。现代科技和服务企业相辅相成、相互促进，面对这一趋势，新疆各级政府及服务企业有必要做好科技支撑工作，建立和完善科研项目的评估机制，通过科技进步全面提升新疆服务企业的竞争力。

8.3.2　通过科技促进新疆服务企业竞争力的提升

一是加强与服务企业发展相关的公共技术与服务平台的建设。集中建设一批服务企业发展所需的基础性、公益性和示范性的公共技术与服务平台，如测试认证平台、共性技术开发与应用平台、科技信息平台和技术产权交易平台等，促进平台间的互联互通，加强对面向重点行业、领域的共性服务平台的支持力度。创新公共技术与服务平台的运营模式，由政府设立引导资金，通过公开招标等方式，联合或委托企业及企业联合体，提供面向服务企业的公共技术和服务支撑，并根据其从事公益性活动的程度给以政策优惠。

二是采取政、产、学、研联动的方式，研究和攻克一系列关键性的共性支撑技术，包括服务基础技术、整合集成技术。密切结合电子商务、现代物流、数字媒体、数字教育、公共医疗、数字社区、数字旅游、电子金融等重大服务示范工程和其他相关项目的建设，打通服务企业上下游的相关环节，促进服务企业竞争力的提升。

三是加速信息化建设，夯实新疆服务企业发展的基础。充分发挥信息化对新疆服务企业发展的支撑作用，加快以信息化改造传统服务企业的步伐，促进信息技术在服务企业各领域的广泛应用和集成，不断拓展辐射范围。进一步提高金融、保险、证券、商贸流通、交通运输、邮政等服务领域的信息技术应用水平，开发新的服务产品。大力促进电子商务资源平台的建设，鼓励新疆服务企业利用电子商务手段开拓业务领域。新疆各级政府应以网络基础设施建设为重点，全面推进信息技术在经济社会各领域的广泛应用，促进互联互通和资源共享。加快建立一批信息量大、覆盖面广、服务功能强的专业网站和知名度高的门户网站，为社会提供电子商务、远程教育、远程医疗、房地产咨询、旅游等方面的信息服务。促进服务企业实现装备自动化、管理现代化、决策智能化、商务电子化。

四是抓紧制定和修订物流、旅游、商贸、餐饮、文化创意、商务服务、科技服务等行业的服务标准，制定的标准要适度超前并充分考虑技术发展的影响。对暂时不能实行标准化的新疆服务企业，广泛推行服务承诺、服务公约、服务规范等制度。建立知识产权保护制度，加强保护知识产权的执法力度，增强服务企业的知识产权保护意识，鼓励有条件的服务企业申请专利、商标，并给予一定的补贴。

8.4　提升新疆服务企业竞争力必须实施名牌战略

8.4.1　高度重视名牌战略

市场营销理论之父菲利普·科特勒认为，品牌是销售者向购买者长期提供的一组特定的利益和服务。作为一种无形资产，品牌的知名度越高，意味某种产品或服务给顾客留下的印象越深，因此名牌是促进销售、树立企业形象的利器，是一国、一地区经济的优势所在，是一国、一地区经济实力的综合反映。因此，各个国家、地区、企业都很重视自主品牌的建设。进入 21 世纪以来，新疆政府通过"品牌质量万里行"等活动积极推进本地区企业实施名牌战略，其意义是深远的。

服务名牌既包括服务企业名牌，也包括服务产品名牌。实施服务名牌战略可以树立新疆区域及新疆服务企业的品牌形象，带动服务业及服务产品结构的调整，对提高新疆服务产品质量的总体水平、新疆服务企业的整体素质具有重要作用。目前，新疆有 18 件中国名牌产品、272件新疆名牌产品，但是在这些名牌产品中，90%以上属工业产品和农业产品。新疆较为有名的服务品牌有五月花、好家乡、阿凡提物流等，这些服务品牌普遍存在着影响力度小、影响面窄、品牌价值低等问题，尚不能形成产业集群，对产业的拉动效应也未能凸显，从而严重影响了新疆服务企业发展的质量和效益，制约了新疆服务企业竞争力的提升。

8.4.2　加快实施名牌战略

实施名牌战略是一个系统工程，新疆各级政府和服务企业要通力合作、共同努力，才能取得成效。

第一，新疆各级政府要利用各种场合和舆论工具大力倡导服务企业实施名牌战略的意义，形成强烈的名牌兴业氛围，同时要在产业政策、税收政策、信贷政策等方面提供打造服务名牌的优惠条件，进一步加大对服务名牌建设的扶持力度；通过综合运用经济、行政和市场等手段，集中力量培育、保护、扶持和发展一批拥有自主知识产权的名牌商标、名牌产品。

二是新疆各级政府要充分认识到服务品牌的建设比实物产品品牌建设的难度大，因此应在发展规划中强调服务名牌发展战略的实施，增强服务企业实施服务名牌战略的自觉性、预见性。

三是新疆各级政府要鼓励服务企业进行规模化、网络化、品牌化经营，以形成具有较强竞争力的服务企业。

参考文献

[1] 中华人民共和国国家统计局.中国统计年鉴2013 [M].北京：中国统计出版社，2013.

[2] 新疆维吾尔自治区统计局.新疆统计年鉴2013 [M].北京：中国统计出版社，2013.

[3] 中华人民共和国国家旅游局.中国旅游年鉴2013 （上册）[M].北京：中国旅游出版社，2013.

[4] 中华人民共和国国家旅游局.中国旅游年鉴2013 （下册）[M].北京：中国旅游出版社，2013.

[5] 中国物流与采购联合会.中国物流年鉴2013 （上册）[M].北京：中国财富出版社，2013.

[6] 中国物流与采购联合会.中国物流年鉴2013 （下册）[M].北京：中国财富出版社，2013.

[7] 陈祝平.服务市场营销 [M].大连：东北财经大学出版社，2001.

[8] 韩冀东.服务营销 [M].北京：中国人民大学出版社，2012.

[9] 肖锐.零售学 [M].北京：高等教育出版社，2007.

[10] 殷少明.新疆现代服务业:结构优化与战略选择 [M].乌鲁木齐：新疆人民出版社，2009.

[11] 波特.竞争战略 [M].陈小悦，译.北京：华夏出版社，2002.

[12] 波特.竞争优势 [M].陈小悦,译.北京:华夏出版社,2002.

[13] 波特.国家竞争优势 [M].李明轩,邱如美,译.北京:华夏出版社,2002.

[14] 安贺新,邢丽娟.服务营销实务 [M].北京:清华大学出版社,2011.

[15] 彭志雄.服务营销 [M].北京:中国人民大学出版社,2010.

[16] 王永贵.服务营销 [M].北京:北京师范大学出版社,2007.

[17] 刘建国,申宏丽.服务营销与运营 [M].北京:清华大学出版社,2005.

[18] 李海洋,牛海朋.服务营销 [M].北京:企业管理出版社,1996.

[19] 李晓.服务营销 [M].武汉:武汉大学出版社,2004.

[20] 蔺雷,吴贵生.服务创新 [M].北京:清华大学出版社,2003.

[21] 马勇,陈小连,马世俊.现代服务业管理原理、方法与案例 [M].北京:
北京大学出版社,2010.

[22] 易钟.服务企业制胜法则 [M].北京:金盾出版社,2010.

[23] 宣烨.我国服务营销地区协同、区域聚集及产业升级 [M].北京:中国经
济出版社,2012.

[24] 高新民,安筱鹏.现代服务业:特征、趋势和策略 [M].杭州:浙江大学
出版社,2010.

[25] 任兴洲,王微.服务业发展制度、政策与实践 [M].北京:中国发展出版
社,2011.

[26] 黄其新,陈伟军.服务性企业战略管理 [M].北京:北京大学出版社,2010.

[27] 新疆维吾尔自治区统计局.新疆地区竞争力研究 [M].北京:中国统计出
版社,2005.

[28] 杜向荣.服务营销管理 [M].北京:清华大学出版社,北京交通大学出版
社,2014.

[29] 于干千,秦德智.服务企业经营管理学 [M].北京:北京大学出版社,中
国林业出版社,2008.

[30] 张宁俊.服务管理:基于质量与能力的竞争研究 [M].北京:经济管理出
版社,2006.

[31] 朱晓青,寇静.北京现代服务业的现状与发展路径研究 [M].北京:经济
管理出版社,2011.

[32] 郑锐洪.服务营销理论、方法与案例 [M].北京:机械工业出版社,2014.

[33] 周振华,周国平.服务经济发展与制度环境 [M].上海:格致出版社,上
海人民出版社,2011.

[34] 乔为国.现代服务业政策问题研究 [M].北京:社会科学文献出版社,2013.

[35] 郭国庆.服务营销管理 [M].北京:中国人民大学出版社,2013.

[36] 金碚.中国企业竞争力报告 (2003—2011) [M].北京:社会科学文献出

版社，2012.

[37] 企业管理研究会.企业竞争力问题研究［M］.北京：中国财政经济出版社，2003.

[38] 韩中和.企业竞争力：理论与案例分析［M］.上海：复旦大学出版社，2000.

[39] 曹建梅.过度竞争论［M］.北京：中国人民大学出版社，2000.

[40] 王明夫.企业竞争力：上市公司兴隆之道［M］.北京：中国财政经济出版社，2001.

[41] 新疆维吾尔自治区社会科学院.新疆企业发展报告2014［M］.乌鲁木齐：新疆人民出版社，2014.

[42] 中国烹饪协会.2012年度中国餐饮百强企业分析报告［J］.中国连锁，2013（6）.

[43] 杜玉珉.服务企业竞争优势探讨［J］.北京市经济管理干部学院学报，2009（1）.

[44] 罗时龙.波特竞争战略在服务企业竞争中的应用［J］.南京社会科学，2008（3）.

[45] 赵弘，牛艳华.北京商务服务业发展探析［J］.北京观察，2009（7）.

[46] 张晓辉.城市商务服务业发展前景及制约因素［J］.统计与管理，2012（2）.

[47] 庞大庆，刘军跃.服务营销中的7Ps策略［J］.重庆工业管理学院学报，1995（2）.

[48] 饶小琦，钟韵.广州商务服务业发展水平分析［J］.国际经贸探索，2010（6）.

[49] 胡元木，于少明.山东省商务服务业发展状况及SWOT分析［J］.山东财政学院学报，2009（4）.

[50] 任保平，王辛欣.商贸流通业地区发展差距评价［J］.社会科学研究，2011（2）.

[51] 高新生.新疆社区服务业发展的特点与难点［J］.新疆大学学报：哲学社会科学版，2002（3）.

[52] 王勇，刘文纲.零售企业营销策略与绩效分析［J］.商业研究，2012（8）.

[53] 谭建伟，陈昌华，姜喜臣.市场领导者的跟随战略［J］.企业活力，2007（12）.

[54] 史寒君，宋长征.探究市场挑战者的定位策略［J］.中外企业文化，2007（6）.

[55] 许新宇，曲晓萍.市场挑战者的综合定位方案［J］.合作经济与科技，2011（11）.

[56] 吴晓匀.我国服务企业的顾客满意战略研究［J］.特区经济，2007（1）.

[57] 郑晓东.顾客满意度——服务企业的永恒追求［J］.企业研究，2007（6）.

[58] 张文利.构建顾客满意的服务营销战略［J］.广播电视大学学报：哲学社会科学版，2008（2）.

［59］ 李小杰.基于"长尾理论"的本土日化利基市场营销分析［J］.科技创新导报，2010（25）.

［60］ 马建军，李新春.市场利基营销战略的研究与思考［J］.商业研究，2007（5）.

［61］ 胡翠华.利基市场及其营销探讨［J］.东方企业文化，2010（8）.

［62］ 周松涛.我国中小企业利基营销战略探讨［J］.湖南社会科学，2009（1）.

［63］ 赵伟.中小企业利基营销战略［J］.企业改革与管理，2011（11）.

［64］ 孙萌.中小企业如何实现利基营销［J］.企业研究，2012（17）.

［65］ 张庶萍，张世英，郝春晖.服务营销的定价策略研究［J］.价格理论与实践，2005（2）.

［66］ 张月莉，史天杯.服务产品定价策略研究［J］.价格理论与实践，2008（4）.

［67］ 刘清峰，刘金兰.服务产品价格构成因素及定价策略［J］.价格理论与实践，2005（12）.

［68］ 刘尚亮.服务价格构成因素及定价策略研究［J］.价格理论与实践，2011（2）.

［69］ 王黎，顾幼瑾，李强.基于企业服务营销过程的服务定价研究［J］.企业活力，2010（9）.

［70］ 付华.服务企业怎样利用定价策略培育核心竞争力［J］.改革与开放，2006（3）.

［71］ 李璐.论营销渠道的变革、维护及可持续发展［J］.商业时代，2012（30）.

［72］ 魏肖杰.服务企业营销渠道风险研究［J］.江苏商论，2010（12）.

［73］ 刘琦.生产性服务企业营销渠道风险的成因与防范［J］.内蒙古财经学院学报：综合版，2011（4）.

［74］ 郭国庆，王霞，李祺.服务营销组合中的员工管理［J］.企业管理，2005（4）.

［75］ 胡左浩.服务特征的再认识与整合服务营销组合框架［J］.中国流通经济，2003（10）.

［76］ 潘瑞凯.论服务营销中的7Ps策略［J］.机械管理开发，2005（2）.

［77］ 时炼波，张俐华.服务营销策略探析［J］.企业经济，2008（3）.

［78］ 杨靖昭.关于市场营销过程中的服务营销策略探讨［J］.经营管理者，2011（17）.

［79］ 余祖德，陈俊芳.企业竞争力来源的理论综述及评述［J］.科技管理研究，2011（10）.

［80］ 孙明华.企业竞争力理论演化趋势分析［J］.广西社会科学，2009（3）.

［81］ 段韵柳，刘再起.软实力与企业竞争力［J］.湖北社会科学，2010（1）.

［82］ 徐全军，孙明华.企业竞争力研究方法［J］.天津社会科学，2011（3）.

［83］ 金碚.企业竞争力测评的理论与方法［J］.中国工业经济，2003（12）.

［84］ 谢志华，杨克智，黄国成.商业企业竞争力的本质与结构［J］.商业研究，

2011（7）.

[85] 高群，陈金亮，黄谦.生产性服务企业的制度创新研究——基于单案例的嵌入式分析 [J]. 北京工商大学学报：社会科学版，2013（5）.

[86] 赵雅萍，吴丰林.基于顾客价值的服务业顾客满意驱动模型研究——以北京市经济型饭店为例 [J]. 当代经济管理，2013（9）.

[87] 孙海波，孙海涛.中国现代服务业发展分析 [J]. 中国商贸，2015（15）.

[88] 展纪娟.新形势下新疆服务企业营销策略探讨 [J]. 商业经济，2014（22）.

[89] 刘海霞.互联网背景下服务企业营销手段的变化 [J]. 重庆科技学院学报：社会科学版，2015（1）.

[90] 高丁莉.服务企业提高服务质量的营销策略探讨 [J]. 中国高新技术企业，2015（15）.

[91] 孙剑.服务企业的"三角营销" [J]. 企业管理，2012（1）.

[92] 乐丽君.新时期我国服务企业管理和营销模式研究 [J]. 中国集体经济，2012（30）.

[93] 洪志生，苏强，霍佳震.服务质量管理研究的回顾与现状探析 [J]. 管理评论，2012（07）.

[94] 兰文巧.服务利润链理论评述与展望 [J]. 商业时代，2012（29）.

[95] 温锦英.服务营销有形展示技巧研究 [J]. 经济研究导刊，2011（19）.

[96] 陈明发.基于有形展示的服务企业营销策略研究 [J]. 市场论坛，2013（10）.

[97] 佚名.2012年中国零售百强经营分析报告 [EB/OL]. [2013-06-02]. http://www.askci.com/news/201306/02/029415683164.shtml.

[98] 中华人民共和国国家统计局，http://www.stats.gov.cn.

[99] 新疆维吾尔自治区统计局，http://www.xjtj.gov.cn.

[100] 新疆维吾尔自治区人民政府，http://www.xinjiang.gov.cn.

[101] 新疆经济网，http://www.xjce.cn.

[102] 亚心网，http://www.iyaxin.com.

[103] 天山网，http://www.ts.cn.

[104] 新疆日报网，http://www.xjdaily.com.cn.